BEITRÄGE ZUR HISTORISCHEN THEOLOGIE
HERAUSGEGEBEN VON GERHARD EBELING

48

Cyprian und Novatian

Der Briefwechsel zwischen den Gemeinden
in Rom und Karthago
zur Zeit der Verfolgung des Kaisers Decius

von

HENNEKE GÜLZOW

1975

J. C. B. MOHR (PAUL SIEBECK) TÜBINGEN

Als Habilitationsschrift auf Empfehlung
der Theologischen Fakultät der Christian-Albrechts-Universität Kiel gedruckt
mit Unterstützung der Deutschen Forschungsgemeinschaft

2 P/,/

C 55-2

201179

Satz und Druck: Gulde-Druck, Tübingen
Einband: Heinrich Koch, Großbuchbinderei, Tübingen

ISBN 3-16-135841-4

Herrn Professor D.

HEINRICH KRAFT

VORBEMERKUNG

In der Christenverfolgung unter Kaiser Decius zeigt sich zum ersten Mal der Anspruch eines — nach unserer Ausdrucksweise — totalitär gewordenen Staatswesens auf die Religion seiner Bürger und das Drängen auf die Errichtung einer damals noch heidnischen Staatsreligion. In der Konfrontation mit diesem Staat und in der Abwehr seiner Ansprüche nehmen aber die Leitungen Roms und Karthagos, der beiden wichtigsten Gemeinden im Westen, die entgegengesetzten Standpunkte ein, die von da an als Episkopalismus und Papalismus die Geschichte der Kirchenverfassung und des Kirchenrechts bestimmen und deren Ausgleich niemals gelungen ist. Die Entwicklung und Ausbildung dieser Standpunkte ist nicht zuletzt darum so rasch vor sich gegangen und so reizvoll verlaufen, weil zwei der bedeutendsten Persönlichkeiten der Kirchengeschichte überhaupt und sicher die bedeutendsten dieser Epoche, Novatian der römische Presbyter und Cyprian der karthagische Bischof, dabei die Ansprüche ihrer Gemeinden vertreten haben. Es konnte der Entwicklung zu grundsätzlicher Klarheit nur dienlich sein, daß kein römischer Bischof, sondern ein Presbyter der damals zwar führer-, aber nicht führungslosen Gemeinde als ihr Sprecher auftrat, während andererseits die starke, eine bedingungslose Autorität auch über seine Amtsgenossen beanspruchende Persönlichkeit des karthagischen Bischofs sich für die Kollegialität aller Bischöfe einsetzte.

Hauptquelle für diesen Gegenstand ist das cyprianische Briefkorpus, das nach seiner überlieferten Textgestalt und nach seiner Chronologie überprüft und teilweise neu geordnet werden mußte. Bei dieser Arbeit werden bisher unbekannte Motivationen und Zusammenhänge sicht- und deutbar, rechtfertigen die aufgewandte Mühe und erweisen die ersten Jahre der decischen Verfolgung als einen der wichtigsten und interessantesten Abschnitte der Geschichte der Alten Kirche.

Aufrichtigen Dank schuldet der Verfasser dem Verlag und Herrn Professor Ebeling für die Aufnahme in die „Beiträge zur Historischen Theologie", der Deutschen Forschungsgemeinschaft für eine Beihilfe, die den Druck ermöglichte.

Für mannigfache Hilfe, besonders beim Lesen der Korrekturen, dankt der Verfasser Herrn Assistenten Holger Hammerich. Bei dem Register hat Herr Hans-Joachim Schütt geholfen. Die Widmung möchte als Ausdruck persönlicher Dankbarkeit an meinen Lehrer verstanden werden.

INHALT

Erster Teil
DIE CHRONOLOGIE DER BRIEFE

A) Der Stand der Forschung 1
B) Die Briefsammlungen aus der Zeit der Sedisvakanz
   und ihre Überlieferung
   a) Karthago 2
   b) Rom 5
   c) Die Bestimmung der zeitlichen Reihenfolge der Briefe 7
C) Die zeitliche Reihenfolge der Korrespondenz 8
D) Übersicht 16

Zweiter Teil
DIE KORRESPONDENZ

A) Der (verlorene) Bericht vom Tode des römischen Bischofs Fabian . . . 20
B) Das kritische Begleitschreiben der Römer über die Flucht Cyprians:
   ep. 8 25
   a) Der Text von ep. 8 25
   b) Der Verfasser des Schreibens 27
   c) Der Überbringer 28
   d) Die Gründe für die Flucht Cyprians und wie die Römer sie auf-
      nahmen 30
      1. ep. 8,1 „certa ex causa" 30
      2. „persona insignis" 33
   e) Form und Inhalt des Schreibens 36
      1. Die äußere Form 36
      2. Die fehlende Adresse 38
      3. Die Zusammengehörigkeit von ep. 8 mit dem verlorenen Schreiben
         über den Tod Fabians 40
      4. Der Briefschluß 41
      5. Das Zeugnis Cyprians 46
      6. Die ursprüngliche Form der Sendung und Cyprians Antwort . . . 49
C) Die Antwort Cyprians auf ep. 8: ep. 9 51
D) Der Brief des Celerinus an Lucianus: ep. 21 52
E) Die Antwort des Lucianus an Celerinus: ep. 22 56

F) Das Rechtfertigungsschreiben Cyprians: ep. 20 58

G) Der zweite (verlorene) Brief der Römer an den Klerus von Karthago . . 68

H) Der (verlorene) Brief der römischen Bekenner an die Konfessoren in Karthago 71

I) Der dritte Brief Cyprians an die Presbyter und Diakone in Rom: ep. 27 (Der Beschwerdebrief) 75

K) Der erste Brief Cyprians an die römischen Konfessoren: ep. 28 (Das schmeichelhafte Werbungsschreiben) 79

L) Der vierte Brief Cyprians an den Klerus von Rom: ep. 35 (Das Erinnerungsschreiben) 82

    a) Die Beilage ep. 33 und der Brief der Gefallenen 83

M) Der erste Brief des römischen Klerus an Bischof Cyprian: ep. 30 (Das Anerkennungsschreiben) 88

    a) Die subscriptio von ep. 30 90

       1. Cyprians Hinweis ep. 55,5 auf eine (verlorene?) Unterschrift zu ep. 30 90

       2. Die Bedeutung der Bemerkung ep. 55,5 für den ursprünglichen Schluß von ep. 30 91

N) Die Antwort der römischen Bekenner auf Cyprians schmeichelhaftes Werbungsschreiben (ep. 28): ep. 31 99

O) Der fünfte (verlorene) Brief Cyprians an den römischen Klerus 104

P) Der zweite Brief des römischen Klerus an Bischof Cyprian: ep. 36 106

Q) Der zweite Brief Cyprians an die römischen Bekenner: ep. 37 108

Dritter Teil

DIE GESCHICHTLICHE BEDEUTUNG DER KORRESPONDENZ

A) Die Flucht des Bischofs 110

B) Die Reaktion der Römer 114

C) Die Antworten Cyprians 116

D) Die Verhältnisse in Karthago im Frühjahr 250 118

    a) Die Anordnungen Cyprians 118

    b) Der Streit um die Behandlung der Gefallenen 121

E) Das Rechtfertigungsschreiben Cyprians 124

F) Der zweite Versuch der Römer, auf die Karthager in der Gefallenen-frage einzuwirken 128

    a) Ein Brief an den Klerus von Karthago 128

    b) Ein Schreiben an die Konfessoren in Karthago 128

G) Cyprian erzwingt eine Entscheidung 129

    a) Ein das Rechtfertigungsschreiben (ep. 20) ergänzender Brief des Bi-schofs an den römischen Klerus 129

b) Ein weiterer Brief Cyprians an die römischen Konfessoren (ep. 28) . 132

H) Die Anerkennung Cyprians durch die Römer 133
    a) Die Lage in Rom 133
    b) Die römische Synode 134
    c) Die Antwort des römischen Klerus an Bischof Cyprian 136
    d) Das Anerkennungsschreiben der römischen Bekenner an Cyprian
       (ep. 31) 139

I) Das Erinnerungsschreiben Cyprians an die Römer (ep. 35) und die Reaktion des Bischofs auf ep. 30 und 31 140

K) Der zweite Brief Novatians an den Bischof von Karthago (ep. 36) . . . 145

L) Der zweite Brief des Bischofs an die Konfessoren in Rom (ep. 37) . . . 147

M) Das Ende der Korrespondenz zwischen den Gemeinden zur Zeit der römischen Sedisvakanz und der Abwesenheit Cyprians von seiner karthagischen Gemeinde 149
    a) Karthago 149
    b) Rom 152

Literaturverzeichnis 156

Register 162

Erster Teil

DIE CHRONOLOGIE DER BRIEFE

A) Der Stand der Forschung

Die zeitliche Reihenfolge der im cyprianischen Briefkorpus überlieferten Schreiben läßt sich nur indirekt durch Kombination feststellen, da sämtliche Briefe undatiert sind. Dabei ist die relative Chronologie im großen und ganzen bis auf wenige Ausnahmen sicher zu bestimmen. Für die absolute Chronologie der Korrespondenz gibt es nur in einigen Briefen Hinweise, die es aber doch erlauben, das Kalenderdatum wenigstens auf Monate genau anzugeben. Einige Gesichtspunkte lassen sich auch der Überlieferung der Briefsammlung entnehmen. Zwar deutet die Tatsache, daß alle erhaltenen Briefe undatiert sind, darauf hin, daß die Überlieferung an ihrer chronologischen Anordnung nicht interessiert gewesen ist; die eingehenden Untersuchungen der Überlieferung durch Hans v. Soden haben dies im einzelnen auch bestätigt. Dennoch ist aber davon auszugehen, daß die ursprüngliche Ordnung der Briefkompendien durchaus chronologisch gewesen ist. Eine solche Ordnung lassen die Sammlungen, die noch auf Cyprian selbst zurückgehen, erkennen; und sie ist in der Überlieferung natürlich auch da anzunehmen, wo andere Ordnungsprinzipien, die die Zusammenstellung der Schreiben verändert haben können, nicht nachzuweisen sind. Demnach ist zu erwarten, daß einzelne chronologische Ansätze zuweilen von der Überlieferung bestätigt oder korrigiert werden können[1].

Dem Anspruch einer chronologischen Reihenfolge wird die herkömmliche Zählung der Briefe in keiner Weise mehr gerecht. Sie wird zwar in der letzten Gesamtausgabe von L. Bayard (Saint Cyprien, Correspondance I/II, Paris 1961/62) noch behauptet und in Altaners Patrologie (1966) von A. Stuiber empfohlen, ist aber längst unhaltbar geworden. Diese Zählung geht auf Pearson zurück, der sie für die Oxforder Ausgabe ermittelt und in den die Ausgabe einleitenden Annales Cyprianici eingehend begründet

---

[1] Vgl. *H. v. Soden*, Die cyprianische Briefsammlung, Geschichte ihrer Entstehung und Überlieferung (1904) 23.

hat. Dabei hat er sich vornehmlich mit J. Pamelius auseinandergesetzt, der als erster und einziger Herausgeber vor ihm eine chronologische Anordnung der Briefe unternommen hat. Hartel hat dann die Anordnung Pearsons aus der Oxforder Ausgabe unverändert im CSEL übernommen. Die unkritische Übernahme der Zählung von Pearson durch Hartel haben sehr bald eine ganze Reihe von Forschern beanstandet und die Fehlerhaftigkeit seines chronologischen Ansatzes aufgedeckt. Vor allem Fechtrup (1878)[2], O. Ritschl (1885)[3], Benson (1897)[4], Nelke (1902)[5], v. Soden (1904)[6] und in mehreren Arbeiten schließlich auch Harnack[7] haben zahlreiche Änderungen vorgeschlagen und eingehend begründet. Besondere Beachtung hat dabei die Arbeit von Leo Nelke gefunden, da er versucht hat, die zeitliche Anordnung der Briefe auf dem Weg einer Periphrasierung aller Schreiben zu rekonstruieren. Der Mangel seiner Arbeit ist der Verzicht auf eine kritische Auseinandersetzung mit den Untersuchungen seiner Vorgänger, die ihn vor manchem Fehlurteil hätte bewahren können. Einzelne Änderungsvorschläge sind gelegentlich anderer Arbeiten auch sonst gemacht worden. Im großen und ganzen steht die relative Chronologie der Briefe fest, da ihre Gruppierung um die Hauptereignisse der Kirchengeschichte jener Zeit gegeben ist, aber auch innerhalb derselben die Reihenfolge durch die gegenseitigen Beziehungen der Briefe in sehr vielen Fällen leicht zu ermitteln ist[8]. Freilich sind die Ergebnisse der Forschung seit Harnack keiner eingehenden Überprüfung mehr unterzogen worden.

B) Die Briefsammlungen aus der Zeit der Sedisvakanz und ihre Überlieferung

a) Karthago

Die eigenen Angaben Cyprians zusammengenommen ergeben, daß man am Ende des Jahres 250 in Rom bereits die Briefe 5—37 mit Ausnahme

---

[2] *Fechtrup,* Der heilige Cyprian I. Cyprians Leben, Münster 1878.

[3] *Ritschl,* Cyprian von Karthago und die Verfassung der Kirche, Göttingen 1885.

[4] *Benson,* Cyprian, his life, his times, his works, London 1897.

[5] *Nelke,* Die Chronologie der Korrespondenz Cyprians und die pseudocyprianischen Schriften ad Novatianum und de rebaptismate, Thorn 1902.

[6] *v. Soden,* Die cyprianische Briefsammlung, Geschichte ihrer Entstehung und Überlieferung. TU N. F. X, 3, Leipzig 1904.

[7] *v. Harnack,* Über verlorene Briefe und Aktenstücke, die sich aus der cyprianischen Briefsammlung ermitteln lassen, TU N. F. VIII, 2 Leipzig 1902.

[8] Vgl. die Übersicht bei *Schanz-Hosius,* Geschichte der römischen Literatur bis zum Gesetzgebungswerk des Kaisers Justinian, 3. Teil. Die Zeit von Hadrian 117 bis auf Constantin 324, Handbuch der Altertumswissenschaft 8,3. 3. Aufl. München 1922 (Nachdruck 1959) S. 356.

von ep. 32 besaß[9]. Der Bischof selbst sammelte zusammengehörige Briefe zu Kompendien, die er ebenso wie einzelne Briefe[10] in mehreren Exemplaren verbreitete. Vor allem die Korrespondenz mit den Römern und das Ringen des Bischofs um seine Anerkennung hatten Sammlungen notwendig gemacht. Den Ausdruck Kompendien hat der Bischof selbst gebraucht (ep. 27,4 Hartel 544, 13—18): Laborantes hic nos et contra invidiae impetum totis fidei viribus renitentes multum sermo vester adiuvit, ut divinitus c o m p e n d i u m fieret, et prius quam venerint ad vos litterae, quas vobis proxime misi, declararetis nobis, quod secundum evangelii legem stet nobiscum fortiter atque unanimiter etiam vestra sententia; (vgl. auch ep. 73). Das hier genannte Kompendium — falls der Ausdruck hier nicht nur bildlich gemeint ist[11] — ist verlorengegangen. Jedenfalls sind die beiden unmittelbar vorher näher bezeichneten Briefe, die es hätte aufweisen müssen, nicht erhalten. Der Grund dafür ist wohl, daß sie von Novatian verfaßt waren und deshalb unterdrückt wurden[12]. Dafür, daß andere Schreiben Novatians erhalten sind, lassen sich besondere Gründe anführen. Briefe, die zu anderen Sammlungen gehörten, sind vollständig erhalten.

Eine erste Zusammenstellung von 13 Briefen, die den Römern über die erste Phase des Lapsistreites in Karthago Auskunft geben sollten, sandte Cyprian als Beilage zu ep. 20 nach Rom[13]. Die Angaben in ep. 20 um-

---

[9] Strittig war lange Zeit die Übersendung von ep. 29; gestützt auf *Nelke* hat *v. Soden,* Briefsammlung 37 jedoch den sicheren Beweis geführt, daß mit ep. 35 der 29. Brief und nicht wie bis dahin angenommen ep. 34 nach Rom ging. Vgl. auch *Harnack,* Chronologie 345.

[10] Vgl. die Anweisungen in ep. 29.   [11] Vgl. *v. Soden,* Briefsammlung 35.

[12] Diese Vermutung haben *Harnack* und *v. Soden,* Briefsammlung 35, überzeugend begründet; s. u. S. 23[26] u. 99.

[13] Vgl. *Hartel,* 527, 16—528, 22: et quid egerim, locuntur vobis epistulae pro temporibus emissae numero tredecim, quas ad vos transmisi, in quibus nec clero consilium (z. B. ep. 6) nec confessoribus exhortatio nec extorribus, quando oportuit, obiurgatio (ep. 13) nec universae fraternitati ad deprecandam Dei misericordiam adlocutio et persuasio nostra (ep. 11) defuit, quantum secundum legem fidei et timorem Dei Domino suggerente nostra mediocritas potuit eniti. Postea quam vero et tormenta venerunt, sive iam tortis fratribus nostris sive adhuc, ut torquerentur, inclusis, ad corroborandos et confortandos eos noster sermo penetravit (ep. 10). item cum comperissem eos qui sacrilegis contactibus manus suas atque ora maculassent vel nefandis libellis nihilominus conscientiam polluissent exambire ad martyras passim, confessores quoque inportuna et gratiosa deprecatione conrumpere, ut sine ullo discrimine adque examine singulorum darentur cotidie libellorum milia contra evangelii legem, litteras feci, quibus martyras et confessores consilio meo, quantum possem, ad dominica praecepta revocarem (ep. 15), item presbyteris et diaconibus non defuit sacerdotii vigor, ut quidam minus disciplinae memores et temeraria festinatione praecipites, qui cum lapsis communicare iam coeperant, conprimerentur intercedentibus nobis (ep. 16). plebi quoque ipsi, quantum potuimus, animum composuimus et, ut ecclesiastica disciplina servaretur, instruximus (ep. 17). postmodum vero, cum

schreiben deutlich ep. 5 bis 7, 10 bis 19, und zählen in nahezu chronologischer Reihenfolge dabei die ganze Korrespondenz Cyprians mit seiner karthagischen Gemeinde auf, so daß die Römer vollständige Unterlagen über die Vorgeschichte des Lapsisstreites in Karthago erhalten. Diese Handhabung machte sich Cyprian nicht nur in den weiteren Schreiben an die Römer, sondern auch im Briefverkehr mit seiner Gemeinde und den afrikanischen Amtsgenossen zur Gewohnheit[14]. Ep. 27,2 erinnert er an seinen vorhergehenden Brief (ep. 20) und die ihm beigegebene Sammlung (Hartel 541,16—17) cui rei ut aliquantum posset obsisti, litteras ad eos feci, quas ad vos sub epistola priore transmisi; danach geht er auf den von Lucianus verfaßten Konfessorenbrief (sc. ep. 23) ein (Hartel 542, 6—7) cuius epistolae exemplum ad vos transmisi. Eine neue Sammlung gibt er dann dem Brief (ep. 27) selbst bei. Auch hier lassen die Umschreibungen keinen Zweifel darüber, um welche Stücke es sich gehandelt hat. (Hartel 542, 21—543, 6): de quibus quales ad clerum litteras fecerim exemplum vobis misi (ep. 26). sed et quid mihi Caldonius collega pro integritate et fide sua scripserit (ep. 24), quidque ego ei rescripserim (ep. 25), utrumque ad vos legendum transmisi. exempla quoque epistulae Celerini boni et robusti confessoris, quam ad Lucianum eundem confessorem scripserit (ep. 21), item quid Lucianus ei rescripserit (ep. 22) misi vobis.

Schließlich hat ep. 35 die Form eines Anschreibens zu einer weiteren Sammlung, die Cyprian nach Rom sandte. Sie enthielt ein (verlorenes) Schreiben der karthagischen Lapsi, die Entgegnung des Bischofs, ep. 33, und ein Schreiben an den karthagischen Klerus, ep. 29[15]. In diesem Zu-

quidam de lapsis sive sua sponte sive alio incitatore audaci flagitatione proruerent, ut pacem sibi a martyribus et confessoribus promissam extorquere violento impetu niterentur, de hoc etiam bis ad clerum litteras feci et legi eis, mandavi, ut ad illorum violentiam interim quoque genere mitigandam, si qui libello a martyribus accepto de saeculo excederent, exomologesi facta et manu eis in paenitentia inposita cum pace sibi a martyribus promissa ad Dominum remitterentur (ep. 18. 19).

[14] So erhielten von dem in ep. 30 genannten Bündel der 13 Briefe einen Teil, die 5 Briefe 15—19, Bischof Caldonius und „sehr viele Kollegen" in einer besonderen Sammlung: ep. 25 *Hartel* 538, 15—20, quomodo disposuerimus, ut scires, librum tibi cum epistulis numero quinque misi, quas ad clerum (ep. 16. 18. 19) et ad plebem (ep. 17) et ad martyres quoque et ad confessores (ep. 15) feci: quae epistulae etiam plurimis collegiis nostris missae placuerunt, et rescripserunt … Ebenso ep. 26 *Hartel* 539, 13—14, et ideo instetur interim epistulis, quas ad vos proximis feceram, quarum exemplum collegis quoque multis iam misi. Auf ein Kompendium verweist auch ep. 55,5 *Hartel*, 626, 1—627, 12. Auch der Briefwechsel mit Caldonius wird von Cyprian abschriftlich an verschiedene Stellen weitergereicht, an die Karthager (ep. 26) u. die Römer (ep. 27). Auf Sammlungen im Ketzertaufstreit weisen hin ep. 71 *Hartel*, 771, 5—8; ep. 73 *Hartel*, 778, 16—779, 2; ep. 74 *Hartel*, 779, 6—10. Eine ausführliche Erörterung zu den Sammlungen in der Korrespondenz findet sich bei *H. v. Soden*, Briefsammlung S. 39.

[15] Vgl. *Hartel*, 571, 14—572; dazu *v. Soden*, Briefsammlung 37.

sammenhang fehlt ep. 32. Ihre Übersendung nach Rom wäre freilich auch wenig zweckmäßig gewesen, da sie nur die eilige Anweisung an den eigenen Klerus enthält, den großen Brief der Römer (ep. 30), der dem Bischof den Triumph brachte, und andere Briefe Cyprians sorgfältig zu verbreiten[16]. Damit waren die Römer am Ende des Jahres im Besitz eines umfangreichen Kompendiums, das ihnen Aufschluß über alle wichtigen Vorgänge im Zusammenhang mit dem Lapsistreit in Karthago geben konnte.

b) Rom

Die Überlieferung deutet darauf hin, daß die Römer auch ihre eigenen Schreiben in dieser Angelegenheit gesammelt und dem Kompendium beigegeben haben. Jedenfalls ist der älteste und wichtigste Kodex (Hartel T; v. Soden Typus 80), zumal in den Teilen, die den Lapsistreit betreffen, ganz sicher dem römischen Archiv zu verdanken[17]. Der Kodex bietet im zweiten Teil eine Sammlung aller Schreiben des römischen Klerus, der römischen Konfessoren und des römischen Bischofs Cornelius, die überhaupt erhalten sind und die in die cyprianische Überlieferung einzureihen man nur in Rom interessiert sein konnte. Es handelt sich dabei um die Briefe: 8, 21—24, 27, 33—36, 41, 42. Diese zwölf Briefe sind für uns besonders wertvoll, da ohne sie unsere Kenntnis der Krise in Karthago nur lückenhaft und jede zusammenhängende Vorstellung von ihrem Verlauf unmöglich wäre: Ep. 8 stammt aus Rom und geht in herausfordernder Weise auf die Flucht Cyprians ein; Ep. 21 stammt von dem in Rom lebenden karthagischen Konfessor Celerinus und ist an den Konfessor Lucianus in Karthago gerichtet; Ep. 22 ist die Antwort des Lucianus; Ep. 23 ist ein von Lucianus im Namen aller karthagischen Konfessoren verfaßter Friedensbrief für die Gefallenen in Karthago. Ep. 24 schreibt Bischof Caldonius an Cyprian. Ep. 27 wendet sich Cyprian an die Presbyter und Diakone in Rom. Mit ep. 33 (ohne Adresse), ep. 34 und ep. 35 wendet Cyprian sich in der gleichen Angelegenheit an die Karthager und Römer. Ep. 36 schreibt der römische Klerus, der immer noch ohne Bischof ist, an Cyprian.

Ep. 41 richtet Cyprian an Caldonius und seine Kollegen und erhält ep. 42 zur Antwort[18].

Es ist auffällig, daß diese Schreiben in dem Mommsenschen- bzw. Cheltenhamerverzeichnis, das in Karthago spätestens ein Jahrhundert nach

---

[16] S. u. S. 145.   [17] Vgl. v. Soden, Briefsammlung 108 u. ö.

[18] Harnack, Weizsäcker-Festschrift 4 f. gruppiert die Briefe ganz willkürlich in zwei Abteilungen offenbar ohne Kenntnis der Reihenfolge im Kodex T (v. Soden, 80). Diese lautet: 27, 23, 24, 21, 22, 8, 35, 36, 33, 49, 50, 34, 41, 42. Dieser zweite wichtige Teil des Kodex besteht also in Wirklichkeit aus 14 Briefen, von denen uns die epp. 49, 50. in diesem Zusammenhang jedoch nicht näher zu beschäftigen haben, da sie als Doubletten im Kodex erscheinen.

6

Cyprians Tod entstanden und für uns das älteste derartige Zeugnis ist, nicht aufgeführt sind[19]. Im Gefolge von Haußleiter[20] hat von Soden überzeugend nachgewiesen, daß die Ordnung dieses 2. Teiles des Kodex direkt auf die von Cyprian selbst nach Rom gesandte Briefbündel und zwei weitere römische Urkompendien zurückgeht. Unter den genannten Briefen weisen ep. 8, 21, 22, 23, 24 viele Besonderheiten auf. Sie enthalten nicht nur sehr wichtige Nachrichten über die Vorgänge im Zusammenhang der karthagischen Krise, sondern vermitteln uns auch zusammen mit ep. 31 ganz direkt eine Vorstellung von den römischen und karthagischen Klerikern und ihren Interessen. Die Briefe stehen sprachlich auf einem ganz niedrigen Niveau. Ihre Syntax ist fast noch schlimmer als die Formen[21].

Für diese wie für die anderen Briefe der genannten Gruppe im Kodex T (v. Soden Typus 80; Vat. Reg. lat. 118; saec. X.) ist diese Handschrift der einzige selbständige Zeuge, von dem alle anderen Handschriften, die sie enthalten, abhängig sind[22]. Die anderen Handschriften bieten in den Abweichungen vornehmlich Korrekturen, die als Verbesserungen des in Kodex T überlieferten fehlerreichen und vulgärlateinisch gefaßten Textes zu charakterisieren sind; sie nähern die Sprache der Briefe dem klassischen Gebrauch an und sollen einen möglichst reinen Text bieten[23].

Zu den vielen Unzulänglichkeiten der Wiener Ausgabe gehört es, daß Hartel dies nicht berücksichtigt hat[24]. Miodonski hat deswegen die Briefe auf der Grundlage des Kodex T (v. Soden 80), der den vulgärlateinischen Charakter des Textes bewahrt hat, gesondert herausgegeben[25]. Doch die Gewissenhaftigkeit und Zuverlässigkeit seiner Ausgabe ist anzuzweifeln, da Miodonski sich beispielsweise im 8. Brief auf den Kodex ω als Textzeugen beruft; diese Handschrift aber enthält den 8. Brief gar nicht[26]. Der Fehler geht schon auf Hartel zurück[27]. Bei ihm dürfte es sich allerdings um ein Versehen handeln, das w zu ω werden ließ[28]. Eine Reihe weiterer

---

[19] Dort finden sich epp. 6, 10—12, 20, 28, 30, 32, 37.

[20] *Haußleiter*, Der Aufbau der altchristlichen Literatur. Eine kritische Untersuchung nebst Studien zu Cyprian, Victorinus und Augustin. Gött. Gel. Anz. 1898 S. 337—379, und separat: Berlin 1889, vgl. hier S. 19 ff.

[21] Vgl. *Harnack*, Weizsäcker-Festschrift, 4.

[22] Die wichtigsten sind φ (*v. Soden*, 523) w (*v. Soden*, 512), u. μ (*v. Soden*, 504). Das Stemma Hartels, aufgenommen bei *v. Soden*, Briefsammlung 73, Anm. 1, ist irreführend. S. u. S. 28.

[23] Vgl. *v. Soden*, Briefsammlung 101.

[24] Wenig anders ist dies in der Ausgabe von *Bayard*.

[25] *Miodonski*, Anonymus adversus aleatores und die Briefe Cypr. 8, 21—24. Erlangen-Leipzig 1889.

[26] ω — Paris, Nat. 1656 bietet ep. 53, 17, 18, 19, 26, 25, 9, 29 und einen Teil von ep. 20.   [27] S. aaO S. 486, 5.

[28] Der gleiche irreführende Fehler findet sich in Hartels Stemma, das unkorrigiert bei *v. Soden*, Briefsammlung 73 Anm. 1 abgedruckt ist. Unter den

Verbesserungen zum 8. Brief nach der Ausgabe Miodonskis finden sich in einer Rezension des Briefes von Harnack[29]. Wichtig für diesen 8. Brief — und bezeichnend für den hohen Wert des Kodex T (v. Soden 80) — ist, daß gerade das von Cyprian mit ep. 8 zurückgeschickte (seiner Adresse bzw. seines Zusammenhanges beraubte) Exemplar dem ersten Sammler des 2. Teiles von T vorgelegen hat und aufgenommen worden ist[30].

c) Die Bestimmung der zeitlichen Reihenfolge der Briefe

Schon vor dem Jahre 250 standen die Bischöfe der römischen und karthagischen Gemeinden in mehr oder weniger regelmäßigem brieflichen Kontakt. Er bezog sich vornehmlich auf routinemäßige Anzeigen bei wichtigen personellen Veränderungen oder Ereignissen[31], die gegebenenfalls als Rundschreiben mehreren Gemeinden zugeleitet wurden[32], auf wichtige organisatorische und finanzielle Fragen, aber auch auf bedeutsame kirchliche und theologische Entscheidungen[33]. Die Briefe aus dem Jahr 250 werden zeigen, daß der römische Klerus auch die alte Tradition der Hirten- und Gemeindebriefe nach dem Vorbild des 1. Klemensbriefes wieder aufnehmen wollte[34].

Als direkte Zeugnisse der Korrespondenz zwischen Rom und Karthago zur Zeit der Sedisvakanz finden sich im cyprianischen Briefkorpus in der Hartelschen Reihenfolge ep. 8, 9, 20, 21, 22, 27, 28, 30, 31, 35, 36, 37; Ep. 21 u. 22 sind Schreiben der Bekenner Celerinus (Rom) und Lucianus (Karthago). Ep. 8, 30, 31, 36 stammen aus Rom, ep. 9, 20, 27, 28, 35, 37 hat Cyprian verfaßt. Nicht überliefert sind insgesamt vier Schreiben: drei römische und ein Brief Cyprians[35].

Bei der Feststellung der Chronologie ist von den Schreiben des Bischofs auszugehen, da in ihnen regelmäßig die vorausgegangene Korrespondenz

von T abhängigen Handschriften ist richtig w (v. Soden, 512) aufgeführt. Falsch dagegen ist unter den von Q abhängigen Kodices w (v. Soden, 221) genannt. Hier muß ω stehen.

[29] Harnack, Weizsäcker-Festschrift, 6 ff.
[30] Vgl. v. Soden, Briefsammlung 97.
[31] Vgl. das ep. 61, 1 (Hartel, 650, 16 f.) bezeugte Gratulationsschreiben zur Bischofswahl, ebenso ep. 45, 3.
[32] Die übliche Form, durch ein Zirkularschreiben den Bischöfen der anderen Kirchen die eigene Weihe mitzuteilen, wählte beispielsweise auch Novatian (Cyprian ep. 55, 2, 3; Ad Nov. 13). Weitere Hinweise bei v. Soden, Briefsammlung 20
[33] Vgl. ep. 59, 10 (Hartel, 677, 18) den Hinweis auf den Briefwechsel zwischen dem römischen Bischof Fabian und Cyprians Vorgänger Donatus. Weitere Schreiben bei Harnack, Verlorene Briefe und Aktenstücke ... Nr. 22—24; v. Soden, Briefsammlung S. 19.
[34] S. u. die Charakterisierung zu ep. 8.
[35] S. u. S. 20 f., 68 f., 71 f., 104 f.

8

besprochen wird[36]. Ein großer Unsicherheitsfaktor für die zeitliche Ansetzung der Briefe ist die Frage ihrer Zustellung. Sie erfolgte in der Regel durch ausgewählte Boten. Für den Weg von Rom nach Karthago und weiter bis zum Zufluchtsort Cyprians sind zwischen vier und vierzehn Tage zu veranschlagen, wenn nicht besondere Nachrichten die Zustellung einer Sendung genauer festlegen[37]. Bei der Bestellung geeigneter Boten hat es gelegentlich Schwierigkeiten gegeben[38]; so half sich Cyprian beispielsweise, als ihm Überbringer seiner für ihn so wichtigen ep. 27 nach Rom fehlten, damit, daß er kurzerhand zwei Männer zu Klerikern weihte. Ep. 29 legt er den Karthagern darüber Rechenschaft ab (Hartel 547, 15—548, 3): sed et illud ad vos perferre litteris meis debui urguente causa clero in urbe (Roma) consistenti litteras me misisse. et quoniam oportuit me per clericos scribere, scio autem nostros plurimos absentes esse, paucos vero qui illic sunt vix ad ministerium cotidianum operis sufficere, necesse fuit novos aliquos constituere qui mitterentur ... Es folgt die Mitteilung, daß er Saturus zum Lektor und Optatus zum Subdiakon gemacht habe.

C) Die zeitliche Reihenfolge der Korrespondenz

I. Die erste Briefsendung ist durch Cyprians ep. 9 näher gekennzeichnet. Sie enthielt:
1. einen Bericht der Römer von dem Martyrium ihres Bischofs Fabian,
2. das uns als ep. 8 überlieferte Schreiben.

Als Überbringer der Nachrichten zwischen den Gemeinden werden sonst Subdiakone genannt[39]. Gelegentlich beförderten auf dem Rückweg karthagische Boten auch römische Briefe und umgekehrt[40].

---

[36] Dies macht es notwendig, daß schon hier gelegentlich Ergebnisse der in den nächsten Kapiteln folgenden Einzeluntersuchungen vorweggenommen werden.

[37] Vom älteren Cato ging die Rede, daß er für eine Seereise von Karthago nach Rom 3 Tage benötigt habe. Die schnellsten Fahrten seiner Zeit verzeichnet Plinius (nat. 19, 1, 3 f.). Zur Frage der Briefbeförderung überhaupt vgl. *Riepel*, Das Nachrichtenwesen des Altertums (1913) Kap. III u. IV; vgl. auch *Th. Zahn*, Weltverkehr und Kirche während der 3 ersten Jahrhunderte (1877); *Nelke*, Chronologie 18.

[38] Die Schwierigkeit, geeignete und zuverlässige Briefboten zu finden, wird auch sonst häufig beklagt. Ein gutes Beispiel ist P. Teb. II 418, 11 f. (3. Jahrhdt. n. Chr.) καὶ [οὗ]τινος ἐὰν χρείαν ἔχη κέρ[μ]ατος, δώσεις αὐτῇ ἕως εἰσέλθῃς, [κ]αὶ ἀπολάβῃς παρ᾽ ἐμοῦ καλῇ πίστει, ἐπεὶ οὐδενὶ ἐπίστευσα [ὥ]στε αὐτῇ κομίσαι. Vgl. auch 413, 15. Dazu vgl. *Bror Olsson*, Papyrusbriefe aus der frühesten Römerzeit, Upsala 1925 S. 22.

[39] Als Überbringer der Sendungen zwischen Rom und Karthago werden genannt die Subdiakone: Crementius ep. 8 (ep. 9, 1 [*Hartel*, 489, 1] u. ep. 20, 3 [*Hartel*, 528, 25]); Fortunatus ep. 35 (ep. 36, 1 [*Hartel*, 572, 11]).

[40] Ein Beispiel ist ep. 8 s. u. S. 28 f.

Seit Cyprian in Karthago das Bischofsamt innehat, ist dies — abgesehen von einer Grußadresse zur Bischofsweihe — aller Wahrscheinlichkeit nach überhaupt die erste offizielle Sendung, die aus Rom nach Karthago geht[41]. Der Bericht vom Tode Fabians ist nicht überliefert. Erwähnt wird er in ep. 9, 1 f. (Hartel 489, 1) und summarisch wahrscheinlich auch ep. 20, 3 (Hartel 528, 25). Die Abfassungszeit läßt sich eingrenzen. Fabianus kam am 20. Januar 250 in Rom ums Leben[42]. Aus der einleitenden Bemerkung Cyprians in ep. 9 geht hervor, daß die offizielle Nachricht vom Martyrium des Bischofs auf sich hat warten lassen, was schon zu allerlei unsicheren Gerüchten in Afrika geführt hat[43]. Obendrein bescheinigt Cyprian den Römern in ep. 9, daß es ihnen gelungen sei, auch in der literarischen Form der Darstellung der Bedeutung des Martyriums und der Würde des heimgegangenen Bischofs gerecht zu werden (ep. 9, 1; Hartel 489, 4—8). Eine entsprechende Darstellung bedarf zweifellos mehrerer Tage; eine längere Haft scheint zudem der Aburteilung Fabians nicht vorausgegangen zu sein, so daß wir mit einer gewissen Unsicherheit und Unruhe angesichts des Todes des Bischofs auch innerhalb der römischen Gemeinde zu rechnen haben. Alles zusammengenommen: Die Notwendigkeit einer raschen und eindeutigen Benachrichtigung der anderen Gemeinden, die Unruhe in der römischen Gemeinde und die Schwierigkeit einer angemessenen schriftlichen Würdigung des Martyriums, dazu das Urteil Cyprians, bei dem allerdings noch der Weg von Rom über Karthago in das Versteck des Bischofs hinzukommt, legen es nahe, daß dieser Bericht (frühestens) Anfang Februar fertiggestellt wurde.

Dem Bericht vom Tode Fabians legten die Römer ein Schreiben bei. Es wird von Cyprian in ep. 9, 2 und 20, 3 erwähnt. Anspielungen finden sich vielleicht in ep. 21, 3, sicher in ep. 30, 1[44].

Die Zusammengehörigkeit des Briefes mit dem Bericht vom Martyrium Fabians ergibt sich daraus, daß beide Schreiben durch den gleichen Boten

---

[41] Andernfalls hätte eine entsprechende Nachricht im cyprianischen Briefkorpus kaum fehlen können, das uns sonst lückenlos über die Korrespondenz Auskunft gibt. Ein Interesse, einen etwaigen Brief Fabians zu unterdrücken, ist weder für die Römer noch für Cyprian erkennbar oder auch nur denkbar. Gerade im Interesse des karthagischen Bischofs hätte es gelegen, sich auf einen Brief seines großen römischen Kollegen an ihn — gleich welchen Inhalts — zu berufen. Vgl. dazu S. 46 ff. Zur Vollständigkeit der Nachrichten *v. Soden*, Briefsammlung S. 22: „Wir werden ... auch bei der Beurteilung der Überlieferung niemals mit Lücken der Sammlung rechnen dürfen"; und *Harnack*, Über verlorene Briefe und Aktenstücke, S. 43 f.
[42] S. u. S. 20 u. 112.
[43] Freilich darf man diese Bemerkung auch nicht überbewerten, denn sie hat für Cyprian nicht zuletzt den Zweck, auf die Unsicherheiten der inoffiziellen Nachrichtenvermittlung, die er selber hat spüren müssen, hinzuweisen. Vgl. dazu die Deutung der Einleitung von ep. 20 s. u. S. 59.
[44] Vgl. S. 137 die Deutung der Einleitung von ep. 30, 1.

2*

10

nach Karthago befördert[45] und von Cyprian als gleichzeitige Schreiben[46] beantwortet werden. Aus den Angaben Cyprians in ep. 9, 2 und 20, 3 geht eindeutig hervor, daß uns dieser Brief der Römer als ep. 8 im cyprianischen Corpus erhalten ist[47].

II. Aus ep. 9, 2 geht hervor, daß Cyprian die Annahme von ep. 8 verweigert, demnach also postwendend mit ep. 9 auf die erste römische Sendung geantwortet hat. Betrug der Weg des Boten von Rom über Karthago zum Zufluchtsort des Bischofs für den ungünstigsten Fall vierzehn Tage, bei günstiger Verbindung vielleicht vier Tage, dann dürfte die umgehende Antwort Cyprians ebenfalls noch im Februar erfolgt sein. In späteren Schreiben erwähnt der Bischof ep. 9 nicht wieder[48].

III. Als nächstes offizielles Schreiben hat dann Cyprians ep. 20 zu gelten. Der Bischof erwähnt diesen Brief noch einmal (ep. 27, 1; Hartel 540, 11). Indirekt spielt der Brief auf ep. 9 an. Ep. 20, 3 (Hartel 528, 25) nennt direkt ep. 8. Diese Stelle setzt auch voraus, daß die Römer weder auf ep. 9 geantwortet noch ein anderes Schreiben nach Karthago gerichtet haben. Bestätigt wird dies schließlich durch eine Notiz in ep. 27, 4 (Hartel 544, 9). Hier schreibt Cyprian, daß sich sein Brief (ep. 20) mit einer Sendung der Römer an den Klerus von Karthago gekreuzt habe. Der zeitliche Abstand gegenüber ep. 8 und 9 läßt sich aus diesen Briefen kaum näher bestimmen[49].

Dagegen erlauben die dreizehn Briefe, die Cyprian ep. 20 als Beilage abschriftlich beigab, eine nähere Datierung[50]. In ihrer chronologischen Reihenfolge sind es die Briefe 7, 5, 6, 14, 13, 11, 10, 12, 16, 15, 17, 19.

---

[45] Ep. 9, 2 *Hartel*, 489, 1 und ep. 20, 3 *Hartel*, 528, 25.
[46] Ep. 9, 1 u. 2.
[47] Daß sich ep. 9, 2 und 20, 3 auf ep. 8 beziehen, ist nur von Caspari (Quellen III, S. 483 f.) übersehen worden, jedoch längst in zahlreichen Untersuchungen sichergestellt. So u. a. überzeugend von *Harnack*, Weizsäcker-Festschrift S. 4 f.
[48] Die Gründe dafür S. 52.
[49] Ep. 20, 3 (*Hartel*, 528, 25) spricht von der ersten Sendung der Römer als den scripta..., quae ad clerum nostrum per Crementium hypodiaconum *nuper* feceratis. Die Formulierung ist ganz vage und schränkt andere Nachrichten, die auf einen Zeitraum von mindestens zwei Monaten hindeuten, in keiner Weise ein, da Cyprian hier auch inhaltlich das Ziel verfolgt, ep. 20 dicht an ep. 8 zu rücken, um seine eigene Handlungsweise mit dem gleichen Brief, den er vorher zurückgewiesen hatte, nun zu rechtfertigen (dazu s. u. S. 59 ff.). Mit einer falschen Interpretation von „nuper" begründet *Nelke* (Chronologie 22) einen wichtigen Teil seiner fehlerhaften Ordnung der Briefe, der sich *v. Soden*, und *Harnack* mit ganz geringen Abweichungen angeschlossen haben (s. *Tabelle I*). Zum ganz unbestimmten Gebrauch von nuper vgl. *ep. 1, 2*. (*Hartel*, 466, 22) = iam pridem c. 1 (*Hartel*, 465, 8); ep. 59, 9 (*Hartel*, 676, 10) über ein Jahr; ep. 68, 2 (*Hartel*, 745, 16) nuper = olim, der zeitl. Abstand beträgt hier mindestens drei Jahre.
[50] Vgl. o. S. 3 Anm. 13 *v. Soden*, Briefsammlung 24. Ep. 5, 6, 7, (8, 9) 10, 11,

Mit der Frage, an welche Stelle in dieser Reihe ep. 8 und 9 gehören, kommen wir an die Grenzen einer exakten chronologischen Ordnung. Ep. 8 und 9 folgen einander zwar unmittelbar und gehören auch inhaltlich eng zusammen. Doch kann leicht ein Schreiben des Bischofs nach Karthago zwischen ihrer Abfassung liegen. Erst recht ist der Ort innerhalb der Reihenfolge der Briefe des Bischofs aus seinem Versteck, und damit die Frage, wie viele Briefe Cyprians zwischen ep. 8 und ep. 20 liegen, ungewiß. In epp. 18 und 19 ist ep. 8 als in Karthago bekannt vorauszusetzen. Doch rechtfertigt dies kaum eine Einordnung nach ep. 17 (so Nelke, v. Soden, Harnack). Sie zerreißt zudem die Einheit, die Cyprian selbst in den 5 Briefen (epp. 15—19) gesehen hat und die er als Sammlung an viele seiner Amtsgenossen geschickt hat. Diese Zählung geht davon aus, daß ep. 8 ihr Ziel, nämlich den karthagischen Klerus, auch wirklich unverzüglich erreicht hat und erst dann Cyprian in die Hände gespielt wurde. Die Aktion des Bischofs, den Brief ohne weiteres im Original postwendend den Römern zurückzuschicken, spricht dagegen[51] und obendrein die Person des Crementius, der allen Grund hatte (angesichts seiner gescheiterten Mission in Rom), den Brief zunächst den Karthagern vorzuenthalten und ihn zuerst

12, 13, 14 stehen deutlich unter dem Eindruck der ersten Verfolgungswelle unter Kaiser Decius. Pamelius hat irrtümlich ep. 6 mit 76, 77, 78, 79 verbunden und der valerianischen Verfolgung zugewiesen. Ebenso falsch war, daß er ep. 7 und 12 hinter 40 ordnete. Diese Fehler hat *Pearson*, Annales Cyprianici 18, 2 f. berichtigt. *Ritschl* hat richtig ep. 7 als erstes Schreiben aus dem Versteck ausgewiesen. Dies beweist der Stil und der Hinweis, daß die Verfolgung noch keine Opfer gefordert hat. Es folgen epp. 5 und 6 ohne Kriterien, ob ihre Reihenfolge vielleicht zu vertauschen wäre. Auch diese Briefe wissen noch nichts von Opfern der Verfolgung. *Fechtrup*, Cyprian I 28 ff. und sich ihm anschließend *Nelke*, Chronologie 22 f. ordnen dann 13, 14, 11, 10, 12; mit besseren Argumenten *v. Soden*, Briefsammlung 25 und *Harnack*, Chronologie 341 f. 14, 13, 11, 10, 12, vor allem weil Cyprian seiner Gewohnheit gemäß ep. 13 in ep. 14, die an seinen Klerus gerichtet ist, sonst erwähnt hätte. Zusammen nach Karthago sind dann epp. 15, 16, 17 gegangen, wobei ep. 16 voranzustellen ist, weil sie die anderen Briefe einschließt (vgl. *v. Soden*, Briefsammlung 24; auch schon Pamelius in Übereinstimmung mit der gesamten Überlieferung). Diese Briefe besagen, daß die Verfolgungswelle abgeklungen ist, und lehnen die Aufnahme von Gefallenen noch ganz grundsätzlich ab. Mit einem Libellus der Bekenner können sterbenskranke lapsi nach ep. 18 schon den Frieden bekommen. Diese Vorschrift ist dann in ep. 19 vorausgesetzt; demnach sind also 18 und 19 nach 16, 15, 17 zu zählen (vgl. auch *v. Soden*, aaO). Diese Briefe hat Cyprian selbst als eine Einheit betrachtet und „librum cum epistulis numero quinque" ... „plurimis collegis nostris" so u. a. Caldonius gesandt. (ep. 25, *Hartel*, 538, 16—20). Eine Überprüfung dieses Ansatzes erlaubt ep. 20, 2: Zunächst faßt Cyprian unter inhaltlichen Gesichtspunkten 7, 5, 14, 12 zusammen, um dann chronologisch weitergehend die anderen Briefe zu charakterisieren. Daß bei ihm 15 vor 16 rangiert, ist belanglos, da die Briefe gleichzeitig nach Karthago abgegangen sind. Ep. 14 gehört aber vor 15, da sie dort erwähnt wird.

[51] Auch rechnet Cyprian ep. 9, 2 nicht damit, daß seine Gegner in Karthago von dem Brief Gebrauch gemacht haben.

12

und unverzüglich Cyprian zuzuleiten[52]. Hinzukommt, daß laut epp. 16, 15, 17 die Verfolgung bereits abgeklungen ist, wofür es in ep. 8 und 9 keinerlei Anhaltspunkte gibt. Eine Plazierung vor epp. 16, 15, 17 folgt daher notwendig aus inhaltlichen Gründen. Weiter führt eine Angabe aus ep. 10. Der Brief steht unmittelbar unter dem Eindruck des Todes des karthagischen Konfessors Mappalicus (10, 4, Hartel 492, 14), der nach den Angaben des karthagischen Martyrologiums am 17. oder 19. April Märtyrer wurde[53]. Eine Einordnung von ep. 8 nach ep. 10 würde also ep. 8 und 9 zu einem späten Nachspiel der Flucht Cyprians machen, was schon die Einleitung von ep. 8 ausschließt und obendrein die mit ep. 8 gleichzeitige Übersendung der offiziellen Nachricht vom Tode Fabians unmöglich macht. Da nun die Verfolgungsbriefe epp. 13, 14, 11, 10, 12 zeitlich und inhaltlich sehr eng zusammengehören (und Cyprian in ep. 9, 2 noch keine Todesopfer in seiner Gemeinde aufzuweisen hat), ist ep. 8 und 9 unbedingt in Anlehnung an die herkömmliche Zählung nach epp. 7, 5, 6 einzuordnen.

Damit sind die 13 Briefe, die Cyprian mit ep. 20 abschriftlich nach Rom geben läßt, geordnet, und die zeitliche Bestimmung von ep. 8 und 9 ist bestätigt.

In den gleichen Zeitraum gehört auch noch der Briefwechsel zwischen dem in Rom lebenden Celerinus (ep. 21), der als Sprecher der aus Karthago Verbannten zu gelten hat, und dem karthagischen Konfessor Lucianus (ep. 22), dem in dieser Phase prominentesten Gegner Cyprians. O. Ritschl hat die Briefe mit Recht vor epp. 16, 15, 17 gezogen, denn sie geben sich als noch während der Verfolgung geschrieben (so auch v. Soden, Briefsammlung 25 und Harnack, Chronologie)[54].

Eine nähere Datierung ist möglich. In ep. 21, 2 (Hartel 530, 19—21) spricht Celerinus davon, daß er seit Ostern für die beiden gefallenen Schwestern in Sack und Asche gehe. Das Osterdatum des Jahres 250 war der 7. April. Ep. 22, 2 (Hartel 534, 18) wird (wie in ep. 10, die ep. 20 abschriftlich beigegeben war,) der Tod des Mappalicus in quaestione, also in der Untersuchungshaft, vorausgesetzt. Er wurde nach dem Kalendarium Carthaginiense am 17. oder 19. April Märtyrer. Die Angaben der beiden Briefe lassen sich also gut vereinbaren und besagen, daß der Briefwechsel

---

[52] Näheres dazu s. u. S. 29.
[53] S. u. S. 119. Daß Mappalicus tatsächlich um diese Zeit ums Leben gekommen ist, geht auch aus ep. 22, 2 (Hartel, 534, 18) hervor, deren zeitliche Angaben durch andere Nachrichten in ep. 21 bestätigt werden. Obendrein verdient wohl auch die exakte Angabe des Kalendariums Vertrauen, da Cyprian selbst frühzeitig angeordnet hat, Tag und nähere Umstände der Martyrien aktenkundig zu machen, Ep. 12, 2 (Hartel, 503, 14) vgl. auch ep. 39.
[54] Die ep. 10, 4 und ep. 22, 2 gemeinsame Nachricht vom Tode des Mappalicus läßt keine Zweifel an der Richtigkeit der Ordnung 14, 13, 10, 12, 21, 22.

frühestens Ende April, wahrscheinlich im Mai stattgefunden hat[55]. Cyprian erwähnt diese Briefe erst ep. 27, obwohl sie ihm für ep. 20 nicht minder gelegen gewesen wären. Sehr wahrscheinlich wurden ihm erst nach Abfassung von ep. 20 diese beiden privaten Schreiben zugänglich[56]. Als vorletzter Brief der Sammlung, die ep. 20 beigegeben ist, steht ep. 18 fest. Cyprian schreibt ep. 18, 1 (Hartel 523, 16—19): quoniam tamen video facultatem veniendi ad vos nondum esse et iam aestatem coepisse, quod tempus infirmitatibus adsiduis et gravibus infestat, occurrendum puto fratribus nostris, ... Seit der Flucht Cyprians ist also schon ein längerer Zeitraum verstrichen, ohne daß der Bischof eine Möglichkeit zurückzukehren sieht. Schon hat der Sommer begonnen, die Zeit der ständigen und schweren Krankheiten, die auch unter den Abgefallenen ihre Opfer fordert (vgl. ep. 20, 3). Auch wenn Cyprian nicht exakt das Datum des Sommeranfangs meint, kann ep. 20 mit ihren 13 Briefen als Beilage folglich nicht vor Ende Juni/Anfang Juli abgeschickt sein. Der Inhalt bindet ep. 20 mit ep. 18 und 19 auch zeitlich eng zusammen, so daß man über Mitte Juli schwerlich hinausgehen kann[57]. Diese Datierung macht einen Abstand zwischen ep. 9 und ep. 20 von drei bis vier Monaten wahrscheinlich, in denen der Bischof sich vornehmlich um seine Gemeinde in Karthago gemüht hat, wie das ep. 20 beigelegte Kompendium der 13 Briefe beweist[58].

IV. Aus ep. 27, 4 (Hartel 544, 9) geht hervor, daß sich Cyprians ep. 20 mit einer zweiten Sendung der Römer — die erste war ep. 8 — kreuzte. Sie enthielt einen Brief an den Klerus von Karthago und einen besonderen Brief an die Bekenner. Beide Schreiben sind uns nicht erhalten.

V. Die nächste Sendung stammt wieder von Cyprian. Sie umfaßt ep. 27 an den Klerus in Rom mit den Beilagen epp. 21—26[59] und ep. 28 an die römischen Konfessoren.

Ep. 27, 4 knüpft Cyprian direkt an die voraufgegangene Sendung der Römer und 27, 1 direkt an seine letzte Sendung (ep. 20) an. Die gleichzeitige Zustellung von ep. 27 und 28 ist nicht direkt bezeugt. Sie folgt aus ep. 30, 5 und daraus, daß die Briefe Antwort auf die (verlorene) Sendung der Römer sein wollen, die auch gesonderte Schreiben an den Klerus und die Bekenner enthielt.

Mit epp. 23—26, der Beilage zu ep. 27, will Cyprian die Römer über die Vorgänge seit ep. 20 informieren. Ep. 24 und 25, der Briefwechsel mit

[55] Ep. 22, 3 enthält weitere Angaben, die den Monat Mai nahelegen. Dem Bittgesuch des Celerinus an Lucianus ist bereits eine Verhandlung vor den römischen Gemeindevorstehern vorangegangen, die für die Schwestern wenig erbrachte. Vgl. dazu u. S. 55 f.
[56] Näheres dazu s. u. S. 76.
[57] Vgl. beispielsweise ep. 20, 3 und 18, 1.
[58] Cyprian hat nach unserer Berechnung in dieser Zeit 9 Briefe geschrieben: 14, 13, 11, 10, 12, 16, 15, 17, 18, 19.
[59] Der Nachweis hierfür findet sich auf S. 4 f.

14

Caldonius, ist vor ep. 23 geschrieben; andernfalls müßten ep. 23 und ep. 25 erwähnt sein[60]. Daß epp. 24 und 25 nach epp. 15—19 entstanden sind, geht auch aus der Bemerkung Cyprians in ep. 25 (Hartel 538, 16—20) hervor, daß er diese 5 Briefe (liber cum epistulis quinque) den meisten seiner Amtsgenossen zugeleitet habe, und diese bereits in Antworten dem Inhalt zugestimmt haben. Die Briefe 24, 25, 23, 26, 27 sind in wenigen Wochen aufeinander gefolgt. Ep. 27 hat mit der Beilage der Briefe 23—26 den Zweck, die Römer von den jüngsten Ereignissen zu informieren. In ep. 26, der auch 24 u. 25 abschriftlich beigegeben sind (Hartel 539, 17; 540, 1), setzt der Bischof seinen karthagischen Klerus von den mit ep. 23 durch die Konfessoren vorgebrachten Forderungen in Kenntnis; und er entscheidet, die Dinge sollten einstweilen so gehandhabt werden, wie es in den Briefen ausgeführt sei, „quas ad vos proximis feceram" (Hartel 539, 14). Aus der näheren Erläuterung Cyprians geht hervor, daß damit die Gruppe von Briefen gemeint ist, die mit ep. 19 schließt[61]. Da in allen Briefen auch die Situation noch dieselbe ist wie in ep. 18—20, kommt für die Übersendung von ep. 27 und 28 (mit der Beilage ep. 21—26) nach Rom der Monat August in Frage[62].

VI. Mit einer weiteren Sendung, ep. 35, knüpft Cyprian direkt an die vorhergehende (ep. 27) an (Hartel 571, 12 f). Eine Antwort aus Rom liegt immer noch nicht vor. Der Brief hat die Form eines kurzen Anschreibens; abschriftlich beigelegt sind 3 Briefe, die die Römer über die Vorgänge nach der letzten Sendung auf dem laufenden halten sollen und das ihnen bereits mit ep. 20 und 27 zugestellte Material ergänzen: 1. ein verlorenes Schreiben der karthagischen lapsi, in dem diese sich als „die Kirche" bezeichneten[63], 2. die Antwort des Bischofs darauf, die in ep. 33 erhalten ist, und 3. einen Brief des Bischofs, ep. 29, der den Klerus von Karthago über diesen Vorgang und die Entscheidung Cyprians unterrichtete.

VII. Mit dieser Sendung Cyprians kreuzte sich eine Sendung der Römer[64], die ein Schreiben des Klerus, ep. 30, und einen Brief der Konfesso-

---

[60] So alle übereinstimmend seit *O. Ritschl.*   [61] S. o. S. 3 Anm. 13.
[62] Auf unschlüssigem Wege kommt Harnack, Chronologie 343 f. zu dem gleichen Ergebnis. Wie das Beispiel von ep. 21 u. 22 zeigt, besagt die bloße Erwähnung von ep. 23 u. ep. 26 für die zeitliche Ansetzung gar nichts.
[63] Näheres s. u. S. 83.
[64] Daß sich die Sendungen gekreuzt haben, ist durch folgende Beobachtungen sichergestellt: (1) In ep. 30 wird die bisherige Korrespondenz fast vollständig aufgezählt, so werden u. a. (indirekt ep. 8, 9) direkt die vorhergehenden Sendungen Cyprians ep. 20 und 27, erwähnt. Ep. 35 dagegen wird noch nicht berücksichtigt. Auf diesen Brief antworten die Römer erst mit ihrer nächsten Sendung, mit ep. 36. (2) Entsprechend ringt Cyprian mit ep. 35 wie schon in ep. 20 und 27 immer noch um die Gunst und Anerkennung der Römer. Von Epp. 30, 31, die gerade den erhofften Umschwung bringen, hat der Bischof noch keine Kenntnis. Ohne nähere Begründung vertritt die gleiche Meinung *v. Soden*, Briefsammlung 26, vgl. auch *Harnack,* Chronologie 344.

ren, ep. 31, enthielt[65]. Diese Briefe werden nach ep. 35 gezählt, weil Cyprian dort immer noch kein Schreiben aus Rom erhalten hat und daher epp. 20, 27, 35 inhaltlich eng zusammengehören. Mit epp. 30, 31 würdigen die Römer den afrikanischen Bischof erstmals einer persönlich an ihn adressierten Sendung[66]. Die etwa gleiche Abfassungszeit von epp. 30, 31 läßt sich nur raten[67]. Die Schreiben hängen inhaltlich mit den vorhergehenden zusammen. Ep. 31 ist die direkte Antwort auf Cyprians ep. 28[68]. Mit ep. 30 antworten die Römer auf epp. 20 u. 27. Andererseits geht aus ep. 30, 8 (Hartel 555, 22) hervor, daß diesem Brief Novatians längere Beratungen mit Vertretern der verschiedenen Kirchen in der Angelegenheit der Gefallenen voraufgegangen sind. Sind diese Beratungen nach ep. 27 erfolgt, dann paßt dazu ep. 35 insofern, als Cyprian nach ungeduldigem Warten auf eine Antwort zu ep. 20 und 27, sich mit diesem Schreiben, ep. 35, noch einmal in Erinnerung brachte, weil ihm alles an einer eiligen Entscheidung der Römer lag. Geht man davon aus, daß ep. 27 im August geschrieben wurde, dann sind diese Briefe vielleicht im September oder Anfang Oktober entstanden. Ein wesentlich späterer Termin wird zwar durch die folgenden Sendungen nicht ausgeschlossen, empfiehlt sich aber deswegen nicht, weil ep. 31 sich als direkte, den Behinderungen durch die Kerkerhaft angemessen umgehende Antwort der Konfessoren auf ep. 28 gibt.

VIII. Nach dem großen Anerkennungsschreiben der Römer, ep. 30, erlahmte das bisher große Interesse Cyprians an einem Briefwechsel mit den Römern schlagartig[69]. Wir wissen nicht einmal, ob sich der Bischof in angemessener Form für diesen Brief bedankt hat; denn auffälligerweise hat uns auch die Überlieferung den Brief unterschlagen, der als einziger dafür in Frage käme. Aus ep. 36, 4 (Hartel 575, 18 f.) erfahren wir nur, daß es nach epp. 30, 31 und vor ep. 36 einen Brief Cyprians gegeben hat, der sich unter anderem mit dem häretischen Bischof von Numidien, Privatus von Lambese, befaßt hat (vgl. auch ep. 59, 10, Hartel 677, 18 f.).

---

[65] Die Gleichzeitigkeit von ep. 30 u. 31 beweist ep. 32. Sofort nach Eintreffen der Briefe sorgt Cyprian geflissentlich für eine weitere Verbreitung der für ihn so wichtigen Briefe, auf die er so lange hat warten müssen. Vgl. ep. 32 Anfang (*Hartel*, 565, 3 ff.).
[66] Unmittelbar nach epp. 30, 31 ist ep. 32 zu zählen, die Cyprians eilige Anweisung enthält, die römischen Schreiben weiter zu verbreiten.
[67] Die Anhaltspunkte *Harnacks*, Chronologie 344 sind reine Erfindung.
[68] Vgl. ep. 31, 1 (*Hartel*, 557, 7 f.).
[69] Bisher hatte sich Cyprian mit epp. 9, 20, 27, 28, 35 in der ersten Hälfte des Jahres 250 fünfmal an die Römer gewandt, ohne je ein persönliches Schreiben von diesen zu erhalten. Nach ep. 30 schrieb er noch einen Brief an den römischen Klerus, und einen an die Bekenner, ep. 37. Beide Schreiben waren recht belanglos.

16

IX. Dieser Brief muß epp. 30, 31 allerdings sehr bald gefolgt sein, da er in ep. 36, 4 (Hartel 575, 18 f.) erwähnt wird. Ep. 36 ist die direkte Antwort Novatians auf Cyprians ep. 35 (vgl. 36, 1 Hartel 572, 11), die sich mit epp. 30, 31 gekreuzt hatte. Sie stellt auch inhaltlich eine Ergänzung zu ep. 30 dar. Gründe, die bei der Abfassung oder Zustellung des Schreibens hinderlich gewesen sind, gibt Novatian nicht an, so daß ep. 36 auch zeitlich bald nach epp. 35, 30, 31 anzusetzen ist, damit also wohl auch noch in den Oktober des Jahres 250 gehört.

X. Nach ep. 36 hat es dann eine längere Pause in der Korrespondenz zwischen Rom und Karthago gegeben. Nach Monaten erst erinnerte sich Cyprian wieder an die Römer und bedankte sich mit ep. 37 bei den Konfessoren für Grüße, die diese ihm durch den jungen Bekenner Celerinus, der von Rom zu Cyprian gekommen war, übermittelt hatten. Ep. 37 läßt sich mit Hilfe der Angaben des 2. Kapitels genauer datieren (Hartel 577, 5 ff.). Eant nunc magistratus et consules sive proconsules, annuae dignitatis insignibus et duodecim fascibus glorientur. ecce dignitas caelestis in vobis honoris annui claritate signata est et iam revertentis anni volubilem circulum victricis gloriae diuturnitate transgressa est. inluminabat mundum sol oriens et luna decurrens. . . per vicissitudines mensium transmeavit hibernum: sed vos inclusi tempora hiemis persecutionis hieme pensatis; darauf folgt die Schilderung der Jahreszeiten, des Frühlings, Sommers und Herbstes, mit dem Schluß (Hartel 578, 3 f.): sic apud servos Dei annus evolvitur. Der Brief wurde also im Januar 251 geschrieben. Er beschließt den Briefwechsel zwischen Rom und Karthago vorläufig, bis zur Wahl des Bischofs Cornelius. Die hergebrachte Reihenfolge der übrigen noch vor der Rückkehr Cyprians nach Karthago, also Februar/März, entstandenen Briefe 38—43 ist richtig. Ihnen ist nur noch Cyprians ep. 34 an den Klerus von Karthago vorzuordnen[70].

D) Übersicht

Die folgende Tabelle I soll die in diesem Kapitel ermittelte Reihenfolge der Briefe des cyprianischen Korpus aus der Zeit der römischen Sedisvakanz übersichtlich zusammenfassen und in der Gegenüberstellung mit den einschlägigen älteren Untersuchungen zugleich einen forschungsgeschichtlichen Überblick bieten. Zugrunde gelegt wurden dabei:
1. Die von Hartel in der Wiener Ausgabe (1868—71) übernommene Zählung Pearsons aus der Oxforder Ausgabe (Fell und Pearson 1682;

---

[70] Vgl. dazu ausführlich gestützt auf *Ritschl* und in Übereinstimmung mit *Nelke* und *v. Soden: Harnack*, Chronologie 345. Ebenso *Schanz-Hosius*, aaO S. 357 ff.

Nachdruck Bremen 1690), dargelegt und begründet in den einleitenden Annales Cyprianici.

2. Die ältere Zählung der Ed. Pameliana, 1. Aufl. Antwerpen 1568 (Hartel p. LXXXII), der die Ausgaben Rigault (Paris 1648), Baluze (1718), Oberthuer (Würzburg 1782) und Migne (PL 4) bezüglich der Briefe gefolgt sind.

3. Die Verbesserungsvorschläge von O. Ritschl, Cyprian von Karthago und die Verfassung der Kirche, Göttingen 1885.

4. Die Ergebnisse der Untersuchung von L. Nelke, Die Chronologie der Correspondenz Cyprians und der pseudocyprianischen Schriften Ad Novatianum und Liber de rebaptismate, Diss. Thorn 1902.

5. Die zur Chronologie der Briefe Cyprians gemachten Vorschläge von Hans v. Soden, Die cyprianische Briefsammlung, Leipzig 1904, T. U. N. F. X, 3, S. 34.

6. Die von Adolf von Harnack vorgetragene Einteilung, Die Chronologie der altchristlichen Literatur bis Euseb, 2. Band Leipzig 1904, S. 339 ff. (vgl. auch Schanz-Hosius, Geschichte der römischen Literatur 3, Handb. der Altertumswissenschaft 8, 3, München 3. Aufl. 1922, Nachdruck 1959, S. 356 f.).

Die dann (S. 19) folgende Tabelle II gibt eine Übersicht über den Verlauf der Korrespondenz zwischen Karthago und Rom zur Zeit der Sedisvakanz mit der für die einzelnen Sendungen ermittelten zeitlichen Datierung. Aufgeführt sind jeweils auch die den Römern zur Kenntnis mitgegebenen Stücke der afrikanischen Korrespondenz Cyprians. Sie sind in ihrer ermittelten[71] chronologischen Reihenfolge aufgeführt. Diese stützt sich weitgehend auf eigene Angaben Cyprians, nämlich seine Hinweise auf die Beilagen in den Schreiben an die Römer. Dabei zählt der Bischof die Schriftstücke, auf die er eingeht, in der Regel in umgekehrter Reihenfolge auf.

In den Tabellen sind die nicht von Bischof Cyprian stammenden Schreiben durch * gekennzeichnet. Die Briefe der Korrespondenz zwischen Rom und Karthago sind fett gedruckt. Mitberücksichtigt sind dabei epp. 21 und 22, der Briefwechsel zwischen den Konfessoren Celerinus (Rom) und Lucianus (Karthago). Er hat Anfang Mai (s. o. S. 12), also zwischen den Sendungen II/III/IV stattgefunden, wird dann aber von Cyprian ep. 27 (Sendung V) herangezogen. Einander kreuzende Sendungen sind durch ✕ gekennzeichnet.

---

[71] Vgl. Tabelle I.

Tabelle I

Vergleichende Tabelle der verschiedenen Ansätze zur Chronologie der Briefe Cyprians

Pearson-Hartel	Pamelius	O. Ritschl	Nelke	v. Soden	Harnack	Unsere Zählung	Verlorene Briefe[72]	Ungefähre Abfassungs- zeit
5	8*	7	7	7	7	7		Januar 250
6	9	5	5	5	5	5		
7	5	6	6	6	6	6		
8*	14	8*	13	14	14	8*	Der mit ep.	Februar
9	13	9	14	13	13	9	8 übersandte	
10	11	13	11	11	11	14	Bericht vom	
11	10	14	10	10	10	13	Martyrium	(März)
12	16	12	12	12	12	11	Fabians	
13	15	11	21*	21*	21*	10	(ep. 9,1)	April
14	17	10	22*	22*	22*	12		
15	18	21*	15	16	15	21*		Mai
16	19	22*	16	15	16	22*		
17	20	15	17	17	17	16		
18	37	16	8*	8*	8*	15		
19	23*	17	9	9	9	17		
20	26	18	18	18	18	18		
21*	24*	19	19	19	19	19		Juli
22*	25	20	20	20	20	20		
23*	21*	24*	24*	24*	24*	24*	Ein Brief	
24*	22*	25	25	25	25	25	des römi-	
25	27	23*	23*	23*	23*	23*	schen Klerus	
26	29	26	26	26	26	26	an den Kle-	
27	28	27	27	27	27	27	rus v. Kar-	August
28	31*	28	28	28	28	28	thago	
29	33	29	33	33	33	33	(ep. 27,4)	
30*	34	30*	29	29	29	29		
31*	35	31*	35	35	35	35		September
32	36*	32	30*	30*	30*	30*	Ein Brief	Oktober
33	30*	33	31*	31*	31*	31*	der Römer	
34	32	34	32	32	32	32	nach Sizilien	
							(ep. 30,5)	
35	38	35	36*	36*	36*	36*	Ein Brief	
36*	39	36*	37	37	37	37	Cyprians an	Januar 251
37	40	37	34	34	34	34	den römi-	
38	7	38	38	38	38	38	schen Klerus	Februar
39	12	39	39	39	39	39	(ep. 36,4)	März
40	41	40	40	40	40	40		
41	42*	41	41	41	41	41		
42*	43	42*	42*	42*	42*	42*		
43	44	43	43	43	43	43		

[72] Nicht berücksichtigt sind hier die verlorenen Schreiben aus dem Briefwechsel Cyprians mit seiner Kirche.

Tabelle II
Übersicht über die Sendungen zwischen Karthago und Rom
zur Zeit der Sedisvakanz

Rom	Karthago	Die ungefähre Abfassungszeit
I. Ein Bericht vom Martyrium des Bischofs Fabian († 20. Januar 250) **ep. 8.** Ein anmaßender Begleitbrief an den karthagischen Klerus über die Flucht Cyprians		
	II. **ep. 9.** Cyprians Antwort und die urschriftliche Rücksendung von ep. 8	Februar 250
IV. Ein (verlorener) Brief an den Klerus von Karthago und ein (verlorener) Brief an die karthagischen Bekenner (ep. 27,4) ╳	**III.** **ep. 20.** Ein Rechtfertigungsschreiben Cyprians und eine Beilage von 13 Briefen: 7. 5. 6. 14. 13. 11. 10. 12. 16. 15. 17. 18. 19.	1. Juli-Hälfte
	V. **ep. 27.** Ein Beschwerdebrief Cyprians mit 6 beigelegten Briefen: 21. 22. 24. 25. 23. 26. **ep. 28.** Ein werbender Brief Cyprians an die römischen Konfessoren.	August
VII. **ep. 30.** Ein großes anerkennendes Schreiben der Römer (Novatian) zum ersten Mal an Cyprian persönlich gerichtet. Abschriftlich beigelegt ein (verlorener) Brief an die Sizilianer. **ep. 31.** Das 1. Schreiben der römischen Bekenner an den karthagischen Bischof. ╳	**VI.** **ep. 35.** Ein Erinnerungsschreiben Cyprians mit 3 beigelegten Briefen: ein (verlorenes) Schreiben der karthagischen lapsi, ep. 33 und 29.	Sept./Okt.
	VIII. Ein (verlorener) Brief Cyprians an den römischen Klerus, u. a. bezüglich Bischof Privatus von Lambese (ep. 36,4 u. 59,10)	Oktober
IX. **ep. 36.** Die Antwort der Römer auf Cyprians ep. 35 mit der Aufforderung zur Mäßigung.	**X.** **ep. 37.** Ein überschwänglicher Brief Cyprians an die römischen Konfessoren, in dem er für die durch Celerinus überbrachten Grüße dankt.	Januar 251

Zweiter Teil

DIE KORRESPONDENZ

A) Der (verlorene) Bericht[1] vom Tode des römischen Bischofs Fabian

„Ad clerum de excessu episcopi eorum" lautete im verlorengegangenen alten cod Veronensis[2] die Einführung zu einem Brief Cyprians, den dieser nach Rom gerichtet hat. In den wichtigsten anderen Handschriften heißt die Einführung: „Incipit scribentis Romae clero episcopi urbici"[3] (so M, v. Soden 40) oder „Incipit epistula Cypriani scribentis Romae ad clerum de redditione[4] episcopi urbici" (so der wichtige cod T, v. Soden 80)[5]. Das so bezeichnete Schreiben — ep. 9 der Wiener Ausgabe — ist die Antwort Cyprians an die Römer auf die Nachricht vom Tode seines römischen Kollegen. Dieser Kollege kann nur der Bischof Fabianus von Rom gewesen sein, der am 20. Januar 250 ums Leben kam. Mit der Adresse: „Cyprianus presbyteris et diaconibus Romae consistentibus fratribus salutem" wendet der karthagische Bischof sich an die römische Gemeinde zur Zeit der Sedisvakanz.

ep. 9, 1 (Hartel, 488, 21—489, 11):

(1) Während über das Hinscheiden (excessu) des trefflichen Mannes (boni viri), meines Amtsgenossen, bei uns nur unbestimmte Gerüchte (rumor) und zweifelnd schwankende Meinungen umgingen, teuerste Brüder, erhielt ich von euch durch den Subdiakon Crementius das an mich gesandte Schreiben (litteras ad me missas), das mich ganz ausführlich (ple-

---

[1] Ep. 9, 1 (*Hartel*, 489, 5).

[2] Vgl. *Harnack*, Weizsäcker-Festschrift 3; die Handschrift gehörte nach Latinis Schätzung ins VII. Jahrhundert, hat aber mit Sicherheit weit früher zu datierende Vorlagen gehabt. Aus diesem Grund setzte v. Soden sie als 1. an den Anfang seiner Zählung. Zur komplizierten Überlieferung des cod Ver. vgl. Hartel p. IX—XVIII; *v. Soden*, Briefsammlung 154 ff.

[3] Gegenüber T (80) ist die Einführung hier offenbar verdorben.

[4] = reditio — Rückkehr zu Gott, oder der Schreiber hat an die redditio animae gedacht.

[5] Die Unterschrift heißt: „Epistula Cypriani rescribentis (scribentis M) Romae clero de redditione episcopi urbici explicit."

nissime) über sein ruhmvolles Ende unterrichtete, und ich freute mich von Herzen darüber, daß ihm entsprechend seiner tadellosen Amtsführung nun auch ein ehrenvoller Heimgang beschieden war[6].

(2) Deswegen[7] freue ich mich auch für euch ganz besonders darüber, daß ihr sein Andenken durch ein so feierliches (wortreiches) und glanzvolles (anschauliches) Zeugnis bewahrt, so daß durch euch uns bekannt wurde, was sowohl für euch wegen des Andenkens an euren Vorgesetzten rühmlich ist, als auch für uns ein Vorbild im Glauben und in der Tugend aufzeigt.

(3) Denn so verderblich für den Abfall der ihm Nachfolgenden der Sturz eines Vorstehers ist, so nützlich und heilsam ist es umgekehrt, wenn der Bischof durch die Festigkeit seines Glaubens den Brüdern ein nachahmenswertes Beispiel gibt.

Diese Antwort Cyprians setzt also ein römisches Schreiben voraus, das durch den karthagischen Subdiakon Crementius[8] in Cyprians Hände gelangt ist, und ihm den glorreichen Tod seines römischen Kollegen anzeigte und beschrieb[9].

Dieses schon durch seinen Inhalt wichtige Schreiben ist uns nicht überliefert. Weder im Cheltenhamer Verzeichnis[10] noch in dem Hartelschen Archetypus MQT[11] findet sich irgendein Hinweis; auch anderswo hat es sich nicht erhalten[12]. Dieser Umstand ist auffällig, da ein mit dem Bericht

---

[6] Et exultavi satis quod pro integritate administrationis eius consummatio quoque honesta processerit.

[7] In quo vobis quoque plurimum gratulor quod eius memoriam tam celebri et inlustri testimonio prosequamini, ut per vos innotesceret nobis quod et vobis esset circa praepositi memoriam gloriosum et nobis quoque fidei ac virtutis praeberet exemplum.

[8] S. o. S. 28 f.

[9] Vgl. dazu *Harnack*, Weizsäcker-Festschrift 3.

[10] Zum Cheltenhamer bzw. Mommsenschen Verzeichnis vgl. *v. Soden*, Briefsammlung 41 ff. Das Verzeichnis beschreibt eine Sammlung von Briefen, die ziemlich genau 100 Jahre nach dem Tode Cyprians in Rom und in Afrika verbreitet war. In diese Sammlung hätte der von Cyprian in ep. 9 u. a. wegen seines schriftstellerischen und erbaulichen Wertes so gerühmte Bericht über den Tod Fabians durchaus Eingang finden können, da ein ganzer Teil der Sammlung den Preis des Martyriums zum Inhalt hat. Freilich gilt das Hauptinteresse der Sammlung vor allem den Schriften Cyprians, doch ist beispielsweise auch die römische ep. 30 aufgenommen worden, wohl nicht nur, weil dieser Brief überall sehr geschätzt wurde, sondern auch, weil Cyprian ihn in ep. 55 zitiert.

[11] Entspricht *v. Soden*, 40, 20, 80; zur Beurteilung des Archetypus und der einzelnen wichtigen Zeugen vgl. *v. Soden*, Briefsammlung 73 f.

[12] Daß beispielsweise Euseb, dem wir es am ehesten zutrauen dürfen, das Schreiben, das vermutlich als Rundschreiben an viele Gemeinden gesandt wurde, nicht in Cäsarea vorfand, kann alle möglichen Gründe haben, wie etwa den, daß der Brief in den Wirren der Verfolgung nicht in die Bibliothek gelangt ist.

22

gleichzeitig nach Karthago übersandtes Schreiben (ep. 8), das formal und inhaltlich eng damit zusammengehört[13], überliefert ist.

Die näheren Angaben Cyprians in ep. 9 deuten darauf hin, daß dieser verlorene Brief den Charakter eines ökumenischen Schreibens hatte[14], mit dem die Römer andere Gemeinden offiziell von dem Tod ihres Bischofs Fabian in Kenntnis setzten, wie es auch Brauch war, daß ein neugewählter Bischof seine Amtsbrüder in den Nachbargemeinden und ihm befreundete oder wichtig erscheinende Bischöfe großer Städte von seiner Amtsübernahme unterrichtete[15]. Jedenfalls gibt Cyprian zu erkennen, daß er auf einen entsprechenden Bericht bereits gewartet hatte. Die Römer haben sich mit diesem Brief offenbar Zeit gelassen und große Mühe gegeben. Sie begnügten sich nicht mit einer Todesanzeige, sondern schilderten die näheren Umstände des Martyriums ganz ausführlich[16]. Dabei kam es dem Verfasser des verlorenen Briefes nach Cyprians Angaben offenbar darauf an, das Andenken Fabians zu bewahren und seine Vorbildlichkeit und Standhaftigkeit im Leiden als nachahmenswertes Beispiel des Glaubens und der Tugend für alle Christen herauszustellen.

Das heißt, wir haben mit diesem Schreiben eine Märtyrerakte verloren[17]. Cyprian nennt das Schriftstück ein celebre et illustre testimonium[18] und gratuliert den Römern damit zur literarischen Leistung beinahe überschwenglicher als zum eigentlichen Gegenstand, der hier dargestellt wird: den Römern gereicht es nur zur Ehre, daß sie ihres großen Bischofs in so angemessener Form gedenken; und gerade dadurch machen sie es möglich, daß das Vorbild Fabians auch für andere Gemeinden verbindlich wird.

Diese Hinweise machen es sehr wahrscheinlich, daß Novatian der Verfasser der verlorenen Märtyrerakte war, denn aus seiner Feder stammen auch die späteren offiziellen Gemeindebriefe aus der Zeit der Sedisvakanz,

---

[13] S. o. S. 40.   [14] Näheres dazu s. S. 49.   [15] S. u. S. 7.
[16] Plenissime de glorioso eius exitu instruerer ... ep. 9, 1 (*Hartel*, 489, 5).
[17] *E. Caspars* (Papsttum I 61) Charakterisierung des Schreibens als Todesanzeige reicht also keineswegs aus. Richtig dagegen ist wohl seine Vermutung, daß Fabian den Tod nicht durch Hinrichtung, sondern im Gefängnis, als Folge der erlittenen Leiden gefunden habe, denn von Exekutionen hören wir in dieser ersten Phase der römischen Verfolgung kaum etwas. Sie sind die Ausnahme und im Falle des betagten Fabian hätten wir eine entsprechende Bemerkung bei Cyprian erwarten können. Der römische Bischof dürfte also wie die meisten anderen Märtyrer in der ersten Zeit der Verfolgung im Gefängnis gestorben sein. Daß Cyprian ihn nicht ausdrücklich Märtyrer nennt, woraus *Caspar* (aaO S. 61 Anm. 1) folgert, daß er eben nicht hingerichtet wurde, besagt gar nichts. Vgl. etwa ep. 12 und 22, 2.
[18] Ep. 9, 1 (*Hartel*, 489, 5) vgl. zu testimonium die nicht zuletzt im Blick auf Cyprian gemachte Bemerkung Novatians ep. 30, 2 (*Hartel*, 550, 14): minus est crimen honoratum bono testimonio non fuisse quam honorem bonorum testimoniorum perdidisse.

die uns erhalten sind[19]. Wie seine Schrift de trinitate beweist, war er schon zu Lebzeiten Fabians der bedeutendste Theologe der römischen Gemeinde[20]. Daher ist es ganz unwahrscheinlich, daß sich der römische Klerus erst bei Abfassung von ep. 30 auf seine großen Fähigkeiten besann und ihm die Federführung übertrug. Niemand in Rom war geeigneter als er, den Märtyrertod des großen Bischofs Fabianus in angemessener Form für die anderen Gemeinden darzustellen[21].

Aus dem übrigen Klerus war obendrein kaum jemand in der Lage, einen Satz fehlerfrei zu Papier zu bringen, wenn man die anderen nicht von Novatian verfaßten Schreiben römischer Kleriker aus jener Zeit zum Maßstab nimmt[22]. Ein schriftstellerisches Machwerk aus ihrem Kreis zu loben, wäre blanker Hohn[23], so daß wir auch im Blick auf seine Amtsbrüder in jener Zeit nur Novatian ein Schreiben zutrauen können, auf das das große Lob Cyprians zutreffen könnte[24]. Auch später hat der karthagische Bischof, der sich selbst um eine gute Ausdrucksweise mühte, die Fähigkeiten des römischen Presbyters anerkannt[25].

Schließlich kann die Verfasserschaft Novatians erklären, warum der Bericht vom Tode Fabians so spurlos untergegangen ist[26]. Das Schreiben wurde, wie viele andere Schriftstücke Novatians, aus der Überlieferung getilgt[27].

Es ist sonst Gewohnheit Cyprians, bei seinen Antwortschreiben den Grundgedanken des Briefes, auf den er antwortet, aufzunehmen. Wenn er

---

[19] S. o. zu ep. 30 u. 36; eine Ausnahme ist die gleichzeitig mit dem Bericht vom Tode Fabians verfaßte ep. 8. Die anderen römischen Schreiben haben mehr oder weniger persönlichen Charakter, wie etwa ep. 21 des Celerinus u. ep. 31 der römischen Bekenner.
[20] Näheres dazu zuletzt bei *H. Weyer*, De Trinitate 5.
[21] Vgl. etwa den Spott des Cornelius in seinem Brief an Fabius von Antiochien Euseb h. e. VI, 43: Ὁ θαυμάσιος, ὁ λαμπρός, ὁ λαμπρότατος, ὁ δογματίστης, ὁ ἐκκλησιαστικῆς ἐπιστήμης ὑπερασπίστης, ὁ ἐκδικητὴς τοῦ εὐαγγελίου.
[22] Vgl. ep. 8, 21 und besonders 31. Dazu *Hartel*, p. XLIX: „structuras dico inauditas passim occurrentes et operosum scribentium laborem, quo quae dicturi essent non tam clare pronuntiarent quam titubantes semisomno sopore ambiguis sententiis prolata aliis intellegenda relinquerent." (zu ep. 8, 21—24).
[23] Vgl. beispielsweise *Schanz-Hosius*, Literaturgeschichte 359.
[24] Was die Rhetorik anlangt, so ist beispielsweise Novatians ep. 30 u. 36 mit keinem anderen Schreiben der cyprianischen Briefsammlung zu vergleichen.
[25] Vgl. ep. 55, 24: Jactet se licet (Novatianus) et philosophiam vel eloquentiam suam superbis vocibus praedicet... Ep. 51, 2: „verba loquacia", ep. 49, 2: „perfidia et loquacitas capitosa".
[26] Vgl. S. 3[12]; Cyprian selbst hat offenbar wenig für eine weitere Verbreitung des Schreibens unternommen. Jedenfalls fehlt jeder entsprechende Hinweis, während der Bischof bei allen anderen römischen Schreiben, weil sie für ihn vorteilhaft waren, mit peinlicher Gewissenhaftigkeit Anweisungen zur weiteren Verbreitung der Schreiben gegeben (vgl. ep. 29 u. 32) und auch sonst entsprechende Mitteilungen gemacht hat. [27] S. S. 99[50].

24

dies auch in ep. 9, 1 getan hat, dann haben wir hier einen näheren Hinweis auf den Inhalt des verlorenen Schreibens: „et exultavi satis quod pro integritate administrationis eius (scil. Fabianus) consummatio quoque honesta processerit."[28] Über Formulierungen im Kanzleistil geht dieser Satz nicht hinaus[29]. So hätte es auch im Nachruf für einen römischen Beamten heißen können[30]. Für Cyprian ist dies ungewöhnlich, da er sich sonst in ähnlichem Zusammenhang, wenn es um die Vorbildlichkeit und Standhaftigkeit im Leiden geht, nicht mit Allgemeinplätzen im Kanzleistil begnügt, sondern in der Regel sehr pathetische und überschwengliche Formulierungen wählt[31]. Ein gutes Beispiel dafür ist die zeitlich ziemlich genau mit ep. 9 übereinstimmende ep. 6 an die Bekenner in Karthago[32].

Daher liegt es nahe, daß sich Cyprian, wie es bei Antwortschreiben auch sonst seine Gewohnheit war, hier zunächst an das gehalten hat, was im Brief der Römer vorgegeben war, daß er einen wesentlichen Gedanken vielleicht sogar den Leitgedanken aus dem verlorenen Schreiben aufgenommen hat. Denn gerade für Novatian, den mutmaßlichen Verfasser des Briefes, ist er in ähnlichem Zusammenhang wiederholt belegt[33]. Der Bericht vom Tode Fabians beschrieb dann nicht nur die näheren Umstände seines Leidens, sondern würdigte zugleich die Person und Amtsführung des großen Bischofs, der sein Lebenswerk mit dem Martyrium vollendete.

---

[28] Ep. 9, 1 (*Hartel*, 489, 2—4).

[29] Vgl. auch den Brief Constantins an Aelafius, *v. Soden*, 14; *Kraft*, Konstantin 173; Brief 6 (2 a) ut tam hic pro integritate...

[30] Zur Sache vgl. Sen.brev.vitae 1, 3: (Vita) in maximarum rerum consummationem large data est, si tota bene collocaretur. Aber auch Vulg. Interpr. Eccli. 50 de Onia 11: in accipiendo ipsum stolam gloriae et vestiri eum in consummationem virtutis, vgl. Ephes. 4, 2: consummatio Sanctorum.

[31] Wie der gleiche Gedanke sonst im Munde Cyprians klingt, zeigt gut das in unmittelbarer zeitlicher Nähe zu ep. 9 abgefaßte Schreiben des Bischofs an Rogatianus und die anderen Bekenner, die mit ihm im Gefängnis sitzen, ep. 13, 2 (*Hartel*, 505, 12—13): Es genügt noch nicht, wenn man etwas zu erreichen in der Lage war. Mehr bedeutet es, wenn man das Erreichte auch erhalten kann; wie auch bei dem Glauben selbst und der heilbringenden Geburt nicht der Empfang, sondern die Erhaltung das Leben gibt. Nicht gleich das Erlangen, sondern erst die Vollendung rettet den Menschen für Gott (Nec statim consecutio, sed consummatio hominem Deo servat). Gemeint ist mit consummatio hier wie in ep. 9 der Märtyrertod.

[32] Vgl. aber ebenso ep. 10 und 28.

[33] Vgl. dazu das 2. Kapitel des 30. Briefes (*Hartel*, 549, 17 ff. bes. 550, 13 ff.), wo Novatian sogar die Frage aufwirft, wer eines guten Testimoniums würdig sei. In ähnlicher Form kehrt der Gedanke bei ihm in ep. 36 wieder. Hier stellt er die integre Amtsführung Cyprians, obwohl er sich durch die Flucht dem Martyrium entzogen hatte, wiederholt den Verfehlungen der sanctissimi martyres gegenüber.

B) Das kritische Begleitschreiben der Römer über die Flucht Cyprians: ep. 8

Zusammen mit dem verlorenen Schreiben über den Tod Fabians erhielt Cyprian aus Rom ein Schreiben, das uns als ep. 8 im cyprianischen Briefkorpus erhalten ist. Der einzige selbständige Textzeuge für diesen Brief ist der Cod T (Rom, Vat. Reg. lat. 118 aus dem 10. Jahrhundert)[1].
Die nachfolgende Rezension korrigiert Fehler der Textwiedergaben von Hartel, Miodonski, Harnack und Bayard[2].

a) Der Text von ep. 8

I₁ Didicimus secessisse benedictum papatem Cyprianum a Crementio subdiacono, qui a vobis ad nos venit certa ex causa, quod[3] utique recte fecerit, propterea cum sit persona insignis, et[4] inminente agone quem permisit Deus in saeculo colluctandi causa adversarium[5] simul cum servo suo[6], volens etiam angelis et hominibus certamen hoc manifestare, ut qui vicerit coronetur, victus vero reportaverit in se sententiam quae nobis manifestata est. 2. et cum incumbat nobis qui videmur praepositi esse et vice pastorum[7] custodire gregem, si neglegentes[8] inveniamur, dicetur nobis quod et antecessoribus nostris dictum est, qui tam neglegentes praepositi erant, quoniam perditum non requisivimus et errantem non correximus et claudum non collegavimus[9] et lactem eorum edebamus et lanis eorum operiebamur. 3. denique et ipse dominus implens quae erant scripta in lege et prophetis docet dicens: ego sum pastor bonus, qui pono animam meam pro ovibus meis. mercennarius[10] autem et cuius non sunt propriae oves, cum viderit lupum venientem, relinquet et fugit, et lupus disparget eas. 4. sed et Simoni sic dicit: diligis me? respondit: diligo. ait ei: pasce oves

---

[1] Nach der von Soden vorgeschlagenen Zählung Typus 80, die anderen Handschriften wie w etc. sind von T abhängig. Vgl. *Hartel*, p. XLVIII.
[2] Zugrunde liegt die Einzelausgabe von *Miodonski*. Herangezogen ist auch die Rezension von *Harnack*, Weizsäcker-Festschrift 6 f.
Lesarten abgeleiteter Codd., deren Vorlage wir besitzen, werden hier nur bei Ausnahmen aufgeführt.
incipit rescribens Celerino (leg. Celerinus) Luciano T, Epistola confessorum de erigendis lapsis et ad penitentiam provocandis φ, Celerini responsio ad Lucianum de cura pastoris et ad obviandum idolatriam. Celerinus Luciano salutem w, Alia rescripta μ.
[3] quos T.   [4] et Tμ, sed *vult Bayard*.
[5] adversario *vult Miodonski*.
[6] servo suo T, servis suis μφ (*Hartel*), servos suos *vult Miodonski, Harnack*.
[7] pastorem T, pastoris φ.
[8] neglegenter *vult Miodonski, Harnack* sec. φ μ.
[9] collegavimus T, colligavimus *Hartel, Miodonski, Bayard*.
[10] mercennarius T, mercenarius *Miodonski, Harnack*.

meas. hoc verbum factum ex acto ipso quo cessit cognoscimus, et ceteri discipuli similiter fecerunt.

II[1] Nolumus ergo, fratres[11] dilectissimi, mercennarios[12] inveniri sed bonos pastores, cum sciatis tum non minimum periculum incumbere, si non hortati fueritis fratres nostros stare in fidem immobiles, ne praeceps euntes ad idolatria[13] funditus eradicetur fraternitas. 2. nec enim hoc solum verbis vos hortamur, sed discere poteritis a plures[14] a nobis ad vos venientes[15] quoniam ea omnia nos Deo adiuvante et fecimus et facimus cum omni sollicitudine et periculo saeculari ante oculos habentes timorem et brevem iniuriam, non deserentes fraternitatem et hortantes eos stare in fide et paratos esse debere ire cum domino. 3. sed et ascendentes ad hoc[16] quod conpellabuntur revocavimus. 4. ecclesia stat fortiter in fide[17], licet quidam terrori[18] ipso conpulsi, sive quod essent insignes personae sive adprehensi timore hominum, ruerunt. 5. quos quidem separatos a nobis non dereliquimus[19], sed ipsos cohortati sumus et hortamur agere paenitentiam, si quo modo indulgentiam poterint recipere ab eo qui potest praestare, ne, si relicti fuerint a nobis, peiores efficiantur.

III[1] Videtis ergo, fratres, quoniam et vos hoc facere debetis, ut etiam illi qui ceciderunt, hortato[20] vestro[21] corrigentes animos eorum, si adprehensi fuerint iterato, confiteantur, (ut)[22] possint priorem errorem[23] corrigere. 2. et alia quae incumbunt vobis, quae etiam et ipsa subdidimus, ut si hi[24] qui in hac temptatione[25] inciderunt coeperunt[26] adprehendi infirmitati[27] et agant paenitentiam facti sui et desiderent communionem, utique subveniri eis debet; 3. sive viduae sive thlibomeni[28] qui se exhibere non possunt sive hi qui in carceribus sunt sive exclusi de sedibus suis utique habere debent qui eis ministrent; 4. sed et caticumini[29] adprehensi infirmitate decepti esse non debebunt, ut eis subveniatur; 5. et quod

---

[11] vos inveniri *vult Miodonski* cf. *Bayard sec.* vos fratres dilectissimi w, f. d. vos v.

[12] mercennarios T.

[13] idolatria T μ, idolatriam *Hartel, Miodonski, Bayard sec.* ydolatriam φ w.

[14] plures T, pluribus *vult Hartel.*   [15] venientibus *Hartel.*

[16] hoc *includit Miodonski.*   [17] fidem *vult Miodonski sec.* φ.

[18] terrori T μ, terrore *vult Hartel, Bayard.*

[19] derelinquimus *vult Miodonski sec.* φμw, qui et T descripti sunt. *cf. Harnack.*

[20] hortato T, hortatu *vult Hartel, Bayard.*

[21] nostro μ.   [22] ut μ, *om.* T φw.

[23] priore errore T.   [24] sibi Tμ, si ii w.

[25] hac temptatione T φw, hanc temptationem *vult Hartel, Bayard.*

[26] coeperunt T μφw, coeperint *vult Hartel, Bayard.*

[27] infirmitati T, infirmitate *vult Hartel, Bayard.*

[28] thlibomeni ex thilbomeni μ *coni.* Bosquetus, Hartel, Miodonski, Bayard, clidomeni T, chlidomeni φw, clionomeni *coni. Pamelius, Harnack.*

[29] caticumini T, cathetumini φμw, catecumini *vult Hartel.*

maximum est, corpora martyrum aut ceterorum si non sepeliantur, grandis periculus[30] imminet eis quibus incumbit hoc opus. 6. cuiuscumque ergo vestrum quacumque occasione fuerit effectum hoc opus, certi sumus eum bonum servum aestimari, ut qui in minimo fidelis fuit constituatur super decem civitates. 7. faciat autem Deus, qui omnia praestat sperantibus[31] in se, ut omnes nos in his operibus inveniamur.

8. salutant vos fratres qui sunt in vinculis et presbyteri et tota ecclesia, quae et ipsa cum summa sollicitudine excubat pro omnes[32] qui invocant nomen Domini. 9. sed et nos petimus mutua vice memores sitis nostri. 10. sciatis autem Bassianum pervenisse ad nos. 11. et petimus vos, qui habetis zelum Dei, harum litterarum exemplum apud quoscumque poteritis transmittere per idoneas occasiones, vel vestras faciatis, sive nuntium mittatis, ut stent fortes et immobiles in fide.

12. optamus vos, fratres carissimi, semper bene valere.

b) Der Verfasser des Schreibens

Wer der Verfasser dieses Schreibens ist, wissen wir nicht. Geistreich ist die These von J. Haußleiter, der ep. 8 dem von Karthago nach Rom verschlagenen Konfessor Celerinus zuschreiben wollte. Doch dies ist ganz unwahrscheinlich[33]. Einleuchtender, doch auch unsicher ist die zuletzt von H. v. Campenhausen vertretene alte Behauptung, daß die römischen Diakone ep. 8 geschrieben haben. Die These gründet sich darauf, daß ihr ordo in der Grußliste am Ende des Briefes, wo die Konfessoren und Presbyter aufgeführt werden, nicht eigens erwähnt wird[34]; sie soll besagen, daß in die-

---

[30] grandis periculus *Miodonski, Harnack, Bayard*, grandis periculis T, grande periculum *Hartel*.

[31] sperentibus *Bayard*.

[32] pro omnes T, pro omnibus *Hartel sec.* μφ scribens Celerinus Luciano explicit T, om. φμω.

[33] J. *Haußleiter*, Der Aufbau der altchristlichen Literatur. Eine kritische Untersuchung nebst Studien zu Cyprian, Victorinus und Augustin. Gött. Gel. Anz. (1898) S. 337—379, zu ep. 8 S. 350—367; am ausführlichsten setzte sich mit ihm auseinander *Nelke*, Chronologie der Correspondenz, 32 ff. Die eigene Beurteilung Nelkes von ep. 8 ist freilich durchweg tendenziös und gelegentlich ganz falsch. Zu Haußleiter vgl. auch *v. Harnack*, Chronologie 343, 1.

[34] Diese Meinung wird am besten vorgetragen von *Caspar*, Papsttum I, 1 62 f.; *v. Campenhausen*, Lat. Kirchenväter 41. Das Fehlen der Diakone in der Grußliste (3, 8) besagt freilich wenig. Es ist sehr wohl möglich, daß ihr Kollegium in jener Zeit vorübergehend gar nicht intakt war, weil man die meisten von ihnen, vielleicht sogar alle sieben, wie Bischof Fabian und andere prominente Würdenträger (etwa die Presbyter Moyses und Maximus) verhaftet hatte. Von den Diakonen Nicostratus und Rufinus wissen wir es jedenfalls sicher (vgl. ep. 32 [*Hartel*, 565, 4 f.] u. ep. 31 [*Hartel*, 557, 2—4]), und sie sind sicher nicht die einzigen Diakone, die am Ende von ep. 8 „fratres, qui sunt in

28

sem Schreiben das Diakonenkollegium als der engste Kreis der bischöflichen Vollzugsbeamten auftritt. Gegen den Rückschluß aus der Grußliste in ep. 8 steht allerdings die Aussage Cyprians im 20. Brief, der an die Presbyter und Diakone gerichtet ist (ep. 20, 3): praeterea vestra scripta legissem. Für den Bischof ist der Brief also ein Schreiben der Presbyter und Diakone, also des Klerus überhaupt. Das besagt mindestens, daß die Verfasserfrage einigermaßen belanglos ist. In jedem Fall müssen wir ep. 8 als Brief des römischen Klerus betrachten, auch wenn er im Diakonenkollegium entstanden sein sollte.

Der Verfasser war ein ziemlich ungebildeter Mann; er schreibt ein Latein der vulgären Umgangssprache, mit unbeholfenem Satzbau, grammatischen und syntaktischen Mängeln und Barbarismen[35]. Auch die Handschrift war alles andere als sauber[36].

c) Der Überbringer

Der Überbringer der Sendung war der Subdiakon Crementius. Wichtig ist, daß er aus Karthago stammte. Das läßt sich folgenden Hinweisen entnehmen. Aus ep. 8, 1 geht hervor, daß Crementius von Karthago kommend die Römer von der Flucht des Bischofs unterrichtet hat[37]. Am Ende des gleichen Briefes geben sie bekannt, daß Bassianus inzwischen eben-

---

vinculis" grüßen. Auch Moyses und Maximus werden häufig nur Confessores genannt (vgl. etwa ep. 55, 5 u. ö.). Acht Jahre später unter Xystus II. folgen beispielsweise alle Mitglieder des Diakonenkollegiums ihrem Bischof sehr bald in den Märtyrertod, und auch unter Decius zielte die Verfolgung zunächst auf die in der Kirche in erster Linie Verantwortlichen. Wie wenig es letztlich besagt, daß in ep. 8 die Diakone als eigener ordo nicht eigens aufgeführt sind, zeigt auch die Adresse des Schreibens der römischen Konfessoren ep. 31 (*Hartel*, 557, 2—4); CYPRIANO PAPAE MOYSES ET MAXIMUS PRESBYTERI ET NICOSTRATUS ET RUFINUS ET CETERI QUI CUM EIS CONFESSORES S.

Ep. 8 als Diakonenbrief auszugeben, ist auch von der Sache her schwierig, da wir kein vergleichbares Schreiben oder auch nur eine Nachricht haben, wonach sich das Diakonenkollegium selbständig in einer „übergemeindlichen" Angelegenheit zu Worte gemeldet hat.

[35] *v. Harnack*, Weizsäcker-Festschrift 9. Zum Sprachlichen die Formen 1, 1 papatem, 1, 2 lactem; 1, 1 cum servos suos, 2, 1 stare in fidem, 2, 1 ad idolatria, 2, 2 a plures venientes, 3,8 pro omnes; 1, 4 acto für actu, 3, 1 hortato für hortatu; 1, 2 collegavimus für colligavimus, 1, 3 relinquet, disparget für relinquit dispargit, 2, 4 terrori für terrore, 3, 2 infirmitati für infirmitate, 3, 4 caticumini; 2, 3 compellabentur; 3, 5 grandis periculus für grande periculum; 2, 5 poterint; 2, 1 idolatria 1, 2; 2, 2 u. 3, 1 steht für debeat; vgl. dort auch coeperunt und agant nebeneinander. 2, 2 quam für plus quam.
[36] Weitere Einzelheiten zur äußeren Form s. u. S. 36 f.
[37] Ep. 8, 1 (*Hartel*, 485, 19 f.): Didicimus secessisse benedictum Papatem Cyprianum a Crementio subdiacono qui a vobis ad nos venit certa ex causa, ...

falls aus Karthago eingetroffen sei[38]. Dieser Bassianus aber ist sicher identisch mit dem römischen Kleriker, den der erklärte Feind Cyprians, der karthagische Konfessor Lucianus am Ende seines Briefes (ep. 22) an Celerinus in Rom wenig später grüßen läßt[39]. Also nicht nur der Subdiakon Crementius, sondern auch der Kleriker Bassianus konnten den Römern über die Vorgänge in Karthago berichten, wenn Bassianus nicht sogar eigens nach Karthago geschickt wurde, um die Angaben des Crementius unverzüglich an Ort und Stelle zu prüfen[40].

Nun beklagt sich Cyprian am Anfang von ep. 20, seiner zweiten Antwort auf ep. 8, bitter, er habe erfahren, daß man in Rom über sein Verhalten nicht ganz offen und ehrlich berichtet habe[41].

Die erklärte Freundschaft zwischen dem römischen Kleriker Bassianus und dem großen Gegner Cyprians, Lucianus, der die Flucht Cyprians mit scharfen Worten verurteilte, bietet die Gewähr, daß Cyprian mit dieser Klage über die Berichterstattung in erster Linie Bassianus meinte[42].

Dagegen besagen die Nachrichten über Crementius, daß dieser ganz auf seiten des karthagischen Bischofs gestanden habe. Aus ep. 20, 3 geht hervor, daß die Römer ihn beauftragt hatten, den 8. Brief beim Klerus von Karthago abzuliefern[43]. Das hat er aber offensichtlich nicht getan, denn ep. 9, 1 und 2 sagen ausdrücklich, daß Crementius den 8. Brief wie auch den Bericht vom Tode Fabians persönlich und im Original[44] Cyprian, also nicht dem karthagischen Klerus, überbracht hat[45]. Ein solches Verhalten setzt voraus, daß Crementius karthagischer Subdiakon[46] und

---

[38] Ep. 8, 3 (*Hartel*, 488, 13 f.): sciatis autem Bassianum pervenisse ad nos.

[39] Ep. 22 ist höchstens 2 Monate nach ep. 8 verfaßt. Ep. 22, 3 (*Hartel*, 535, 14 f.): salutamus cum suis Saturum, Bassianum et universum clerum . . . .

[40] Diese ansprechende Vermutung hat Harnack, Weizsäcker-Festschrift 13 geäußert. Ihm folgt *Nelke*, Chronologie 29, 7. Ohne Anhaltspunkte ist freilich die Meinung *Nelkes* aaO S. 23, daß Crementius im Namen seines Klerus Cyprian bei den Römern verklagt.

[41] Ep. 20, 1 (*Hartel*, 527, 4 f.): quoniam conperi, fratres carissimi, minus simpliciter et minus fideliter vobis renuntiari quas hic a nobis et gesta sunt et geruntur, necessarium duxi has ad vos litteras facere . . .

[42] Zum gleichen Kreis gehörte etwa auch Saturninus, der cum comitibus suis sich in Rom aufhielt. Vgl. wieder ep. 22, 3 (*Hartel*, 535, 12).

[43] Ep. 20, 3 (*Hartel*, 528, 24 f.): et praeterea vestra scripta legissem quae ad clerum nostrum per Crementium hypodiaconum nuper feceratis . . .

[44] Die Beanstandung der äußeren Form, der Handschrift und sogar des Papiers schließen aus, daß Cyprian eine Abschrift übergeben wurde.

[45] Ep. 9, 1 (*Hartel*, 488, 23 f.): accepi a vobis litteras ad me missas per Crementium hypodiaconum . . . , 9, 2 (*Hartel*, 489, 16 f.): . . . ut recognoscatis an ipsa sit quam Crementio hypodiacono per ferendam dedistis.

[46] Die Römer nennen Crementius ep. 8, 1 „subdiaconus". Cyprian korrigiert sie (ep. 9, 1, *Hartel*, 489, 1 u. 9, 2, *Hartel*, 489, 17; ep. 20, 3, *Hartel*, 528, 26) stillschweigend und nennt ihn hypodiaconus, wie die Subdiakone in der afrikanischen Kirche auch sonst betitelt werden. Jedenfalls ergab dies eine Durchsicht

Vertrauter des Bischofs war[47]. Ep. 8 ist dem Klerus in Karthago kaum vor-
gezeigt[48] und später, wenn überhaupt, wohl nur gerüchtweise[49] bekannt
geworden; denn nachdem Cyprian den 8. Brief an die Römer zurückge-
sandt hat, sehen sie sich veranlaßt, in einem neuen Schreiben an den Klerus von Karthago dieselben Vorschriften bezüglich der lapsi vorzutragen[50].

*d) Die Gründe für die Flucht Cyprians und wie die Römer sie
aufnahmen*

1. ep. 8, 1 „certa ex causa"

Ep. 8, 1: Didicimus secessisse benedictum papatem Cyprianum a Crementio subdiacono qui a vobis ad nos venit certa ex causa, quod utique
recte fecerit, propterea cum sit persona insignis . . .

Die stilistische Ungeschicklichkeit des Schreibers macht zwei Deutungen
der Formulierung „certa ex causa" möglich[51]. Sie kann auf secessisse eben-

---

der Briefe. Die folgende Zusammenstellung kann freilich nicht Anspruch auf
Vollständigkeit erheben. (Hartels Register führt weder subdiaconus noch hypodiaconus, die folgenden Zahlen geben Seiten u. Zeilen seiner Ausgabe an. Als
Karthager mit der Bezeichnung hypodiaconus wurden genannt: Optatus 548, 4;
571, 13; Philumenus 570, 14; Mettius 603, 15; 605, 17; 606, 1; Herennianus
835, 19; 836, 12; 838, 9. Wenn sich in Rom bereits der Titel subdiaconus durchgesetzt hat, dann respektiert Novatian ep. 36, 1 (*Hartel*, 572, 11) die afrikanische
Amtsbezeichnung, indem er den Karthager Fortunatus als hypodiaconus bezeichnet. Vgl. auch den Brief der Konfessoren ep. 35 (*Hartel*, 571, 13) (Optatus). Unter der genannten Voraussetzung bestätigt dieser Sprachgebrauch, daß
Crementius Karthager war.

[47] Ohne jedes Gewicht ist, daß er, der Karthager, als Überbringer eines
römischen Schreibens auftritt. (vgl. z. B. ep. 75, 1). Zumal in jener Zeit benötigten die Römer jeden geeigneten Mann, die Nachricht vom Tode Fabians
den anderen Kirchen mitzuteilen. Zum Mangel an geeigneten Boten vgl. z. B.
ep. 29.

[48] Die Gegner Cyprians hätten sich andernfalls mit Sicherheit darauf berufen.

[49] Vgl. ep. 18 und 19.

[50] Vgl. ep. 27, 4; dazu *Nelke*, Chronologie 24 f. Daß Cyprian den 8. Brief in
die Hand bekam, ist kein Anhaltspunkt für die Loyalität seines Klerus, der sich
durch den Brief nicht irre machen ließ (so *Ritschl*, Cyprian 9, 25 u. 29, vgl.
auch v. *Harnack*, Weizsäcker-Festschrift 27 u. 30), sondern allein das Werk des
Crementius, der sich unverzüglich mit den Schreiben zum Zufluchtsort des
Bischofs begab.

[51] Eine auch von seinem Gegner Harnack befürwortete Konjektur hat *Haussleiter* aaO S. 351 f. vorgenommen. Richtig erkennt er in diesem Satz eine auffällige Verbindung von Tadel und Entschuldigung. Doch er vermag sie nicht zu
deuten und fragt daher: „Ist der Subdiakon Crementius aus gewissem Grunde
von Karthago nach Rom gekommen? Aber den Grund wissen ja doch die Karthager. Also ist Cyprian aus gewissem Grunde entwichen? . . . Oder stehen die
Worte an falscher Stelle? Wir erinnern uns, daß der Brief gar nicht zur Kenntnis Cyprians gelangen sollte. Der karthagische Klerus teilt ihm gleichwohl mit,

so wie auf venit bezogen werden[52]. Der erste Fall gibt den besseren Sinn. Bezogen auf secessisse wird die allgemeine Feststellung, daß Cyprian certa ex causa geflohen sei, durch den Kommentar, quod utique recte fecerit, propterea cum sit persona insignis, näher erläutert. Der Satz besagt dann, daß der karthagische Subdiakon Crementius die Römer nicht nur von der Flucht Cyprians in Kenntnis gesetzt hat, sondern gleichzeitig, womöglich sogar im Auftrag seines Bischofs, versucht hat, sie mit einer ein-

---

aber nicht ohne den ersten anklagenden Satz zu glossieren und dadurch zu mildern. Am Rande standen die Worte ex causa, cum sit persona insignis ... Nun gewinnen wir einen Briefanfang, der zum ganzen weiteren Inhalt des Briefes paßt." Da Haussleiter voraussetzt, daß der Brief, der dem Klerus von Karthago zugedacht war, diesen auch erreicht hat und er dann erst an Cyprian weitergegeben wurde, steht und fällt seine Glosse damit, daß nicht ist, was nicht sein darf. Die Möglichkeit, daß Crementius gar nicht in Karthago Station gemacht hat, sondern gleich zu Cyprian geeilt ist, erwägt er so wenig wie Harnack. Nun ist der Satzbau tatsächlich ungeschickt. Doch entspricht dies dem ganzen übrigen Brief so klar, daß es keine sicheren philologischen Gründe geben kann, eine Glosse anzunehmen. Daher greift Haussleiter auch auf historische Gründe zurück, die jedoch bei näherer Betrachtung genau das Gegenteil erweisen. Es besteht keine Veranlassung, den Text zu verändern.
[52] Bezogen auf venit will der Verfasser den Grund für die Reise des Crementius ansprechen; er ist den Karthagern und Römern gleichermaßen bekannt. Was könnte mit dieser causa gemeint sein? Da persönliche oder private Gründe für eine Reise des Crementius nach Rom ausscheiden (s. das Ende der Anm.), wird man die causa in einer Botschaft an die Römer zu suchen haben. Den gewichtigsten Grund für eine Reise des Crementius nach Rom geben aber die Römer im gleichen Satz selbst an, wenn sie sagen, daß der Subdiakon von der Flucht Cyprians berichtet habe. Nichts anderes, als daß in der Tat mit der Flucht Cyprians ein gewichtiger Anlaß gegeben war, einen Boten nach Rom zu schicken, will der Satz im Zusammenhang des ganzen Briefes ohnehin besagen. Der ganze 8. Brief beruht auf dem Anspruch der Römer, daß die Christen in Karthago ihnen für ihre Handlungsweise Rechenschaft schuldig sind und sich nach den Römern zu richten haben. Obwohl Cyprian diesen Anspruch mit ep. 9 entschieden zurückweist, muß er sich im 20. Brief doch rechtfertigen. Wenn certa ex causa zu venit gehört, dann legte der Schreiber in diesem Sinne die Reise des Crementius als einen Akt aus, mit der dem Anspruch Roms auf Benachrichtigung bei so wichtigen Ereignissen Genüge getan wurde. Aus der Sicht der Römer wie auch aus der Cyprians war in der Tat aller Anlaß für eine Reise des Crementius nach Rom gegeben: „Von Crementius, der aus (diesem) triftigem Grund von euch zu uns gekommen ist, haben wir erfahren, daß der benedictus Papa Cyprianus abgereist sei. Daran wird er immerhin recht getan haben, weil er eine berühmte Persönlichkeit ist." —
Persönliche Gründe für die Reise des Crementius nach Rom (s. o.) sind deswegen auszuschließen, 1. weil certa ex causa voraussetzt, daß der Grund beiden Gemeinden bekannt und für beide Gemeinden gleichermaßen wichtig ist. Dies kann jedoch nur der Fall sein, wenn er in seiner Eigenschaft als Subdiakon einen kirchlichen Auftrag wahrnimmt. 2. reist Crementius nach kurzem Aufenthalt in Rom sofort nach Fertigstellung von ep. 8 wieder in kirchlichem Auftrag mit zwei Schreiben nach Karthago zurück.

deutigen Begründung von der Notwendigkeit der Abreise des Bischofs zu überzeugen. „Certa ex causa" — der Gegensatz wäre etwa „obscura aliqua ex causa" —[53] klingt wie eine Billigung der Handlungsweise Cyprians[54], ist aber ironisch gemeint. Darauf deutet der anschließende Kommentar der Römer hin, daß Cyprian mit seiner Abreise immerhin recht getan haben wird[55], weil er schließlich eine hervorragende Persönlichkeit ist. Diese Bemerkung gibt sich zwar als Ausdruck des Respektes vor der Person und bischöflichen Autorität des Karthagers, ist aber in Wirklichkeit Ausdruck tiefster Enttäuschung, wenn nicht gar blanker Hohn[56]. Wenige Sätze später, in denen die Römer den Karthagern die bischöflichen Pflichten und insbesondere die unaufgebbare Pflicht der Treue des Hirten zu seiner Gemeinde vorhalten, reden sie vom Vorbild der römischen Kirche, die fest und unerschütterlich im Glauben steht trotz einiger Personen, die vor lauter Schrecken zu Fall kamen, weil sie insignes personae waren oder weil Menschenfurcht sie packte[57]. Damit wird die Meinung der Römer deutlich: Von der insignis persona Cyprian haben wir auch gar nichts anderes erwartet. Wie auch immer hat Cyprian mit seiner Abreise recht getan, weil er eine Standesperson ist und ein Kampf bevorsteht, den Gott zugelassen hat, und den er zusammen mit seinen Dienern gegen den Widersacher ausfechten will, wobei es ihm in diesem Kampf auch darauf ankommt, daß Engeln und Menschen offenbar wird, daß der Sieger gekrönt werde, der Besiegte aber an sich das Urteil erfährt, das den Menschen offenbart ist[58]. Der zusammen mit diesen Worten über-

---

[53] Quintilian inst. IV, 3.   [54] certa res est, quae non dubia ... est.
[55] Vielleicht ist der Konjunktiv „fecerit" zu beachten. „utique" stellt die Aufrichtigkeit der Zustimmung ebenfalls in Frage. Vgl. *K. Müller*, Die Bußinstitution in Karthago unter Cyprian, ZKG (1895) 210.
[56] *v. Harnack*, Weizsäcker-Festschrift 10 u. 24 deutet die Motivierung ganz entsprechend als Ironie; ebenso vorher *Ritschl*, Cyprian S. 8 f., *Caspar*, Papsttum I, 1 S. 63 meisterhaft in der Formulierung. Leidenschaftlich gegen diese Deutung spricht sich *L. Nelke*, Chronologie S. 24 aus, weil er das Ansehen des römischen Stuhles geschmälert sieht, wenn er seinem persönlichen Liebling Cyprian nicht uneingeschränkt Beifall zollt. Abgesehen vom 8. Brief, den Nelke aus diesem Grund durchgehend falsch interpretiert, gehört seine Arbeit sonst zu den besten der Cyprianforschung überhaupt.
[57] 2, 4 ecclesia stat fortiter in fide, licet quidam terrori ipso conpulsi, sive quod essent insignes personae sive adprehensi hominum, ruerunt.
[58] *Nelke*, Chronologie S. 28 beklagt sich, daß Müller, Ritschl und Harnack, die in den Worten quod utique recte fecerit, propterea cum sit persona insignis eine Ironie bzw. Kritik an dem Verhalten Cyprians erkennen, diese Worte isoliert betrachten und nicht die hier angeführte zweite Hälfte des Satzes berücksichtigen. Abgesehen davon, daß dies für Müller sicher nicht zutrifft, macht die zweite Hälfte des Satzes die Beurteilung der Römer bezüglich des Verhaltens Cyprians nur noch unerbittlicher. Denn sie besagt nichts anderes, als daß Cyprian gut daran getan hat, sich aus dem Staube zu machen, weil er als insignis persona dem bevorstehenden Kampf überhaupt nicht gewachsen ist.

sandte Bericht vom Tode Fabians offenbart das Vorbild eines Bischofs, der als Sieger gekrönt ist. Das Urteil über das Verhalten Cyprians auszusprechen, überlassen die Römer dem Klerus von Karthago. Daß eine Kirche, die von ihrem Bischof verlassen ist, diesen durch ihren Klerus ersetzen kann, daß an Stelle der Hirten das Kollegium der Praepositi die Herde in der Verantwortung vor Gott bewachen kann, führen die Römer den Karthagern freilich im weiteren Brief eindringlich vor Augen, um ihnen ihre Entscheidung zu erleichtern.

Die Einstellung der Römer für die Zukunft steht fest. Auch in dem nächsten offiziellen Gemeindeschreiben wenden sie sich an den Klerus von Karthago[59]. Cyprian übergehen sie, als ob er nicht vorhanden sei, obwohl er sich mit ep. 9 sehr deutlich und unmißverständlich geäußert hatte.

2. „Persona insignis"

Die anzügliche Bemerkung, daß Cyprian als persona insignis anders als andere Christen handeln müsse, womit nach Meinung der Römer alles Wesentliche zu seinem Verhalten gesagt ist, mag manchen an die Bischofswahl des Karthagers erinnert haben. Schon damals hatten seine Gegner schwere Bedenken gegen die Person Cyprians geäußert[60], und nun war eingetreten, was vorauszusehen war. Zur Zeit der Abfassung des 8. Briefes hielten sich jedenfalls eine ganze Reihe von Karthagern in Rom auf, die wir verdächtigen können, daß sie so gedacht haben, weil sie eben am Anfang der Verfolgung selbst von den Behörden aus ihrer Heimat verbannt, wenig Verständnis für die Handlungsweise Cyprians zeigten[61]. Ebenso wie Bassianus standen sie Lucianus nahe und mögen dazu beigetragen haben, daß hier ein alter Vorwurf wieder laut wurde[62].

Wichtiger ist die Frage, ob der Fluchtgrund „persona insignis" auch für Cyprian selbst eine Rolle spielte. Oder anders ausgedrückt: Fassen die Römer die von dem Subdiakon vorgebrachte Erklärung zur Abreise Cyprians in dem Hinweis, daß der Bischof eine hervorragende Persönlichkeit sei, ironisch zusammen, oder handelt es sich dabei nur um eine verständnislose und böswillige Unterstellung?

---

[59] Damit erledigt sich auch die Deutung *Caspars* Papsttum I 1 S. 63, der dem Brief zu viele Geheimnisse abringen will; er gibt dem Schreiben privaten Charakter und deutet diese seine Erfindung als kluge politische Regie, die ja „Bildung" keineswegs zur Voraussetzung hat. Die Form, in der er diese Idee vorträgt, ist freilich bestechend.

[60] Vgl. ep. 43. *Kraft*, Kirchenväter 366.

[61] S. u. S. 55; beispielhaft ist das Verhalten des Celerinus, der die Gruppe der Verbannten offenbar anführte.

[62] Vgl. ep. 22, 3.

Cyprian antwortet auf den 8. Brief zweimal. Im 9. Brief verweigert er einfach die Annahme. Im 20. Brief, ohne daß inzwischen weitere Sendungen ausgetauscht wurden, folgt eine echte, versöhnliche Antwort.

Im 2. Teil dieses Briefes legt er in Kürze seine Grundsätze in der Gefallenenfrage dar. Dabei ist ganz auffällig, daß der Bischof sich völlig den Argumenten der Römer in ep. 8 beugt und sich ihre Einstellung zu eigen macht[63]. Im 1. Teil des gleichen Schreibens will Cyprian seine Handlungsweise vor den Römern rechtfertigen und sich gegen die erhobenen Angriffe und Anschuldigungen verteidigen. Hier hätte man nun erwartet, daß er den Römern entschieden klarmacht: Nicht weil ich eine insignis persona bin, sondern weil ich als Bischof aus meiner Gemeinde herausrage, bin ich geflohen. Denn gegen die Bischöfe richtet sich der Angriff der Behörden zuerst. Aber nicht einmal das tut er.

Cyprian macht gar keinen Hehl daraus, daß die Verfolgungsgefahr vor allem seiner Person gegolten habe. Er hätte auch wie sein Amtsbruder Dionysius von Alexandrien, der ebenfalls geflohen war, seine Zuflucht in einem göttlichen Wink suchen können, der ihn wider Willen zum Fliehen veranlaßt habe[64]. Doch dazu war der Karthager, der sonst gerne allen wichtigen Entscheidungen durch den Hinweis auf göttliche Eingebung Nachdruck verlieh, offenbar zu stolz.

Seine Rechtfertigung sucht der Bischof in einer nüchternen Schilderung der tatsächlichen Begebenheiten[65]: ich halte es für notwendig, dieses Schreiben an euch zu richten, um euch darin über unsere Handlungsweise ... Rechenschaft zu geben. Denn wie die Gebote des Herrn lehren, habe ich mich gleich bei den ersten Angriffen des gewaltigen Sturmes, als das Volk wiederholt mit lautem Geschrei meinen Tod forderte, für eine Weile zurückgezogen, „non tam meam salutem quam quietatem fratrum publicam cogitans interim secessi, ne per inverecundam praesentiam nostram seditio quae coeperat plus provocaretur".

Nun können wir von Cyprian nicht erwarten, daß er sich selbst als insignis persona bezeichnet. Inhaltlich deckt sich die hier vorgetragene Rechtfertigung jedoch durchaus mit dem schon in ep. 8 angegebenen Entschuldigungsgrund. Dabei fällt auf, wie sehr das Amt hinter der Person zurücktritt. In Rom hätte man genau das Gegenteil erwartet, denn die Maßnahmen des Decius werden dort „ohne Ansehen der Person" gerade bei den Amtsträgern besonders gewissenhaft durchgeführt. In Karthago scheint es

---

[63] Vgl. v. Harnack, Weizsäcker-Festschrift 29: Cyprian „entschließt sich in diesem Zusammenhang zu dem Äußersten: er deckt sein Verfahren ausdrücklich mit demjenigen, welches der römische Klerus in dem von ihm zurückgesandten Schreiben angegeben hatte, und er erklärt ausdrücklich, er werde nach seiner Rückkehr die Angelegenheit der Gefallenen nur mit Beiziehung des Raths der Römer ordnen."

[64] Dazu s. u. S. 60 f.   [65] Ep. 20, 1 (Hartel, 527, 6—12).

jedenfalls, was Cyprian angeht, anders gewesen zu sein. Mit den Behörden kommt der hohe kirchliche Würdenträger noch einigermaßen zurecht. Natürlich ist seine praesentia inverecunda. Doch das ließe sich noch ertragen, wenn nicht die große Gefahr vom Volke drohte, und diese richtet sich in erster Linie gegen die herausragende Persönlichkeit Cyprians. Die Lage, in der sich Cyprian hier befindet, ist uns auch sonst belegt: sein Reichtum und seine guten Beziehungen zu den Behörden ebenso wie Mißtrauen und Kritik gegenüber seiner hohen Geburt bei den Christen selbst[66].

Der Bischof wollte der quietas fratrum nicht mit seiner Person im Wege stehen; ihr galt die Wut des Volkes. In Rom war das nicht ohne weiteres zu verstehen, und eine entsprechende Nachricht mußte zwangsläufig auf Mißtrauen und Ablehnung stoßen. Denn der Kaiser, von dem es heißt, daß er lieber einen Gegenkaiser als einen Bischof in Rom dulden wollte[67], bekämpfte die Institution der Kirche und nicht Personen. Fabianus war nicht gestorben, weil er eine insignis persona war, sondern weil der Kaiser seine Macht und seinen Einfluß nicht dulden wollte. Cyprian dagegen war nicht geflohen, weil er Bischof war und die Behörden ihn im Auftrag des Kaisers suchten, sondern weil das Volk seinen Kopf wollte.

Nicht der Bischof, sondern die persona ist aus Karthago geflohen. Dies sagt der Satz, der unserem Zitat ganz klar folgt: „Absens tamen corpore nec spiritu nec actu nec monitis meis defui quo minus secundum Domini praecepta fratribus nostris in quibus possem mea mediocritate consulerem."[68] Cyprian nimmt hier für sich in Anspruch, daß der Bischof seine Stadt nie verlassen hat, wenngleich er persönlich nicht anwesend ist. So gesucht die Rechtfertigung durch die Anspielung auf Matth. 10, 23 und die apostolische Argumentationsweise auch erscheinen mochte[69], die Römer haben sie später akzeptiert[70].

Doch kehren wir zurück zur Interpretation des ersten Satzes von ep. 8. Zunächst belegt der 20. Brief die von den Römern abgewehrte Entschuldigung für die Flucht des Bischofs der Sache nach als Cyprians eigene Meinung, zu der er steht[71]. Die Römer hatten in ep. 8 der „insignis persona" als Entschuldigungsgrund die im Neuen Testament, im Hirten des Hermas und insbesondere dann im Bischofsweihgebet festgelegten Pflichten

---

[66] v. Campenhausen, Lat. Kirchenväter 37; Kraft, Kirchenväter 361 f.
[67] Aurelius Victor, De Caesaribus 29, 3; vgl. dazu K. Gross (E. Liesering), Art. Decius, RAC III (1957) 614.
[68] Ep. 20, 1 (Hartel, 527, 12—15).
[69] Cyprian hat sich dabei vermutlich an Tertullians Schrift de fuga in persecutione erinnert, in der die Frage aufgeworfen ist, ob Matth. 10, 23 in den gegenwärtigen Verfolgungen verbindlich sei.
[70] Ep. 30.
[71] Wie es auch sonst häufig seine Gewohnheit ist, Kritik oder Angriffe gar nicht zur Kenntnis zu nehmen, läßt er auch hier die Anzüglichkeiten, Tadel und Entschuldigungen der Römer in ep. 8 ohne Kommentar.

eines Bischofs entgegengehalten[72], um Cyprian vor seiner Gemeinde unmöglich zu machen. Cyprian rechtfertigt daraufhin seinen Schritt nicht mit dem naheliegenden Hinweis auf sein Bischofsamt, sondern mit dem Hinweis auf seine durch das Volk bedrängte Person. Er läßt die „insignis persona" gelten und kämpft gegen die falsche Folgerung, daß er als Bischof seine Pflichten vernachlässigt und versäumt habe.

Wir sind also ausgegangen von der Frage nach der Bedeutung des Satzes in ep. 8 (certa ex causa), quod utique recte fecerit, propterea cum sit persona insignis, mit dem die Flucht Cyprians kommentiert wird. Die Stellung des Satzes im Zusammenhang des Briefes machte es unwahrscheinlich, daß die Römer diesen Entschuldigungsgrund willkürlich zunächst nur erwähnen, um dann auf Grund ihrer ohnehin schlechten Erfahrungen mit den personae insignes Cyprian verhöhnen und die Unhaltbarkeit eines solchen Entschuldigungsgrundes nachweisen zu können.

Daraus folgte, daß den Römern dieses Argument in irgendeiner Weise mit der Nachricht von der Flucht Cyprians nahegelegt worden war. Dabei war ungewiß, ob mit dem Hinweis auf die persona insignis ein Argument aus der Zeit der Bischofswahl Cyprians, das durch die schlechten Erfahrungen in Zeiten der Verfolgung für die Gemeinden eine bittere Aktualität bekommen hatte, erneut hochgespielt wurde oder ob etwa der Subdiakon Crementius, der den Römern offiziell von der Flucht seines Bischofs und nach Afrika zurückgekehrt seinem Bischof von den Vorgängen in Rom Bericht erstattete, bereits in seiner Mitteilung an die römischen Kleriker Cyprian als „insignis persona" zu rechtfertigen suchte.

Ep. 20 lieferte dann den Beweis, daß der karthagische Bischof tatsächlich aus „persönlichen" Gründen fliehen mußte, und nicht, weil ihm die Wahrnehmung der Pflichten eines Bischofs von Karthago durch die Behörden unmöglich gemacht war. Obwohl ihm in ep. 8 die Römer die insignis persona ironisch vorhalten, rechtfertigt sich der Bischof mit dem Hinweis auf die Gefährdungen seiner Person durch das Volk und nicht mit dem Hinweis auf die Gefährdungen, die sein Amt durch die decische Verfolgung mit sich brachte.

e) Form und Inhalt des Schreibens

1. Die äußere Form

Über die bereits festgestellten syntaktischen und grammatikalischen Fehler[73] hinaus wies auch die äußere Form des Schreibens Mängel auf. Cyprian beanstandete diese in seiner Antwort auf die Sendung der

---

[72] S. S. B. Botte, La tradition apostolique de Saint Hippolyte, 2. Aufl. 1963 8 ff.   [73] S. o. S. 28.

Römer (ep. 9, 2) und nahm sie zum Vorwand, das für ihn so gefährliche
Schreiben postwendend zurückzusenden, ohne weiter auf den Inhalt einzugehen.

Der Bischof schreibt ep. 9, 2 (Hartel 489, 11—21):

Legi etiam litteras, in quibus nec quis scripserit[74] nec ad quos scriptum
sit significanter expressum est. et quoniam me in isdem litteris et scriptura
et sensus et chartae ipsae quoque moverunt ne quid ex vero vel subtractum
sit vel inmutatum, eandem ad vos epistolam authenticam remisi, ut
recognoscatis an ipsa sit quam Crementio hypodiacono perferendam dedistis. perquam etenim grave est, si epistulae clericae veritas mendacio
aliquo et fraude corrupta est. hoc igitur ut scire possimus, et scripturam et
subscriptionεm an vestra sit recognoscite et nobis quid sit in vero rescribite
. . .

Cyprian stellt also fest, daß der Brief eine subscriptio aufweist. Sie entspricht mit dei Formulierung am Ende von ep. 8 „optamus vos, fratres
carissimi, semper bene valere" bzw. schon mit dem erweiterten Schlußgruß beginnend mit „salutant vos fratres, qui sunt in vinculis..." durchaus
dem in allen übrigen Schreiben gebräuchlichen Briefschluß. Zumeist in
Allographie unter den Kontext gesetzt, war sie das wichtigste Kriterium
der Richtigkeit des Inhalts und der Echtheit eines Schreibens überhaupt[75].
Cyprian trennt ausdrücklich den Kontext (scripturam) und die subscriptio, stellt also die formale Richtigkeit fest und fragt an, ob sie einander entsprechen und den Inhalt autorisieren sollen. Daher liegt die Annahme nahe, daß die Römer auch hier in der ganz üblichen Form alia
manu den Schlußgruß angefügt und so das Schreiben als für seinen Empfänger hinreichend gesichert angesehen haben. Doch nicht einmal dies
war nach damaligem Brauch unbedingt erforderlich. Sie können auch auf
den Wechsel der Hand für den Schlußgruß verzichtet haben. Abgesehen
davon, daß der Brief zusammen mit dem Bericht vom Martyrium Fabians
als Sendung der Römer nach Karthago eine gemeinsame Außenadresse[76]
getragen haben mag, verschnürt und verknotet war[77], bot die Person des

---

[74] *Hartel* konjiziert „qui scripserint"; das ist nicht gerechtfertigt.
[75] Einzelheiten u. Belege dazu s. u. S. 94 f.
[76] Häufig verzichtete man freilich auch auf die Außenadresse, zumal wenn
ein zuverlässiger Bote zur Verfügung stand. Vgl. die Tabelle bei *Ziemann*, De
formulis aaO 227 u. überhaupt 276—284. Auch *Roller*, Briefformular 393, bietet reiches Material.
[77] Der fertige Papyrusbrief wurde meist zu einem langen schmalen Streifen
fidibusartig gefaltet oder gerollt (so in der Regel die Abbildungen) und durch
Umschnürung verschlossen. Vgl. Cicero an seinen Bruder Quintus (III 1, 17) u.
ebenso an Atticus (XII 1, 2): cum hanc epistolam complicarem. Auch Seneca
(epp. 14, 18), bezeichnend Fronto (ad. M. Caes. 1, 8, Naber 25 = Mai II, 1) im
Blick auf einen beigelegten Brief: eamque epistulae ad te scribtae implicui. Weitere Beispiele bei *Roller*, Briefformular 394, 205. Möglicherweise war die Sen-

38

Subdiakons Crementius, dem die Schreiben zur Beförderung persönlich in die Hand gegeben wurden, die sicherste Möglichkeit der Bezeugung ihrer Authentizität[78], zumal Crementius Karthager war. Aus diesem Grunde war Cyprian auch gezwungen, ihn zu erwähnen und seine Bürgschaft in Zweifel zu ziehen: Er fragt an, ob es sich um dasselbe Schreiben handelt, das die Römer dem Crementius übergeben haben (an ipsa sit quam Crementio hypodiacono perferendam dedistis). Zu Zweifeln an der Echtheit des Briefes sieht sich Cyprian abgesehen vom Inhalt (sensus) durch die Schrift (scriptura) und den Papyrus (chartae) veranlaßt[79]. Vor allem aber beanstandet er das Fehlen einer deutlichen Angabe darüber, wer hier an wen schreibt. Mit den Worten: „legi etiam litteras, in quibus nec quis scripserit nec ad quos scriptum sit significanter expressum est" vermißt der Bischof die Superscriptio. „quis scripserit" meint den Absender und degradiert das Gemeindeschreiben zum Machwerk und der Willenserklärung eines Einzelnen[80], die Formulierung soll den Römern offenbar die bequeme Möglichkeit geben, sich von dem Schreiben zu distanzieren. Ganz entsprechend unterstellt „nec ad quos scriptum sit", daß der Brief jedem anderen, nur nicht Cyprian zugedacht war. Wörtlich genommen wäre die Angabe „quis scripserit", also wer den Brief aufgesetzt bzw. geschrieben hat, ein unbilliges Verlangen des Bischofs, da eine entsprechende Angabe im antiken Brief durchaus nicht üblich war. Und es ist die große Ausnahme, daß die Römer später in ihrem ersten Schreiben an Bischof Cyprian (ep. 31), in dem sie indirekt auf ep. 8 Bezug nehmen, in der subscriptio angeben, daß Novatian der Schreiber war und Moyses subscribiert hat[81].

2. Die fehlende Adresse

Zur Erklärung des besonderen Charakters des uns als ep. 8 überlieferten Schreibens müssen wir also davon ausgehen, daß Adressen- und Absender-

---

dung der Römer auch versiegelt. In diesem Fall hätte man allerdings einen entsprechenden Hinweis Cyprians erwarten dürfen. Über den gelegentlichen Gebrauch des Siegels bei Briefen vgl. *Roller*, Briefformular, 395.

[78] Vgl. dazu ebenfalls *Roller*, aaO ganz ausführlich mit zahlreichen Beispielen und Belegen. Die Vermutung *Caspars*, Papstum I, 1 S. 63 Anm. 3, daß der Papyrus absichtlich minderwertiger war, als die sonst bei offiziellen Schreiben übliche Qualität, ist durch nichts wahrscheinlich zu machen.

[79] Die mangelhafte scriptura konnte leicht in der mangelhaften charta oder schlechtem calamus ihre Ursache haben. Vergleichbare Beispiele und Äußerungen im Zusammenhang der antiken Epistolographie bei Roller S. 270 f. u. 295; über individuelle Schriftzüge ders. 297 u. ö. Zu den verschiedenen in Verwendung stehenden Papyrussorten vgl. Plinius, Hist. nat. XIII 11—13.

[80] Zur falschen Konjektur *Hartels* s. o. S. 37[74].

[81] Ausführlich dazu s. u. S. 94 f.

angaben nicht verlorengegangen sind, sondern tatsächlich fehlten. Ebenso
sicher geht aus dem Inhalt hervor, daß das Schreiben nicht dem Bischof,
sondern dem Klerus von Karthago zugedacht war; das sagt Cyprian später
selbst in seinem nächsten Brief an die Römer[82]. Weiter ist ausgeschlossen,
daß der Verfasser des Briefes aus Vergeßlichkeit oder Unwissenheit die
Angaben nicht gemacht hat. Abgesehen davon, daß er sein Werk dem
Klerus, in dessen Namen er schreibt, bevor der Brief nach Karthago abgeschickt wurde, sicher noch einmal vorgelegt hat, verrät der ausführliche
Briefschluß, daß der Schreiber in Fragen des Briefformulars durchaus Erfahrung hatte. Nun vermissen wir jedoch, mehr als es bei jedem anderen
Brief der cyprianischen Sammlung der Fall wäre, gerade bei diesem Brief
eine genaue Angabe darüber, wer an wen schreibt.

1. Erwarten die Römer[83], daß der Klerus von Karthago durch Abschriften für eine möglichst große Verbreitung in den Kirchenprovinzen Afrikas
sorgt. Doch der Klerus von Karthago kann sich nicht einmal als rechtmäßiger Empfänger ausweisen.

2. Ist der Brief so verbindlich und fordernd wie kaum ein anderes
Schreiben gehalten. Die Römer degradieren die Karthager zur kirchlichen
Provinz, mischen sich in ihre Verhältnisse ein und machen ihnen Vorschriften über Vorschriften. Aber die verbindliche Anrede fehlt dem Schreiben.

3. Eröffnet dieser Brief die Korrespondenz zwischen Rom und Karthago
nach dem Tode Fabians zur Zeit der Sedisvakanz. Doch nicht mit dem
karthagischen Bischof, sondern mit dem Klerus tauschen die Römer auch in
der Folgezeit Briefe. Die Begründung, warum sie dies tun, enthält ep. 8
mit der indirekten Aufforderung an die Karthager, sich von Cyprian zu
trennen. Und doch fehlt in diesem Schreiben der ausdrückliche Hinweis,
daß der Klerus von Karthago der Empfänger sein soll. Die Aufzählung der
Gründe, die es ausschließen, daß die Römer bewußt durch Auslassen der
Adressaten und Absenderangaben etwas in der Schwebe lassen wollten,
ließe sich beliebig erweitern. Das Fehlen der Angaben ist also nicht damit
zu erklären, daß die Verfasser sie bewußt ihren Lesern haben vorenthalten
wollen oder in der Eile das Nötige versäumt haben. Die Verbindlichkeit
der römischen Forderungen mußte bei fehlender Anschrift den Brief zu
einem obskuren und anonymen Schreiben machen. Und als ein solches hat
Cyprian es auch hingestellt. Doch es ist zu fragen, ob es das auch ursprünglich war. Im weiteren Verlauf unserer Überlegungen wollen wir nun die
Anhaltspunkte, die sich aus der Form und dem Inhalt des 8. Briefes ergeben, von den Äußerungen Cyprians zu diesem Brief unterscheiden, sie
einzeln untersuchen und einander gegenüberstellen.

---

[82] Ep. 20, 3 (*Hartel*, 528, 25 f.), vgl. dazu u. S. 46.
[83] Vgl. ep. 8 Ende.

3. Die Zusammengehörigkeit von ep. 8 mit dem
verlorenen Schreiben über den Tod Fabians

Cyprian behandelt in seiner Antwort (ep. 9) ep. 8 und den Bericht vom Tode Fabians als zwei verschiedene völlig selbständige und voneinander unabhängige Schreiben. Dagegen steht das Zeugnis des 8. Briefes selbst. Beide Schreiben stimmen nicht zufällig in der Abfassungszeit überein und haben den gleichen Überbringer, sie gehören auch inhaltlich ganz eng zusammen. Der 8. Brief setzt den Zusammenhang mit dem Bericht vom Martyrium Fabians voraus; denn die hier vorgetragene Polemik ist deutlich von dem Gegensatz zwischen dem glänzenden Vorbild des Märtyrerbischofs Fabian und dem pflichtvergessenen Cyprian getragen, obwohl Fabian mit keinem Wort erwähnt wird[84]. Natürlich sagen die Römer in ep. 8 nicht „seht, was wir an unserem großen Fabian haben, und wie steht ihr mit eurem feigen Cyprian da". Doch unausgesprochen ist dies genau ihr Gedanke, den sie die Karthager auch spüren lassen. Der Leitgedanke des Berichtes war, daß der große Fabian gemäß seiner untadeligen Amtsführung nun auch mit dem Märtyrertod seine Handlungsweise ruhmreich besiegelt hat und dadurch ein für seine Kirche und alle Christen verbindliches Vorbild geworden sei. Daran knüpft der 8. Brief an und entwirft in anzüglicher Weise auf Cyprian gemünzt die Pflichten des in seiner Amtsführung untadeligen Bischofs.

Die römischen Kleriker machen sich das Vermächtnis ihres großen Bischofs zu eigen, sie identifizieren ihr Kollegium mit dem Bischof und nehmen in Anspruch vice pastoris die Herde zu weiden. Dieses Bild des in Fragen der strengen Kirchenzucht unbeirrbaren und in den Nöten der Verfolgung standhaften bischöflichen Klerus halten sie den Karthagern entgegen, so daß es für die Karthager nur die Konsequenz gibt, ihren geflohenen Bischof von seinen Pflichten zu entbinden, und selbst die Leitung der Kirche nach römischem Beispiel zu übernehmen. Durch den Tod Fabians sahen sich die Römer dazu ermächtigt, und erst im Zusammenhang mit dem Bericht seines Martyriums erhalten ihre Forderungen Verbindlichkeit. Das leuchtende Vorbild ihres Bischofs erlaubt es den Römern mit einem Seitenblick auf Cyprian von der römischen Kirche zu sagen: ecclesia stat fortiter, wenn auch einige, weil sie insignes personae sind, abgefallen sind. Soviel geht schon aus dem Inhalt hervor: Der Verfasser des 8. Briefes hat sein Schreiben im Blick auf das Martyrium Fabians konzipiert und wollte den Brief so gelesen wissen, wie ihn Cyprian erhalten hat, nämlich

---

[84] *v. Harnack*, Weizsäcker-Festschrift wundert sich darüber. Aber gerade die Beobachtung, daß in ep. 8 mit keinem Wort auf die Treue und Standhaftigkeit des eben als Märtyrer gestorbenen Fabian hingewiesen wird, kann nur bestätigen, daß beide Schreiben ganz eng zusammengehören und daß ep. 8 nicht ohne den Bericht vom Tode Fabians gelesen sein sollte.

zusammen mit dem Bericht vom Martyrium Fabians: als Anhang bzw. als Beilage[85]. Auf diese Weise erklärt sich auch das Fehlen einer besonderen Superscriptio in dem uns als ep. 8 überlieferten Schreiben. Im Zusammenhang mit dem Bericht vom Martyrium Fabians war es mit seiner ausführlichen Subscriptio hinlänglich als Schreiben des römischen Klerus an den Klerus von Karthago ausgewiesen. Diese formlose Anknüpfung aber lieferte dem Bischof den gesuchten Vorwand, ep. 8 postwendend nach Rom zurückzusenden[86].

4. Der Briefschluß

Dies läßt sich nun noch deutlicher zeigen, wenn wir den Schluß des Briefes näher betrachten. Grußliste und Schlußbemerkungen des Briefes überschreiten an Umfang bei weitem das gewöhnliche Maß der übrigen Briefe in der Sammlung von 80 vergleichbaren Briefen[87]. Die Grußliste beginnt mit den Brüdern, die im Gefängnis sind, es folgen die Presbyter — die Diakonen fehlen — und tota ecclesia. Daran schließt sich die Bitte, daß auch die Karthager der Römer gedenken möchten. Nach einer kurzen Mitteilung, daß (der römische Kleriker) Bassianus inzwischen eingetroffen sei, folgt dann die Aufforderung: „et petimus vos, qui habetis zelum Dei, harum litterarum exemplum apud quoscumque poteritis transmittere per idoneas occasiones, vel vestras faciatis, sive nuntium mittatis, ut stent fortes et inmobiles in fide. optamus vos, fratres carissimi, semper bene valere.“[88]
Auffällig ist, mit welchem Nachdruck die Römer hier von den Karthagern fordern, daß sie bei ihrem Eifer für Gott eine Abschrift an alle Brüder (nicht etwa Bischöfe oder Kirchen) zur weiteren Verbreitung übersenden sollen, indem sie passende Gelegenheiten wahrnehmen oder Boten abschicken sollen. Nach dem Willen der Römer sollte das Schreiben also zirkulieren; die Form ihrer Bitte um Verbreitung entspricht dabei dem

[85] Vergleichbare Beispiele für Briefanhänge bes. in lateinischen Briefen, die sogar länger als der Brief selbst sein konnten, bei *Roller*, 489 u. ö.; *Deißmann*, Licht vom Osten, 128.
[86] Auch in anderen Schreiben verzichteten die Absender gelegentlich auf die Superscriptio. So etwa ein (verlorener) Brief der Gefallenen an Cyprian (vgl. ep. 35, *Hartel* 571, 14 f.). Beispielsweise war die superscriptio häufig auch in dem lateinischen Briefwechsel zwischen Fronto und M. Aurel sowie Lucius Verus als nicht erforderlich angesehen worden. Unter 174 Briefen des Schriftwechsels waren 109 ohne Superscriptio, während bei 38 weiteren mit dem Eingang das Praescript ganz fehlte! Also unter 136 Briefen mit erhaltenem Praescript haben lediglich 37 eine Superscriptio bzw. (nachgestellte) Intitulatio aufzuweisen. Über den Wegfall der Superscriptio weitere Beispiele u. Literatur bei *O. Roller*, Briefformular 428 f.
[87] Ep. 8,3 (8—12), vgl. *Hartel*, 488, 10—18.
[88] Ep. 8,3 (11—12), vgl. *Hartel*, 488, 14—18.

4*

Verbreitungsvermerk bzw. Publikationsbefehl, der auch sonst bei Zirkularschreiben üblich war[89]. Doch diese Forderung verträgt sich mit dem Inhalt des 8. Briefes allein nicht ohne weiteres. Zunächst ist an das Fehlen
der Adresse zu erinnern, das den Karthagern nicht einmal die Möglichkeit
gibt, sich als die rechtmäßigen Empfänger auszuweisen. Auch wäre der
Brief mit seinen Anspielungen und Zweideutigkeiten ohne den ergreifen-
den Bericht vom Tode Fabians wenig wirkungsvoll; getrennt von diesem
Bericht, der überhaupt erst verständlich macht, warum ein Klerus hier vice
pastoris Vorschriften macht, würde das Schreiben zu einem plumpen Auf-
ruf an alle Kleriker und insbesondere die Konfessoren herabsinken, sich
gegen ihre Bischöfe zu vereinigen.

Schließlich verträgt sich auch nicht ohne weiteres lediglich mit dem Inhalt des 8. Briefes, was sich die Römer von seiner Verbreitung unter alle
Brüder in Afrika erhoffen: „ut stent fortes et inmobiles in fide"[90].

Der 8. Brief redet ironisch vom Verhalten Cyprians, betont demgegen-
über die Verantwortung der Kleriker, lobt die eigene Gemeinde und
schreibt den Karthagern vor, wie sie sich den Gefallenen, Witwen, Be-
drängten, Gefangenen, Verbannten, erkrankten Katechumenen und den
Märtyrern gegenüber zu verhalten haben (hoc facere debetis). Für die
Stärkung der Brüder aber in Zeiten der Verfolgung zu tapferem und un-
beirrbarem Glauben, die der Briefschluß verspricht, gibt das Schreiben
selbst wenig her[91]. Diese Funktion konnte es allerdings im Zusammenhang mit dem Bericht vom Martyrium Fabians erfüllen, denn es redet
von den Dingen, die sein Vorbild fordert.

In ep. 9, 1[92] würdigt Cyprian den Bericht als ein Zeugnis, das dazu angetan ist, „ut per vos innotesceret nobis quod et vobis esset circa praepositi
memoriam gloriosum et nobis quoque fidei ac virtutis praeberet exemplum..."

---

[89] Vgl. z. B. Τῆς (δ') ἐπιστολῆς ἡμῶν πειράθητε κατὰ πᾶσαν παροικίαν ἀντίγραφα διαπέμψασθαι ..., den Befehl der palästinensischen Synode, die Beschlüsse im Osterstreit schriftlich in jede Gemeinde gelangen zu lassen. Euseb h. e. V 25, 2; vgl. auch VII 30, 1, das Schreiben der Synode von Antio-chien gegen Paul von Samosata. Weitere Hinweise bei *Roller*, 598—606 u. ö., vgl. bes. 601 u. 606.

[90] Ep. 8, 3 (11).

[91] Am nächsten und doch mit ganz anderem Akzent kommt dem Briefschluß im Brief selbst der Satz (8, 2, 1) (*Hartel* 486, 20 f.): Nolumus ergo, fratres dilectissimi, mercennarios inveniri, sed bonos pastores, cum sciatis tum non minimum periculum incumbere, si non hortati fueritis fratres nostros stare in fidem inmobiles, ne praeceps euntes ad idolatria funditus eradicetur fraternitas etc. Gottesfurcht und Höllenstrafen halten die Römer den Karthagern dann vor Augen, wenn sie nicht ihrer Pflicht nachkämen, die Brüder im Glauben zu stärken, wie sie (die Römer) selbst es getan hätten.

[92] *Hartel*, 489, 7, vgl. auch die Fortsetzung.

Diese Würdigung Cyprians entspricht genau dem, was sich die Römer durch die im Briefschluß von ep. 8 erhobene Forderung versprechen, daß nämlich die Verbreitung des Schreibens dazu beitragen möchte, „ut stent fratres fortes et inmobiles in fide." Zugleich lehrt uns diese Äußerung den 8. Brief im Zusammenhang mit dem Bericht vom Tode Fabians besser zu verstehen. Die gesetzmäßigen und anmaßenden Forderungen in ep. 8 erheben das Vorbild Fabians und die durch sein Zeugnis gesetzten Maßstäbe zur Verbindlichkeit für alle, die den Namen des Herrn anrufen. Ep. 8 ist die konkret auf die Verhältnisse in Karthago zugespitzte verbindliche Interpretation des in seinem Testimonium aufgezeigten Vorbildes Fabians[93]. Der Briefschluß von ep. 8 also geht über den Brief selbst hinaus. Er setzt voraus, daß ep. 8 dem Bericht vom Martyrium des Fabianus beigegeben wurde. Nur aus diesem Zusammenhang beider Schreiben ist er verständlich.

Damit erledigt sich auch die Frage nach dem fehlenden Briefkopf. Der Verfasser des 8. Briefes ging davon aus — ob zu Recht oder Unrecht, muß die Erörterung der Aussagen Cyprians erweisen —, daß der große Bericht über Fabrians Martyrium nicht an Cyprian, sondern an die Kirche bzw. den Klerus von Karthago gerichtet war. Für eine wiederholte Adressenangabe bestand keine Veranlassung. Er konnte gleich an den Bericht vom Martyrium des römischen Bischofs anknüpfen und ohne großen Übergang schreiben: Von Crementius erfuhren wir, daß Cyprian geflohen sei ... Der Gegensatz Fabian — Cyprian konnte gar nicht deutlicher den Karthagern vor Augen gehalten werden.

Gerade der allgemein erbauliche Charakter der offiziellen Nachricht vom Tode Fabians legt es nahe, daß die Römer das für Karthago bestimmte Exemplar mit einem Anhang versahen, der auf die beunruhigenden Verhältnisse in Afrika einging. Auf beide Schreiben, den umfangreichen Bericht vom Martyrium Fabians und den uns als ep. 8 des cyprianischen Briefkorpus überlieferten Anhang, bezieht sich die Grußliste.

Vielleicht greift sie überhaupt in wenig abgewandelter Form den von Novatian, dem mutmaßlichen Verfasser des Berichtes vom Märtyrertod Fabians, entworfenen offiziellen Briefschluß zum Bericht vom · Tode Fabians auf. Auf diese Spur führt uns der erste Satz der Grußliste[94]: (8) salutant vos fratres qui sunt in vinculis et presbyteri et tota ecclesia, quae et ipsa cum summa sollicitudine excubat pro omnes qui invocant nomen Domini. (9) sed et nos petimus mutua vice memores sitis nostri.

---

[93] Bezeichnenderweise kehrt diese Verbindung bei Novatian in ep. 30, 5 (*Hartel*, 553, 4 f.) wieder. Hier bringt er die Aufgabe, den lapsi gegenüber nach strengen Maßstäben und verbindlichen Regeln zu verfahren, mit den Verpflichtungen, die dem römischen Klerus durch den Tod Fabians auferlegt sind, in Verbindung.

[94] Ep. 8, 3, 8—9, vgl. *Hartel*, 488, 10.

Dieser auffällige Gedanke offenbart die ökumenische Sorge der römischen Gemeinde und rechtfertigt endlich am Ende des 8. Briefes mit einem gewichtigen Argument die herausfordernde Einmischung der Römer in die Verhältnisse der Gemeinde von Karthago. Aber warum steht er in einem Nebensatz am Ende des Schreibens im Zusammenhang der Grußliste? Im 8. Brief selbst klingt der Gedanke nicht an, er wird auch nicht vorbereitet. Der römische Klerus begründet seine Forderungen und Vorschriften mit allen möglichen Argumenten, nur nicht mit dem einzig gewichtigen Argument: Von den Pflichten der Gemeindevorsteher, dem Gesetz und den Propheten ist die Rede (C. 1) und davon, daß die untadelige und unerschütterliche Haltung ihrer Kirche es den Römern erlaubt, den Karthagern Vorschriften zu machen. Doch daß dies aus einer echten ökumenischen Sorge geschieht und im Wächteramt der Kirche begründet ist, erfahren wir erst in einem Nebensatz am Ende des Briefes. Die in ep. 8 in dieser Hinsicht geäußerten Gedanken sind so vordergründig und unbeholfen, daß man dem Verfasser den in der Grußliste geäußerten Gedanken kaum zutrauen mag.

Nun wissen wir von dem Bischof Fabian, dessen Amtsführung in dem Bericht von seinem Tode ausführlich gewürdigt wurde, recht wenig, aber immerhin doch soviel, daß der hochangesehene Bischof sich nicht nur in der Organisation seiner Stadtgemeinde in besonderem Maße verdient gemacht hat, sondern auch auf dem Gebiet der Ökumene für seine römische Kirche[95]. Naheliegenderweise hat die Würdigung seines Martyriums auch diese Seite seiner Amtsführung angesprochen, und im Zusammenhang damit bedeutet der Gedanke, daß der römische Klerus auch in dieser Hinsicht sich an sein Vorbild gebunden weiß und vice pastoris zu seinem Wächteramt stehen will.

Hierfür gibt es jedenfalls einen wichtigen Beleg. Der am Schluß von ep. 8 geäußerte Gedanke kehrt sonst nur noch einmal am Ende des von Novatian verfaßten 36. Briefes wieder, bevor ihn dann später Cyprian aufnimmt und in seinem Traktat de unitate ecclesiae breit ausführt[96]. Novatian ist aber auch der mutmaßliche Verfasser des Berichtes vom Tode des Bischofs Fabian. Ep. 36, 4 antwortet Novatian im Namen des römischen Klerus auf ein vor dem Häretiker Privatus von Lambese warnendes Schreiben Cyprians: „Quod autem pertinet ad Privatum Lambesitanum, pro tuo more fecisti, qui rem nobis tamquam sollicitam nuntiare voluisti. Omnes enim nos decet pro corpore totius ecclesiae, cuius per varias quasque provincias membra digesta sunt, excubare[97]. Hier kehrt nicht nur der Gedanke aus ep. 8 beinahe wörtlich wieder, sondern Novatian bestätigt sogar, daß die in ep. 8 gleich anschließend geäußerte Bitte für ihn alles an-

[95] Näheres dazu bei *E. Caspar*, Papsttum I 49 ff.
[96] Vgl. De unitate bes. Cap. 5.   [97] *Hartel*, 575, 18 f.

dere als eine bloße Floskel ist: „sed et nos petimus mutua vice memores sitis nostri"[98]. Novatian billigt hier Cyprian zu, was er selbst bzw. der Klerus von Rom in ep. 8, 3 für sich in Anspruch genommen hat, daß er mit seiner Warnung vor Privatus ein Wächteramt für die ganze Kirche wahrgenommen habe.

Also auch die Form des ausführlichen Briefschlusses von ep. 8 legte es nahe, daß der Verfasser des für Karthago bestimmten Anhangs an den offiziellen Bericht vom Tode Fabians mit den Worten anknüpfte: Didicimus secessisse benedictum papatem Cyprianum etc. und am Ende seines Schreibens den Briefschluß, der am Ende des offiziellen Berichtes vom Tode Fabians stand, wieder aufgenommen hat[99].

Ein weiteres Indiz bietet dafür auch im Briefschluß der Satz[100]: „sciatis autem Bassianum pervenisse ad nos." Er ist eingerahmt von den zwei Bitten: sed et nos petimus mutua vice memores sitis nostri und der daran anknüpfenden und elegant formulierten Bitte an die Karthager harum litterarum exemplum nach Möglichkeit durch Abschriften bzw. Boten zu verbreiten. Die Erwähnung des Bassianus erscheint an dieser Stelle nachträglich eingeschoben. Und doch ist der Satz nicht als Glosse zu tilgen. Vielmehr gibt es gute Gründe, daß Bassianus nicht, wie man erwarten könnte, neben Crementius am Anfang des Briefes als Berichterstatter der Verhältnisse in Karthago, sondern am nur für die Karthager bestimmten Schluß des Briefes nachträglich erwähnt wurde; Crementius war Subdiakon der Gemeinde Karthagos und insofern in einem gegen Cyprian gerichteten Schreiben für alle Afrikaner ein guter Gewährsmann für eine sachgemäße Berichterstattung in Rom. Bassianus dagegen war römischer Kleriker und hat bei seinem Besuch in Karthago, wie ep. 22, 3 beweist[101], Freundschaft mit dem erklärten Gegner Cyprians, dem karthagischen Konfessor Lucianus, geschlossen.

Wie wir ihn daher verdächtigen müssen, in nicht ganz sachlicher Weise von der Flucht des Bischofs berichtet und damit wesentlich zur herben Kritik an Cyprian durch die Römer in ep. 8 beigetragen zu haben, konnte er leicht manchem afrikanischen Bischof verdächtig erscheinen und dem Brief manches von seiner Wirkung nehmen. Dagegen zeigt seine Erwähnung am Schluß des Briefes, unmittelbar vor der zunächst nur an den Klerus von Karthago gerichteten Bitte, für weitere Verbreitung der „litterae" zu sorgen, welche Kreise der Verfasser von ep. 8 in erster Linie ansprechen und mobilisieren wollte: die Konfessoren in Karthago.

Wie immer man die Einzelfragen beurteilen mag, in einem Punkt scheint uns das Zeugnis des Briefes eindeutig: Der Bericht von Martyrium des römischen Bischofs Fabian und das uns als ep. 8 überlieferte Schreiben

[98] Ep. 8, 3, 9.
[100] Ep. 8, 3 (*Hartel*, 488, 13).
[99] Vgl. auch schon ep. 30, 3.
[101] *Hartel*, 535, 15.

gehörten ursprünglich zusammen, und beide Schreiben waren, so wollte es wenigstens der Verfasser von ep. 8, dem Klerus von Karthago zugedacht. Gegen dieses Zeugnis nun stehen die Äußerungen Cyprians, jedenfalls in der Form, in der sie bisher in der Forschung beurteilt wurden.

5. Das Zeugnis Cyprians

An drei Stellen in ep. 9 und ep. 20 geht Cyprian auf die Schreiben ein:
1. In ep. 9, 1 (Hartel 488 f.) schreibt Cyprian an den Klerus von Rom im Blick auf den Bericht vom Tode des Bischofs Fabianus: accepi a vobis litteras ad me missas per Crementium hypodiaconum, quibus plenissime de glorioso eius exitu instruerer ...
2. Im gleichen Schreiben verweigert Cyprian die Annahme des gegen ihn gerichteten 8. Briefes unter dem Vorwand, daß Adresse und Absender nicht in gehöriger Form angegeben seien. Obwohl er selbst als letzter als der vom Schreiber angesprochene Empfänger des Briefes in Frage kommt, schickt er den Brief urschriftlich an die Römer zurück mit der Bemerkung: eandem ad nos epistolam authenticam remisi, ut recognoscatis an ipsa sit quam Crementio hypodiacono perferendam didistis (ep. 9, 2, Hartel 489, 15—17).
3. In ep. 20, 3 (Hartel 528, 25) schreibt Cyprian: et praeterea vestra scripta legissem quae ad clerum nostrum per Crementium hypodiaconum nuper feceratis ... Im folgenden nimmt er dann ganz ausführlich und detailliert zu den wichtigsten Gedanken und Forderungen aus ep. 8 Stellung.

Gegenüber ep. 9, 2, wo Cyprian die Annahme des Schreibens verweigert hatte, das er an dieser Stelle in 20, 3 nun doch beantwortet, fällt zweierlei auf. Das Schreiben wird nicht mehr epistula, sondern scripta genannt. Eher hätte man die für einen Brief gebräuchlichere Abwandlung scriptum erwartet. Zum anderen sind diese scripta jetzt plötzlich eindeutig an den Klerus von Karthago adressiert. Zwar wird man bei scripta eher an mehrere, also mindestens zwei Schreiben denken, doch es ist durchaus möglich, daß Cyprian nur ein Schreiben, eben ep. 8, meint. Als Widerspruch zu ep. 8, die den Zusammenhang mit dem Bericht vom Tode Fabians, also zwei Schreiben, voraussetzt, kommt diese Stelle in keinem Fall in Frage. Cyprian antwortet hier ep. 20, 3 wie selbstverständlich als rechtmäßiger Empfänger auf ein Schreiben, das nicht ihm, sondern dem Klerus von Karthago zugedacht war. Das gleiche Schreiben hatte er schon kurz zuvor ep. 9, 2 auf sich bezogen, als sei er allein zuständig: Er verweigerte die Annahme unter dem Vorwand, daß es, auf schlechtem Papier liederlich geschrieben, ohne Briefkopf nicht erkennen lasse, von wem an wen es geschrieben sei. Damit war gegenüber den Römern unmißverständlich zum

Ausdruck gebracht, daß Cyprian den Anspruch erhob, für die Korrespondenz der Gemeinden allein zuständig zu sein und daß in Zukunft alle Briefe an ihn zu richten seien.

In ep. 20, 3 ist es nicht anders. Cyprian verfolgt mit diesem Brief, wie wir später genauer sehen werden, das Ziel, die Römer davon zu überzeugen, daß er als Bischof bereits von sich aus alle von den Römern in ep. 8 erhobenen Forderungen erfüllt habe. Er stellt mit Abschriften von dreizehn Briefen, die er als Beilage dem 20. Brief nach Rom mitgibt, unter Beweis, daß er in Fragen der lapsi für strenge Kirchenzucht eingetreten sei und genötigt war, seinen eigenen Klerus und die Bekenner zu ermahnen, nicht leichtfertig mit den Gefallenen zu verfahren. Dabei legt er auf die Feststellung Wert, daß er ganz selbständig gehandelt habe und nur praeterea den 8. Brief der Römer gelesen habe, in dem die gleichen Forderungen hinsichtlich der lapsi geäußert waren. Cyprian geht soweit, sich von seinem Klerus zu distanzieren, um den Römern zu zeigen, wie falsch es war, ihre Sorgen um die Gefallenen mit ep. 8 dem Klerus von Karthago vorzutragen und nicht an den amtierenden Bischof zu richten. Mit diesem Brief will Cyprian sich nicht nur rechtfertigen; er weist sich auch als den allein rechtmäßigen Empfänger von ep. 8 aus und empfiehlt sich als solcher für alle weitere Korrespondenz. Beide Äußerungen Cyprians (ep. 9, 2 und 20, 3), zu den uns als ep. 8 überlieferten Schreiben machen also darauf aufmerksam, daß Cyprian nicht aus Pedanterie auf eine korrekte Adresse Wert legte, sondern wegen seiner mißlichen Situation diese Frage der Etikette hochspielte[102]. Die Frage, ob die Römer ihn eines Schreibens würdigen und damit anerkennen oder nicht, stand in unmittelbarem Zusammenhang mit der für ihn bangen Frage, ob er sich als geflohener Bischof vor seiner Gemeinde behaupten und weiterhin würde durchsetzen können. Vielleicht war sie sogar von ausschlaggebender Bedeutung.

Erst mit ep. 30 haben die Römer Cyprian anerkannt. Vorher waren alle Schreiben von Rom aus an den Klerus von Karthago oder einzelne Bekenner gerichtet: 1. ep. 8 an den Klerus von Karthago; 2. ep. 21 Celerinus an Lucianus; 3. ein verlorener Brief an den Klerus von Karthago, in dem die Römer noch einmal ihren Standpunkt in der Gefallenenfrage darlegen; 4. ein verlorener Brief der römischen Bekenner an die Konfessoren in Karthago.

Warum die Römer den Bischof von Karthago ignoriert haben, ist gleich im ersten Schreiben aus der Zeit der Sedisvakanz in ep. 8 angesprochen. Doch Cyprian konnte dies nicht einfach hinnehmen. Gleich von vornherein betonte er mit der Rücksendung von ep. 8, daß er allein zuständig sei. Hätte er die Sache auf sich beruhen lassen, wäre dies einem freiwilligen

---

[102] Die gleiche Frage beschäftigt Cyprian später noch einmal ep. 35 (33) und sogar noch ep. 48.

Verzicht auf seine bischöflichen Rechte, die ihm als Oberhaupt des Klerus und der ganzen Kirche Karthagos zustanden, gleichgekommen. Cyprian bezog alle an den Klerus von Karthago gerichteten Schreiben auf sich und beantwortete sie (ep. 9, 2; 20, 3; 27, 4). Damit erhob er unmißverständlich Anspruch auf die ihm zustehenden Rechte. Die Form der Antworten sollte zudem den Römern beweisen, daß er auch durch die Art und Weise, in der er seinen bischöflichen Pflichten in Fragen der Zucht gegen die Widerstände bei den Bekennern und im übrigen Klerus, ja in der Kirche ganz Afrikas nachkommt, als einziger Gesprächspartner für die Römer ausgewiesen ist.

Die Entscheidung für Cyprian brachte die Antwort auf ep. 20, der große 30. Brief. Die Römer entschuldigten sich in vornehmer Weise für den anzüglichen 8. Brief[103], zollten seiner Person volle Anerkennung und betonten die völlige Übereinstimmung in der Behandlung der lapsi. Als ausdrücklichen Beweis für diese Übereinstimmung und die beiderseits von Anfang an unbeirrbare Haltung in dieser Frage wird die gesamte vorhergehende Korrespondenz herangezogen. Novatian, der Verfasser des Briefes, geht noch einmal alle von Rom nach Karthago verschickten Briefe, auch die der Konfessoren, durch. Dabei hebt er die Punkte hervor, in denen sie mit den von Cyprian nach Rom gerichteten Schreiben übereinstimmen.

Er fordert Cyprian ausdrücklich auf, die vorangegangenen Schreiben als Beweis für die feste und begründete Haltung Roms hinsichtlich der Gefallenen zu werten[104]. Das heißt aber im Grunde, daß Novatian im Namen seines Klerus die gesamte Korrespondenz mit Karthago nachträglich an Cyprian umadressiert.

Doch Cyprian hat den Römern die Art und Weise, wie sie mit ihm umgegangen sind, nicht ohne weiteres vergessen. Ungefähr ein halbes Jahr nach dem 30. Brief, der die Angelegenheit endgültig zugunsten Cyprians regelte, zahlte der Bischof von Karthago den Römern mit gleicher Münze zurück, was sie ihm angetan hatten[105]. Dies können wir dem 48. Brief entnehmen, den Cyprian an den gegen Novatian um seine Anerkennung ringenden Bischof Cornelius von Rom schrieb: „Deinen Brief, teuerster Bruder, den du durch unseren Mitpriester Primitivus übersandt hast, habe ich gelesen und daraus deine Erregung ersehen darüber, daß zwar zuerst ein Schreiben aus der Kolonie Hadrumetum in Polykarps Namen an dich gerichtet war, daß man aber seit unserer, das ist meiner und des Liberalis,

---

[103] Ep. 30, 1 (*Hartel*, 549, 12) und rechtfertigend 30, 2 (*Hartel*, 551, 9 f.).
[104] Ep. 30, 3 (*Hartel*, 550, 21 f.); ep. 30, 4 (*Hartel*, 552, 1 f.). dazu ep. 28, 2 (*Hartel*, 545, 17 f.). Näheres dazu siehe im Kapitel zu ep. 30.
[105] Ein anderes nicht weniger deutliches Beispiel ist im Zusammenhang von ep. 35 erörtert, s. u. S. 87. Mit dem ebenfalls unadressierten unverschämten Brief der Gefallenen verfährt Cyprian wie mit ep. 8 und führt den Römern die Angelegenheit mit ep. 35 vor Augen.

Ankunft dortselbst auf einmal die Briefe an eure Presbyter und Diakone addressierte..."[106]

6. Die ursprüngliche Form der Sendung und Cyprians Antwort

Kehren wir nun wieder an den Anfang der Korrespondenz zurück, dann wird die Bemerkung Cyprians, daß der Bericht vom Tode des Bischofs Fabian ihm persönlich zugedacht war, auch durch die Hinweise, die wir noch über ep. 8 hinaus aus der übrigen Korrespondenz gewonnen haben, völlig suspekt. 8, 3, 1: „accepi a vobis litteras ad me missas per Crementium hypodiaconum...", wird man daher kaum wie bislang ohne weiteres so deuten dürfen, daß der Bericht vom Tode Fabians persönlich an Bischof Cyprian adressiert war[107]. Mit der Bemerkung Cyprians verträgt es sich ebenso gut, wenn das Schreiben eine ganz allgemein gehaltene Adresse hatte. Und darauf deuten nun nicht nur alle im Zusammenhang mit ep. 8 gemachten Beobachtungen und die Entwicklung der Adressenfrage zwischen Cyprian und den Römern nach diesem Brief, sondern vor allem auch alle Nachrichten über den verlorenen Bericht vom Tode Fabians selbst hin.

Wie kein anderes Schreiben des cyprianischen Briefkorpus forderte der Brief, in dem die Römer den Tod ihres Bischofs offiziell bekanntgaben und sein Martyrium würdigten, schon von seinem Inhalt her die weiteste Verbreitung in den Kirchen des Ostens wie des Westens. Von Cyprian hören wir obendrein, daß er auch seiner Form nach daraufhin angelegt war und die gelungene Darstellung ihn dazu prädestinierte. Wie aber die Adresse eines solchen ökumenischen Rundschreibens ausgesehen haben dürfte, können wir einer Bemerkung Cyprians in ep. 55 entnehmen[108]. Dort berichtet er über Novatians ep. 30, was ganz bestimmt auch für den verlorenen Bericht vom Tode Fabians gegolten hat: „quae litterae per totum mundum missae sunt et in notitiam ecclesiis omnibus et in universis fratribus perlatae (sunt)"[109]. Die Adresse könnte also etwa gelautet haben: ecclesiis omnibus (in toto mundo) et universis fratribus presbyteri et diacones Romae consistentes salutem. Oder für den Fall, daß jeweils ein Exemplar des Berichtes vom Tode Fabians mit wechselnden Beilagen an

---

[106] Ep. 48, 1 (*Hartel*, 606, 6 f.).
[107] Vgl. u. a. *Nelke*, Chronologie 24, v. *Harnack*, Weizsäcker-Festschrift 23.
[108] Direkte Zeugnisse aus jener Zeit sind nicht erhalten.
[109] Ep. 55, 5 (*Hartel*, 627, 10).
Vgl. noch Novatians ep. 30: Cypriano papae presbyteri et diaconi Romae consistentes; ep. 36 Cypriano papati presbyteri et diacones Romae consistentes; ep. 38 Cyprianus presbyteris et diaconibus item plebi universae; ebenso oder ähnlich ep. 1. 39. 40. 43 (Die textkritischen Fehler Hartels sind hier nicht korrigiert).

die großen Kirchen gesandt wurde[110] mit der Maßgabe, für die weitere Verbreitung Sorge zu tragen, mag die Adresse auch der Form entsprochen haben, die Kaiser Konstantin in seinem Erlaß von 321 wählte: universis episcopis per Africam et plebi ecclesiae catholicae[111]. Bei einer entsprechenden Adresse für die ganze Sendung[112] als Superscriptio über dem Bericht vom Tode Fabians erklärt sich auch die sonst unkorrekte Formulierung Cyprians mit dem Botenvermerk: accepi litteras ad me missas per Crementium.

Nach dem Zeugnis des Bischofs hat Crementius beide Schreiben überbracht. Und sie haben Cyprian auch zusammenhängend vorgelegen. Beantwortet hat er sie aber, als handele es sich um zwei getrennte, voneinander unabhängige Schreiben. Spontan beansprucht Cyprian in ep. 9, 2 das Recht, den 8. Brief, von dem er ep. 20, 3 sagt, daß er dem Klerus von

---

[110] Beispiele für diese ganz übliche Form der Verbreitung bei Roller, Briefformular, 603 u. ö., vgl. z. B. Euseb, h. e. V 25, 2.

[111] Vgl. *v. Soden*, aaO (s. u.) S. 51 Nr. 31; aus der Zahl der vergleichbaren Adressen bei Zirkularschreiben sei hingewiesen auf die Adresse des I. Petrusbriefes; Jak 1, 1 ταῖς δώδεκα φυλαῖς ταῖς ἐν τῇ διασπορᾷ. Apok 1, 4: ταῖς ἑπτὰ ἐκκλησίαις ταῖς ἐν τῇ Ἀσίᾳ; vgl. auch Acta 15, 23. Im AT Daniel 3, 31—4, 24. 31—34 (Nebukadnezar), Dan. 6, 25 ff. (Darius); Esther 1, 1—4 = LXX 3, 13 b u. 5, 1—16 = LXX 8, 13 b; (Ptolemäus) IV.) III. Makk. 3, 12 u. 7, 1 (Dan 3, 31 ff.); ähnlich III. Makk. 7, 1. Auch in den späteren Jahrhunderten finden sich bei Zirkularschreiben beide Formen, die entweder alle Empfänger einzeln der Reihe nach aufzählen oder sie zusammenfassend mit einer einzigen Bezeichnung bedenken. Vgl. den Erlaß der Synode von Alexandria 340 (Athan. opp. 1 Mauriner-Ausgabe 1777 S. 99): Τοῖς ἁπανταχοῦ τῆς καθολικῆς ἐκκλησίας ἐπισκόποις ἀγαπητοῖς καὶ ποθεινοτάτοις ἀδελφοῖς ἐν κυρίῳ mit dem Botenvermerk ἀπέστελε διὰ Γαβριανοῦ τοῦ κόμητος (comitis); Τοῖς κατὰ τόπον συλλειτουργοῖς aus einem Hirtenbrief des Athanasius, der ausdrücklich als ἐπιστολὴ ἐγκύκλιος bezeichnet ist (ebd. S. 87). Τοῖς κατ᾽ Αἴγυπτον καὶ Λιβύην ἐπισκόποις καὶ συλλειτουργοῖς Erlaß der Synode von Serdica 343—344 (ebd. 125); Τοῖς ἁπανταχοῦ ἐπισκόποις καὶ συλλειτουργοῖς τοῖς καθολικῆς ἐκκλησίας ἀγαπητοῖς ἀδελφοῖς ἐν κυρίῳ (ebd. S. 127), Τοῖς κατὰ τόπον ἀδελφοῖς ἀντιποιουμένοις πίστεως καὶ σωτηρίας καὶ τοῖς κατ᾽ Αἴγυπτον καὶ Συρίαν καὶ Κιλικίαν καὶ Φοινίκην καὶ Ἀραβίαν ὀρθοδόξοις ἐπισκόποις (Athanasius ebd. II 22); Kaiser Konstantin adressiert Zirkularschreiben gelegentlich ebenfalls in allgemeiner Form: an die Donatistenbischöfe „episcopis" (Erlaß von 315), „episcopis catholicis, carissimis fratribus (Erlaß von 314) H. v. Soden, Urkk. zur Entstehungsgeschichte des Donatismus 23 Nr. 18; 33 Nr. 21). Andere Adressenformen bei Zirkularschreiben und ihre Verbreitung bei *Roller*, Briefsammlung 199—212 u. 598—606.

[112] Auch der Verbreitungsvermerk am Ende von ep. 8 stützt diese Annahme in formaler Hinsicht. Er gibt dem Schreiben den Charakter eines Zirkularbriefes und wäre ausschließlich im Blick auf ep. 8 ganz außergewöhnlich. Obwohl beispielsweise ep. 30 daraufhin angelegt war, daß sie überall verbreitet wurde, machte Cyprian selbst den Brief erst nachträglich zu einem ökumenischen Schreiben (s. u.). In mit ep. 8 vergleichbaren Briefen fehlt ein entsprechender Vermerk; dagegen ist er im Zusammenhang mit dem Bericht vom Tode Fabians eine reine Routineangelegenheit. Dazu s. o. S. 22.

Karthago zugedacht war, einfach nach Rom zurückgehen zu lassen. Im gleichen Schreiben (ep. 9, 1) betont er dagegen vor den Römern, daß die Mitteilung vom Tode Fabians ihm persönlich zugesandt war. Diese Versicherung erscheint zunächst völlig überflüssig, und sie hat in dem ganzen Briefkorpus auch keine Parallele. Warum sollte auch der Empfänger eines an ihn adressierten Schreibens in der Antwort ausdrücklich noch einmal betonen, daß er den Brief auch zu Recht auf sich bezogen habe, wenn er damit nicht etwas klären oder einen besonderen Anspruch auf den Brief erheben wollte. War die Sendung dagegen ohnehin an die Kirche oder allgemein an die Brüder in Karthago gerichtet oder überhaupt nur als Rundschreiben mit einer allgemeingehaltenen Adresse auch an die Bischöfe Afrikas etc., dann blieb Cyprian gar nichts anderes übrig, als beide Schreiben zu trennen.

Die offizielle Mitteilung vom Tode Fabians konnte er unmöglich abweisen. Gerade hier mußte er seine Rechte als das Oberhaupt und als allein zuständiger Vertreter seiner Kirche bzw. des Klerus den Römern gegenüber wahren. Unmöglich konnte er gleichzeitig den groben Anhang (ep. 8) entgegennehmen. Er stellte nicht nur eine unglaubliche Bevormundung des Klerus von Karthago dar, sondern war zugleich eine Herausforderung an den Bischof, der er wegen seiner Flucht aus Karthago nur mit gleich groben Mitteln begegnen konnte. Er schickte das Schreiben erst einmal mit der Bemerkung nach Rom zurück, daß es der Form nicht genüge und recht gravierend sei, si epistulae clericae veritas mendacio aliquo et fraude corrupta est. In ep. 20, die er bald darauf folgen ließ, konnte er dann mit einiger Gelassenheit und wohlüberlegt zu den Angriffen auf seine Person Stellung nehmen.

C) Die Antwort Cyprians auf ep. 8: ep. 9

„Cyprianus presbyteris et diaconibus Romae consistentibus fratribus salutem"[1].

Inhalt und Einzelheiten zu diesem Schreiben, mit dem Cyprian ep. 8 den Römern zurückschickt, sind im Zusammenhang des (verlorenen) Berichtes vom Tode Fabians und ep. 8 erörtert[2].

---

[1] Die Unterschrift lautet: Epistula Cypriani rescribentis (scribentis M) Romae clero de redditione episcopi urbici explicit. Zu beachten ist, daß Cyprian in den Aufschriften grundsätzlich seinen Namen vor den der Adressaten gesetzt hat. Vgl. ebenso ep. 21 Celerinus Luciano, ep. 22 Lucianus Celerino, ep. 42 Caldonius ... Rogatiano; ep. 49 Cornelius Cypriano fratri etc. Bei den römischen Gemeindeschreiben und Konfessorenbriefen ist die Stellung umgekehrt, vgl. ep. 30, 31, 36, aber auch ep. 24 (Caldonius); ep. 77, 78, 79.

[2] Dabei wurden folgende Voraussetzungen gemacht: 1. daß der bonus vir collega, zu dessen Martyrium Cyprian die Römer beglückwünscht, kein anderer

Ep. 9 ist das erste von fünf Schreiben[3], mit denen Cyprian sich bemüht, die Römer, die sich auch weiterhin nur an den Klerus und die Konfessoren in Karthago wenden, umzustimmen[4]. Erst nach Monaten, nach Absendung des fünften Briefes, erhält der Bischof einen an ihn gerichteten Brief aus Rom, der ihm die Anerkennung bringt[5]. Mit ep. 9 wollte Cyprian erst einmal Zeit gewinnen, damit beide Seiten die Entwicklung der Dinge in Ruhe abwarten konnten.

Die in ep. 9, 2 vorgetragenen Beanstandungen der Form des 8. Briefes und die abschließende Aufforderung an die Römer, sie möchten eine Prüfung der Unterschrift (subscriptio) vornehmen und ihm darüber Mitteilung machen, sollte den Römern Gelegenheit geben, das Schreiben zurückzunehmen und die Angelegenheit erst einmal auf sich beruhen zu lassen. Einen Entschuldigungsbrief hat der Bischof nicht erwartet. Andererseits war nicht damit zu rechnen, daß sich die Römer noch weiter vorwagen würden, als sie es mit der anzüglichen ep. 8 getan hatten.

Tatsächlich ist auch seitens der Römer keine Reaktion auf Cyprians ep. 9 erfolgt. Entsprechend hat sich Cyprian in seinen späteren Briefen nicht mehr auf ep. 9 und die damit verbundene Rücksendung von ep. 8 bezogen. Er überging den Brief vielmehr, als habe er ihn nie geschrieben[6].

D) Der Brief des Celerinus an Lucianus: ep. 21

„Celerinus Luciano (salutem)"

Nach dem ersten Briefwechsel zwischen Rom und Karthago im Februar (März) 250 ruhte die Korrespondenz der Kirchen untereinander ungefähr vier Monate, bis dann gleichzeitig Mitte Juli Cyprian sich wieder an die Römer und diese sich mit einem neuen Schreiben an den Klerus von Karthago wandten, ohne voneinander zu wissen.

In diese Pause fällt der Briefwechsel zwischen dem in Rom lebenden

als der römische Bischof Fabianus ist; 2. daß der in Kap. 2 abgewiesene Brief mit ep. 8 identisch ist. An Stelle einer erneuten ausführlichen Erörterung, können wir hier auf den sicheren Nachweis *Harnacks* in der Weizsäcker-Festschrift (S. 6 f.) verweisen. Ihm ist die communis opinio gefolgt. Zahlreiche weitere Untersuchungen haben mit wenigen zusätzlichen Argumenten zum gleichen gut belegten Ergebnis geführt. Vgl. *Caspar*, Papsttum I 61, *Nelke*, Chronologie 35 u. ö.

[3] Ep. 9, 20, 27, 28, 35.
[4] Ep. 8 an den Klerus von Karthago; ep. 21 Celerinus an Lucianus; ein (verlorener) Brief an den Klerus von Karthago, in dem die Römer noch einmal ihren Standpunkt in der Gefallenenfrage darlegen; ein (verlorener) Brief römischer Konfessoren an die Bekenner in Karthago.
[5] Ep 30.   [6] Vgl. ep. 20, 3 (*Hartel*, 528, 25).

Konfessor Celerinus und dem Sprecher der Konfessoren in Karthago, Lucianus, der Ende April/Anfang Mai stattfand[1].

Auch bei dieser Angelegenheit wird Cyprian nicht hinzugezogen, sondern übergangen, als gäbe es ihn nicht. Celerinus stellt sich auch entgegen römischer Auffassung auf den Standpunkt, daß die alten Vorrechte der Konfessoren noch uneingeschränkt Gültigkeit haben und die Erteilung von Friedensbriefen den Bischof nicht betreffen bzw. in seiner Entscheidungsfreiheit binden. Der junge Bekenner tritt in seinem Brief als Vertreter einer Gruppe von Christen auf, die gleich zu Beginn der Verfolgung aus Karthago ausgewiesen worden sind und nun in Rom Zuflucht gefunden hatten. Von ihrem geflohenen Bischof erhoffen sie sich gar nichts.

Über den Verfasser liegt eine Reihe von Nachrichten vor. Er gehörte einer Patrizierfamilie in Karthago an[2], die in der Gemeinde großes Ansehen genoß. Zur Taufe gebracht hat ihn vermutlich seine Großmutter Celerina[3], die ebenso wie sein Onkel väterlicher- und mütterlicherseits, Laurentius und Egnatius, die Märtyrerkrone erlangte. Mit ihrem Namen sind die ältesten Belege dafür verbunden, daß die Gemeinde für die Märtyrer am Tag ihres Leidens zum jährlichen Gedächtnis das Opfer darbrachte[4].

Wie seine genannten Vorfahren[5] schlug Celerinus die militärische Laufbahn ein. Er war noch recht jung und diente gerade in Rom, als man ihm wegen Opferverweigerung den Prozeß machte.

Die Verhandlung wurde sehr wahrscheinlich in persönlicher Gegenwart des Kaisers Decius geführt[6]. Nach Cyprians Angaben war Celerinus überhaupt der erste, den man in der decischen Verfolgung aburteilte[7].

Unter Aberkennung aller militärischen Ämter und Ehren wurde er zu 19 Tagen Beugehaft verurteilt[8]. Nach Verbüßung seiner Strafe ist er wohl nicht wie die meisten anderen Karthager zu Numeria und Candida gezo-

---

[1] Erwähnt wird der Brief in der Antwort des Lucianus ep. 22. Cyprian legt eine Abschrift des Briefes ep. 27 bei, um die Korrespondenz der beiden Bekenner dem ganzen römischen Klerus zur Kenntnis zu bringen (ep. 27, 3). Ep. 21, 3 f. schildert einen konkreten Fall, wie er ep. 8, 2 vorausgesetzt ist.
[2] Vgl. auch zum Folgenden ep. 39, 3 (*Hartel*, 583, 3 ff.).
[3] Zum Patenamt und Namen s. *H. Kraft*, Kirchenväter 360.
[4] Vgl. auch ep. 12.
[5] Ep. 39, 3 (*Hartel*, 583, 6); item patruus eius et avunculus Laurentinus et Egnatius in castris et ipsi quondam saecularibus militantes, sed veri et spiritales Dei milites ...
[6] Ep. 22, 1 schreibt Lucian an Celerinus: „nam tu deo volente ipsum anguem maiorem, metatorem antichristi, nomen (so Miodonski, „non" Cod.) tantum confessus deterruisti" und entsprechend dazu Cyprian über Celerinus ep. 39, 2: „cum ipso infestationis principe et auctore congressus." Vgl. *v. Harnack*, Weizsäcker-Festschrift 21 Anm. 2; *Haussleiter*, aaO 368 will unter „anguis maior" den Teufel verstanden wissen. Vgl. *Nelke*, Chronologie 17 f.
[7] Ep. 39, 2 (*Hartel*, 582, 9 f.).   [8] Ep. 39, 2 u. 3; ep. 21.

gen, sondern bei einem gewissen Alexius und Getulicus, die eine Silberschmiede betrieben, untergekommen[9]. Trotz seiner Jugend[10] machte die Gruppe der in Rom lebenden ausgewiesenen Karthager ihn auf Grund dieses Schicksals zu ihrem Sprecher[11]. Der Brief an Lucianus, der vielleicht auch einer Patrizierfamilie entstammte[12], den Celerinus aber auf jeden Fall gut kannte, geht auf Initiative dieser Gruppe zurück. Celerinus war sich der Tragweite dieses Unternehmens kaum bewußt.

Auffällig ist, wie schonend Cyprian ihn im Gegensatz zu Lucianus behandelt, als er die Römer später auf die unmögliche Verfahrensweise aufmerksam macht[13]. Celerinus hat dann auch bald ein gutes Verhältnis zu Cyprian gefunden. Mit einer Grußadresse von den römischen Konfessoren empfahl er sich bei seiner Rückkehr nach Karthago Ende d. J. 250 zur Übernahme in den kirchlichen Dienst, die Anfang des Jahres 251 erfolgte[14]. Cyprian ordinierte ihn allerdings nur zum Lektor und gab ihm als Trost das Gehalt eines Presbyters[15].

Sprache und Stil von ep. 21 haben viel Ähnlichkeit mit ep 8[16]. Sie verraten keine besonders gehobene Bildung des Verfassers[17]. In einer langen Einleitung klagt Celerinus, daß Lucianus ihm weder Briefe noch sonst irgendwelche Nachrichten hat zukommen lassen. Danach hebt er seine freundschaftliche Verbundenheit mit den karthagischen Brüdern hervor und trägt sein Anliegen vor (Kap. 2): Er bittet Lucianus um Friedensbriefe für zwei ihm nahestehende Christinnen, die nicht den Mut gehabt haben, ihren Glauben öffentlich zu bekennen.

Nicht lange vor Ostern (7. April 250) ist Numeria abgefallen und hat geopfert. Candida (Kap. 3) hat versucht, durch Bestechungen bei den Behörden die Opferpflicht zu umgehen. Geopfert hat sie nicht. Auf dem Weg zum Kapitol hat sie sich noch auf dem Forum besonnen und ist umgekehrt[18]. Ihr Fall ist bereits vor der römischen Gemeinde verhandelt

---

[9] Ep. 22, 3 (*Hartel*, 535, 18).   [10] Ep. 39, 5 (*Hartel*, 585, 1 f.).

[11] Ep. 21, 4 (*Hartel*, 532, 8 f.).

[12] Mit nicht sehr überzeugenden Gründen vertritt diese Meinung *Nelke*, Chronologie 17.

[13] Ep. 27, 3 (*Hartel*, 543, 7).   [14] Ep. 37, 1 (*Hartel*, 576, 5 f.).

[15] Ep. 39, 4, 5 (*Hartel*, 583, 22 ff.): viderit an sit ultior gradus ad quem profici in ecclesia possit . . .

[16] Auf dieser Ähnlichkeit baute *Haussleiter* seine These auf, daß Celerinus auch der Verfasser von ep. 8 sei. Die durchaus vorhandenen sprachlichen Parallelen s. bei *Haussleiter* aaO S. 358 f.

[17] Auch für diesen Brief gibt es keine zuverlässige Rezension. Einziger selbständiger Zeuge ist wieder nur Cod. T (*v. Soden*, 80). Am besten ist die Ausgabe von Miodonski; Bayards Verbesserungsvorschläge helfen wenig, da sie den Text an den cyprianischen Sprachgebrauch angleichen und bereinigen wollen.

[18] In ep. 8 berichtet der Schreiber offenbar im Blick auf einen bestimmten Vorfall: (s. o. S. 26; ep. 8, 2, 3, Hartels Text 487, 6) sed et ascendentes (ad)

worden, und die Vorsteher haben entschieden, vorläufig abzuwarten, bis ein neuer Bischof eingesetzt ist.

Celerinus will sich jedoch damit nicht zufrieden geben. Er wendet sich an den Bekenner Lucianus in Karthago, der das „ministerium floridiorum"[19] übernommen hat, und bittet ihn um Friedensbriefe, die er in Rom offenbar nicht erhalten kann. Dabei betont er, daß er sich immer noch der Gemeinde Karthagos zugehörig fühlt, indem er wiederholt von seinen fratres redet.

Dieses Eintreten für Candida und Numeria hat einen wichtigen Grund, der im 4. Kapitel des Briefes genant wird (Hartel 532, 8 f.): nam hoc, Domine fratre, scire debes me non solum hoc pro eis petere, sed et Statium et Severianum et omnes confessores qui inde huc a vobis venerunt, ad quos ipsae in portum descenderunt, et in urbem levaverunt, quod sexaginta quinque ministraverunt et usque in hodiernum in omnibus foverunt. sunt enim penes illas omnes."

Aus ep. 21, 2 (Hartel 531, 5) erfahren wir, daß die hier genannten Christen aus Karthago verbannt wurden und in Rom Zuflucht gefunden haben. Gehen wir von der Angabe des Briefes aus, daß das Vergehen der beiden Mädchen kurz vor Ostern (7. April) geschah[20], und rechnen wir die angegebenen 65 Tage zurück[21], dann ergibt sich als Termin für die Ausweisungen aus Karthago die zweite Januarhälfte, also die Zeit, in der auch Cyprian gerade aus Karthago geflohen war und Fabianus in Rom Märtyrer geworden ist.

Von den Verbannten kennen wir eine Reihe mit Namen[22]. Sie sind alle

---

[19] hoc quod conpellabantur revocavimus. Sie hätten sogar solche, die im Begriff standen (zum Opfern) hinaufzusteigen durch harten Zuruf zurückgehalten. ep. 21 schildert dazu mit Candida einen konkreten Fall. Ihr Vergehen beschreibt Celerinus mit den Worten (*Hartel*, 531, 17): Hanc ipsam Πεσοῦσαν (so ist mit Watson, vgl. auch ebenso Miodonski auf Veranlassung Haussleiters, zu konjezieren für das überlieferte völlig sinnlose Etecusam) semper appellavi, testis est nobis Deus, quia pro se dona (pro sedunta T) numeravit ne sacrificaret: sed tantum ascendisse videtur usque ad Tria fata et inde descendisse. Hanc ergo non sacrificasse ego scio. Der Gebrauch des Wortes Πεσοῦσαν erinnert an die zahlreichen Graecismen in ep. 8 (s. o. S. 27). Das Rätselraten um Tria fata erledigt sich wohl durch eine Bemerkung bei Prokop, de bello Gothico I 25 (p. 126, 20—23 Haury-Wirth), wo es vom Janus heißt: ἔχει δὲ τὸν νεὼν ἐν τῇ ἀγορᾷ πρὸ τοῦ βουλευτηρίου ὀλίγον ὑπερβάντι τὰ Τρία Φᾶτα · οὕτω γὰρ Ῥωμαῖοι τὰς Μοίρας νενομίσκασι καλεῖν.

[19] S. u. S. 72.

[20] Ep. 21, 2 (*Hartel*, 530, 19 ff.). Das Anlegen des Bußgewandes zu Ostern setzt voraus, daß das Vergehen der Schwestern noch nicht lange zurückliegt.

[21] *Nelke*, Chronologie 18 Anm. 7 ist der Meinung, daß mit sexaginta quinque die Zahl der verbannten Personen im Hause der Schwestern angegeben wird. Diese Deutung muß er vornehmen, da sonst seine (falsche) Chronologie nicht stimmt. Auch *Müller*, ZKG 16 (1895) 3 Anm. 3 spricht von 65 Verbannten.

[22] In Frage kommen die in ep. 21, 4 und ep. 22, 3 genannten Personen:

im Hause der Candida und Numeria in Rom untergekommen. Beide haben die Verbannten versorgt und bedient. Dies ging 65 Tage lang gut, bis die Hausgemeinschaft zerbrach. Die Schwestern scheiterten an der Opferpflicht. Sie hatten nicht die Kraft, ein Bekenntnis abzulegen. Nun waren die Verbannten aber auf Numeria und Candida angewiesen. Sie lebten weiterhin in ihrem Haus, und die Schwestern kamen für die Verpflegung vollständig auf. Doch der Zustand war unhaltbar[23], solange nicht eine positive Entscheidung hinsichtlich des Vergehens der beiden Hausherrinnen gefällt wurde. Die Verhandlung vor der römischen Gemeinde hat nicht zu dem gewünschten Ergebnis geführt, und daher wandte sich Celerinus als Sprecher der Verbannten an Lucianus und bat ihn um Friedensbriefe.

Mit dieser Aktion versuchte Celerinus die offizielle Entscheidung des römischen Klerus, der den Fall der beiden Schwestern verhandelt und wie bei allen anderen die endgültige Entscheidung ausgesetzt hatte, zu umgehen. In dem wiederholten Hinweis, daß alle Betroffenen, er selbst wie eben die Verbannten, denen hier geholfen wurde, aus der Gemeinde Karthagos stammen, sah Celerinus die Voraussetzung dafür gegeben, daß Lucianus sich im Falle der beiden römischen Schwestern für zuständig erklären konnte. Mit den Friedensbriefen des „minister floridiorum" Lucianus sollte eine Vorentscheidung für das noch ausstehende endgültige Urteil der Römer geschaffen und den im Hause der Schwestern Wohnenden ein Alibi dafür gegeben werden, daß sie mit den Gefallenen Gemeinschaft hielten.

Cyprian anzusprechen und um Hilfe oder Vermittlung zu bitten, kam Celerinus nicht in den Sinn. Er hat seinen Bischof nicht einmal von dem Schriftwechsel in Kenntnis gesetzt. Erst viel später kamen die Briefe in Cyprians Hände.

E) Die Antwort des Lucianus an Celerinus: ep. 22

„Lucianus Celerino domino si dignus fuero vocari collega in Christo salutem"[1].

Lucianus schreibt diesen Brief im Gefängnis[2]. Bereits zu Anfang der Verfolgung war er ergriffen und mit anderen zu schwerer Kerkerhaft ver-

Statius, Severianus, Cornelia, Emerita, Macarius, Saturninus, Calpurnius, Maria, Sabina, Spesima, Januaria, Dativa, Donata.
[23] Vgl. z. B. ep. 16, 3 Hartel 519, 20 f.
[1] In seiner Überschrift nimmt Lucianus die captatio benevolentiae des Celerinus aus ep. 21, 1 (Hartel, 530, 2 f.) auf: ... „nam, ut tibi quoque de infimo tuus vel frater dicar, si fuero dignus Celerinus audire, ...", vgl. dazu ep. 22, 1 (Hartel, 533, 8 f.: „... qui scribens mihi diceres si dignus fuero frater nominari tuus ..."
[2] Ep. 22, 2 (Hartel, 534, 3 ff.) und ep. 27, 1 (Hartel, 540, 11 ff.) auch zum Folgenden.

urteilt worden[3]. In völlig überfülltem Gefängnis hatte er schlimm unter Durst, Hunger und unerträglicher Hitze zu leiden gehabt. Viele seiner Leidensgefährten wie der greise Märtyrer Paulus haben diese Strapazen nicht überstanden[4]. Nach vorübergehender Hafterleichterung von fünf Tagen erreicht ihn der Brief des Celerinus erneut in schwerer Bedrängnis[5]. Seit acht Tagen ist er wieder eingesperrt ohne Wasser und Brot. Den Tod vor Augen, beantwortet er den Brief des Celerinus (ep. 21) und entspricht seiner Bitte. Als Überbringer des Briefes kommen Januaria und Sophia in Frage, von denen es am Schluß des Briefes heißt: „salutant vos sorores meae Januaria et Sophia quas vobis commendo." (Hartel 535, 19.) In ganz ähnlicher Form wird beispielsweise die Überbringerin des Römerbriefes vorgestellt[6]. Direkte Parallelen im cyprianischen Briefkorpus gibt es hierfür freilich nicht, was jedoch wenig besagt; denn die Briefe wurden zumeist von „Amtspersonen" mit einem entsprechenden Auftrag, der nicht selten ausdrücklich vermerkt wurde, befördert. Januaria und Sophia sind augenscheinlich „Privatpersonen", die vermutlich das persönlich gehaltene Schreiben an Celerinus überbringen.

Der Inhalt des Briefes entspricht ep. 21, auf die Lucianus antwortet: Mit großem Demutspathos dankt Lucianus in der Einleitung für den Brief des Celerinus. In Kap. 2 folgt dann der Ermächtigungsnachweis des Lucianus, daß er zuständig sei, im Namen und auf Anordnung aller Bekenner Karthagos Friedensbriefe zu erteilen. Lucianus kleidet diesen Ermächtigungs-

---

[3] *Hartel*, 534, 11 f.: „... cum iussi sumus secundum praeceptum imperatoris fame et siti necari, et reclusi sumus in duabus cellis ... sed et ignis ab opere pressurae nostrae tam intolerabilis quem nemo portare posset."

[4] „Paulus a quaestione, Fortunata, Victorinus, Victor, Herennius, Credula, Hereda, Donatus, Firmus, Venustus, Fructus, Julia, Martialis et Ariston, qui Deo volente in carcere fame necati sunt (*Hartel*, 534, 18 f.).

[5] Eine fehlerhafte Deutung des Sachverhalts findet sich bei *Nelke*, Chronologie 19. ignis ab opere pressurae heißt nicht, daß Lucianus mit Feuer gefoltert ist, sondern muß sich auf die glühende Sonnenhitze beziehen. Per dies quinque medios gibt nicht die Dauer der ersten schweren Haft an, sondern der vorübergehenden Hafterleichterung „unter freiem Himmel" bei Zuteilung von Wasser und Brot. Davon, daß Lucianus vorübergehend auf freien Fuß gesetzt wurde, ist ebenfalls nicht die Rede. Ebenso unhaltbar ist die Behauptung von *Nelke* 17, daß Celerinus zur Zeit der Abfassung von ep. 22 keine Vorstellung von der Handhabung Lucians bei der Erteilung von „libelli" gehabt habe. Auch die Rolle des Montanus im Zusammenhang mit dem Tode des Mappalicus und Lucianus ist falsch. Richtig ist nur, daß Montanus nicht im Gefängnis saß, auch nicht verbannt war, sondern lediglich vor Antritt seiner Reise nach Rom (vgl. ep. 21, 1) Lucianus im Gefängnis besucht hat.

[6] Vgl. auch den Philemonbrief etc. Der Vergleich liegt nahe, da der Schriftwechsel der Gemeinden auch sonst gelegentlich bis in Einzelheiten der Form an dem neutestamentlichen Vorbild der apostolischen Schreiben orientiert ist. Vgl. zu diesem Thema immer noch *O. Roller,* Das Formular der paulinischen Briefe (1933).

58

nachweis ein in die Form eines Berichtes über die Vorkommnisse in Karthago. Kap. 2 (Hartel 534, 3) beginnt: „scire debuisti quid circa nos actum sit. Cum benedictus martyr Paulus adhuc in corpore esset, vocavit me et dixit mihi: Luciane, coram Christo tibi dico ut si quis post arcessitionem meam abs te pacem petierit, da in nomine meo. Sed et omnes . . .“ Das Amt, das Lucianus hier von dem Märtyrer Paulus übernommen hat, nannte Celerinus ep. 21, 3 ministerium floridiorum[7]. Es ist also übertragbar und macht Lucianus zum Führer und Sprecher der Gemeinschaft der Bekenner[8]. In dieser Vollmacht entscheidet er (Hartel 535, 5), daß secundum praeceptum Pauli et nostrum tractatum Numeria und Candida der Frieden zu geben sei, wenn ihr Fall vor dem Bischof verhandelt werden kann und sie sich zu ihrer Tat bekennen. Diese Entscheidung verbindet Lucian mit einer Bitte an die Römer, daß sie sich der Regelung der Karthager anschließen möchten.

Noch über den Personenkreis, den Celerinus ihm in ep. 21 ans Herz gelegt hatte, hinaus erhebt Lucianus Anspruch auf Zuständigkeit auch für Rom (Hartel 535, 8): „non tantum haec (Numeria und Candida), sed et quas scis (Celerinus) ad animum nostrum pertinere.“ Damit hat die überkommene Regelung, wonach Bekenner für ihre unmittelbaren Verwandten eintreten konnten[9], ihre weiteste Auslegung erfahren. Sie war gleichbedeutend mit einer Einmischung in römische Angelegenheiten. Dies kam Cyprian später sehr gelegen (vgl. ep. 27, 33).

Der Brief schließt Kapitel 3 mit einer ausführlichen Grußliste, die unter anderem die Liste der Namen derjenigen Christen wesentlich bereichert, die aus Karthago verbannt in Rom Zuflucht gefunden haben.

F) Das Rechtfertigungsschreiben Cyprians: ep. 20

„Cyprianus presbyteris et diaconibus Romae consistentibus fratribus salutem.“

Mit diesem Brief geht Cyprian nun im Juli doch noch einmal auf das

---

[7] Vgl. 21, 3 (*Hartel*, 531, 8): Audivi enim te floridiorum ministerium percepisse.

[8] Vgl. ep. 14, 3 ab eorum societate; ep. 21, 3 super ipsos factus antistes; 27, 1 se auctorem constituens u.a.m. *Müller* ZKG 16 (1895) 10 u. 8 Anm. 4 spricht von „einer Art Verband“, zu dem sich die Bekenner zusammengeschlossen haben.

[9] Vgl. z. B. ep. 27, 1 (*Hartel*, 541, 4 f.): „cum Mappalicus martyr cautus et verecundus, legis ac disciplinae memor, nullas contra evangelium litteras fecerit, sed tantum domestica pietate commotus matri et sorori suae quae lapsa fuerant mandaverit pacem dari . . .“ vgl. ep. 15, 3. 4 u. 17, dazu Cyprians Schrift über die Gefallenen.

anzügliche Schreiben der Römer ein, das ihm mit dem Bericht vom Tode
Fabians Anfang des Jahres durch Crementius überbracht worden war. Mit
einer wohlüberlegten Entgegnung und Rechtfertigung nimmt er zu den
in ep. 8 gegen ihn erhobenen Vorwürfen Stellung. Etwa vier Monate sind
vergangen, seit der Bischof das Schreiben spontan zurückgeschickt hatte[1].
Inzwischen hatte Cyprian alles darangesetzt, seine Gemeinde von seinem
Versteck aus durch die schwere Zeit der Verfolgung zu führen. Doch angesichts des wachsenden Widerstandes gegen ihn wurde es für den Bischof
nun immer dringlicher, ein Einvernehmen mit den Römern herbeizuführen und sich ihre Unterstützung zu sichern[2].

Die Einleitung des Briefes erinnert an den Anfang von ep. 9, der ersten
Antwort auf ep. 8. Dort tadelt Cyprian die Römer im ersten Satz dafür,
daß sie sich mit der offiziellen Bestätigung des Martyriums Fabians Zeit
gelassen hätten und dadurch zu mancherlei Gerüchten (rumor incertus)
und zweifelhafter Meinung (opinio dubia) Anlaß gegeben hätten. Entsprechend beginnt ep. 20: „Quoniam conperi, fratres carissimi, minus
simpliciter et minus fideliter vobis renuntiari quae hic a nobis et gesta sunt
et geruntur, necessarium duxi has ad vos litteras facere, quibus vobis actus
nostri et disicplinae et diligentiae ratio redderetur.“[3]

In dieser zweiten Antwort auf ep. 8 begründet Cyprian also die Notwendigkeit seiner eigenen Rechtfertigung mit dem gleichen Gedanken,
mit dem er bereits in seinem ersten Schreiben die Römer auf die Notwendigkeit einer offiziellen Information hingewiesen hat. Böswillige und falsche Berichterstattung über die Verhältnisse in Karthago macht es notwendig, daß der Bischof selbst die Römer „amtlich“ über die Vorgänge
in seiner Gemeinde aufklärt. Wie schnell Nachrichten aus unberufenem
Munde kursieren und zu zweifelhaften Gerüchten führen, hat das Beispiel Fabians gezeigt. Auch die Römer sind bezüglich der Vorkommnisse
in Karthago unsachlicher Berichterstattung aufgesessen. Daher kann nur
das Wort des Bischofs selbst Klarheit schaffen: Seine Bereitschaft und die
Notwendigkeit, Gerüchte nur durch autorisierte Zeugnisse zu beseitigen,

---

[1] S. o. S. 13.
[2] Die dreizehn Briefe, die Cyprian in der Zwischenzeit nach Karthago gerichtet hat (s. S. 10), lassen von Brief zu Brief erkennen, wie sich die Fronten
verhärtet haben und wie man hier und da bereits die Gehorsamspflicht gegenüber dem geflohenen Bischof in Frage stellte. Obendrein machen es die letzten
beiden Schreiben Cyprians aus dieser Zeit (ep. 18 u. 19) wahrscheinlich, daß
der Inhalt des kritischen Schreibens der Römer (ep. 8) inzwischen wohl gerüchtweise in Karthago bekannt geworden ist, so daß der Bischof gar nicht umhin
konnte, zu den gegen ihn erhobenen Vorwürfen Stellung zu nehmen.
[3] *Hartel*, 527, 4—7.

hat Cyprian mit Nachdruck in seiner ersten Antwort an die Römer ep. 9, 1 (u. 2)[4] bekundet, um sie in ep. 20 von ihnen für sich zu fordern. Mit folgenden Worten geht Cyprian dann auf das für ihn so heikle Thema seiner Flucht aus Karthago ein: nam sicut Domini mandata instruunt, orto statim turbationis impetu primo, cum me clamore violento frequenter populus flagitasset, non tam meam salutem quam quietatem fratrum publicam cogitans interim secessi, ne per inverecundam praesentiam nostram seditio quae coeperat plus provocaretur. absens tamen corpore nec spiritu nec actu nec monitis meis defui quo minus secundum Domini praecepta fratribus nostris in quibus possem mea mediocritate consulerem[5]. Diese Begründung für die Abreise aus Karthago ist auffällig knapp gehalten. Nach dem, was mit den Briefen 8, 9 und dem verlorenen Schreiben der Römer an den Klerus von Karthago voraufgegangen war, hätte man eine eingehende Darlegung des Für und Wider der näheren Umstände und eine theologische Erörterung zum Thema „de fuga in persecutione" erwarten können.

Eine Parallele zu diesen Ausführungen Cyprians bietet das Rechtfertigungsschreiben des alexandrinischen Bischofs Dionysius, der sich wie der Karthager der decischen Verfolgung entzogen hatte. In seinem Brief an Bischof Germanus weist Dionysius wie Cyprian die gegen ihn erhobenen Anschuldigungen zurück und versucht sich theologisch für sein Verhalten zu verantworten[6].

Beiden letztlich gemeinsam ist der Gedanke, daß ihre Flucht eine Bewahrung zum Amt bedeutet, daß die Zeit danach, in der sie der Kirche und ihren Gliedern als Hirten unentbehrliche Dienste geleistet haben und noch leisten werden, ihre Flucht rechtfertige. In diesem Sinne legt Cyprian so ziemlich jeden seiner Schritte seit seiner Abreise aus Karthago den Römern dar und beweist mit den dreizehn Briefen, die er abschriftlich beilegt, nicht nur seine treue Pflichterfüllung, sondern auch wie unentbehrlich er ist angesichts der unsicheren und laxen Haltung seiner Gemeinde. Rühmliches und Lobenswertes weiß er nur von sich selbst zu berichten. Dionysius geht anders vor. Er stellt lediglich fest, daß die Folgezeit, in der er manchen von Nutzen geworden sei, gelehrt habe, daß bei seiner Flucht Gottes Vorsehung gewirkt habe[7]. Und er sucht vor allem Rechenschaft darüber

---

[4] Ep. 9, 2 weist Cyprian ep. 8 u. a. mit dem Tadel zurück: Es ist sehr ernst zu nehmen, wenn der Wortlaut dieses Schreibens des Klerus „mendacio aliquo et fraude" entstellt wird. Um Aufklärung hierüber zu erhalten, und ob das euer Brief ist, schreibt uns zurück, wie es sich in Wahrheit verhält.

[5] Ep. 20, 1 (*Hartel*, 527, 8—15).

[6] Euseb h. e. VI 40, 1—9 und weitere Zitate VII 11, 1—19, (Feltoe 23—36).

[7] Euseb h. e. VI 40, 3: καὶ ὅτι τῆς θεοῦ προνοίας ἔργον ἐκεῖνο γέγονεν, τὰ ἑξῆς ἐδήλωσεν, ἐν οἷς τάχα τισὶν γεγόναμεν χρήσιμοι.

zu geben, welche theologische Relevanz seiner Flucht im Blick auf die Folgezeit zukommt. In Form eines Berichtes über die näheren Umstände und Ereignisse legt er dar, daß er niemals aus eigenem Antrieb geflohen sei, sondern nur, weil Gott es ihm so befohlen habe. Ganz ausführlich schildert er vor allem, wie er sich mit Händen und Füßen gegen die Flucht gewehrt habe, bis man ihn schließlich auf einen ungesattelten Esel gesetzt und fortgeführt habe[8]. Damit ist er in die Heilsführung Gottes (τὴν οἰκονομίαν θεοῦ[9]) hineingezwungen worden, die ihn erneut in sein Amt gerufen hat. Seine fuga in persecutione versteht Dionys als Bewahrung zum Amt. Durch den Zwang zur Flucht hat Gott an ihm deutlich gemacht, daß auch das Bischofsamt da wahrgenommen wird, wo Gott seine Diener hinführt. Dionys sieht sich als Werkzeug der πρόνοια θεοῦ, an dem Gottes οἰκονομία περὶ ὑμᾶς offenbart wurde. Wie der Prophet vor seinem Amt flieht und sich dem Wink Gottes entziehen will, so hat sich Dionys der Heilsführung Gottes, die ihn wieder in sein Hirtenamt berief, mit aller Gewalt widersetzt.

Der Bericht ist so gestaltet, daß auch der nur mittelmäßig theologisch gebildete Leser an die biblischen Prophetenberufungen und die Erzählungen, in denen von einer Bewahrung die Rede ist, erinnert wird. Der Gedanke der Bewahrung und der prophetischen Berufung sind in diesem Bericht eng ineinandergeflossen[10].

Die Ausführungen Cyprians im 20. Brief heben sich davon deutlich ab. Der Bischof argumentiert formaljuristisch. Wie die Gebote des Herrn lehren, sei er gleich zu Beginn der Verfolgung aus Karthago abgereist. Woran Cyprian bei diesen mandata Domini in erster Linie dachte, und was er nicht zu zitieren und näher zu erläutern braucht, weil es jeder kennt, ist das Herrenwort Matth. 10, 23: Wenn sie euch aber in dieser Stadt verfol-

---

[8] Mehr als die Hälfte des ganzen Berichtes beschäftigt sich mit diesem Punkt. Eus. h. e. VI 40, 5—9.

[9] Eus. h. e. VI 40, 5 und VII 11, 2.

[10] Mit der Bemerkung, daß Dionys auf einem Esel fortgeführt wurde, endet der erste Auszug des Briefes, den Euseb aufbewahrt hat. Wir wissen leider nicht, wie die Darstellung des alexandrinischen Bischofs weitergelautet hat, da der nächste Auszug, den Euseb im VII. Buch 11, 1—19 bietet, nicht direkt anknüpft, sondern das Auftreten des Dionys vor Gericht gelegentlich der valerianischen Verfolgung schildert. Immerhin gibt eine Bemerkung aus einem Brief des Dionys an Dometius und Didymus an, wovon in dem Stück, das Euseb uns unterschlagen hat, die Rede war. Dionys schreibt dort, wohin ihn seine Flucht geführt habe: ἐν ἐρήμῳ καὶ αὐχμηρῷ τῆς Λιβύης τόπῳ κατακλείσμεθα (mit Gaius und Petrus) Eus. h. e. VII 11, 23 (Feltoe 67). Wer nach prophetischer Tradition in der Deutung, die Dionys seinem Verhalten gibt, sucht, der hat auch hier einen Anhaltspunkt. Schließlich gehört auch der dann anzuschließende Bericht vom Auftreten des Bischofs vor Gericht, bei dem er vor der Welt ein Bekenntnis ablegt und den Willen Gottes bezeugt, dazu; vgl. Eus. h. e. VII 11, 1—19.

gen, dann geht in die andere. Alle anderen entsprechenden Aussagen des Neuen Testamentes besagen gerade das Gegenteil, indem sie ausdrücklich zum standhaften Ausharren in der Verfolgungsnot auffordern. Dabei setzt Cyprian sich über alle möglichen Zweifel hinweg, ob dieses Gebot des Herrn für ihn und seine Zeit noch gültig ist. Er nimmt es wie einen Satz positiven Rechtes ohne weiteres für sich in Anspruch, der genügt, um sein Verhalten zu rechtfertigen.

Daß Cyprian über Matth. 10, 23 hinausgehend im Plural von mandata redet, ist durch seine Bemerkung gedeckt, daß er die allgemeine Ruhe der Brüder durch seine Anwesenheit in Karthago nicht gefährden wollte. Mit diesem Satz erinnert der Bischof beiläufig an Phil. 2, 4[11].

Schließlich ist der Gedanke „absens tamen corpore nec spiritu nec actu nec monitis meis defui..." jedem Leser aus den Apostelbriefen ganz geläufig[12]. Mit dieser Wendung bringt der Bischof zum Ausdruck, daß er sich in einer Situation befindet, die auch für die Apostel typisch war. Wie sie trotz räumlicher Trennung von ihren Gemeinden ihren apostolischen Pflichten nachgekommen sind, es an nichts fehlen ließen und Gehorsam gegenüber ihren Anordnungen beanspruchten, so hat er, der sich in seinem Amt als der legitime Nachfolger der Apostel betrachtet[13], seine bischöflichen Pflichten wahrgenommen, um den Vorschriften (praecepta) des Herrn entsprechend mit seinen schwachen Kräften für seine karthagische Gemeinde zu sorgen.

Cyprian wirbt bei den Römern also nicht um Verständnis für seine Flucht, indem er ihnen das Für und Wider, die Gründe und Zweifel, die ihn bei der Entscheidung geplagt haben mögen, ausführlich darlegt, sondern teilt ihnen lediglich in aller Kürze seinen Standpunkt in dieser Angelegenheit mit. Auch in theologischer Hinsicht beschränkt er sich in seiner Rechtfertigung auf das Notwendigste, nämlich auf Formalien. Er macht gar nicht erst den Versuch, seine Kritiker zu überzeugen, sondern gibt sich damit zufrieden, sein Verhalten theologisch abzusichern.

Nun konnte in damaliger Zeit niemand, der sich zu Fragen der Flucht vor einer Christenverfolgung äußerte, die einschlägige Abhandlung Tertullians „de fuga in persecutione" ohne weiteres übergehen. Nicht nur Dionys[14], sondern vor allem Cyprian, der Tertullian als seinen Lehrer be-

---

[11] Vgl. anders Mart. Polyc. 1, 2.

[12] Der Gedanke findet sich so ziemlich in jedem Paulusbrief. vgl. beispielsweise 1.Kor. 5, 3; 2.Kor. 10, 11 u. 13, 2 ff.; auch Kol. 2, 5; Phil. 2, 12; 1.Thess. 2, 17 ff.

[13] Vgl. ausführlich dazu die im gleichen Zeitraum verfaßte ep. 33, 1 s. u. S. 83.

[14] Wohl nicht zufällig vermeidet Dionys in seinem Rechtfertigungsschreiben auch nur beiläufig den naheliegenden Hinweis auf Matth. 10, 23. Als Trost- und Rechtfertigungsgrund, für die in der Verfolgungssituation Gescheiterten,

trachtete, mußte diese Schrift vertraut sein, und obendrein mußte der Bischof damit rechnen, daß sie auch den Lesern seiner Rechtfertigung bekannt war[15].
In dieser Schrift setzt Tertullian sich ganz ausführlich (Kap. VI—XI) mit der Bedeutung von Matth. 10, 23 auseinander. Er stellt gleich zu Anfang fest, daß die Verfolgungen nie ohne den Willen Gottes geschehen. Wenn auch unleugbar der Teufel seine Hand im Spiel hat, ist die Verfolgung doch immer ein Werk Gottes, da ihr Ziel, die Glaubensstärke der Gläubigen zu prüfen, gut ist. Daß man aber vor dem, was uns Gott schickt, nicht fliehen darf, kann nicht in Zweifel gezogen werden. Darauf läßt Tertullian dann (Kap. VI) entsprechend der Form der stoischen Diatribe seinen Gesprächspartner Fabius einwenden: praeceptum adimplevit fugiens de civitate in civitatem[16]. Wer damit argumentiert, meint Tertullian dann dagegen, will nur seine eigene Furchtsamkeit verschleiern und verschließt sich der wahren Bedeutung des Satzes: Cum coeperint persequi vos, fugite de civitate in civitatem. Diese Wiedergabe von Matth. 10, 23[17], die Tertullian seinem Gesprächspartner Fabius in den Mund legt, ist sehr frei[18]. Besonders eigenwillig ist die Übersetzung des iterativen (ὅταν διώκωσιν) durch das ingressive cum coeperint persequi vos; dies ist eine durchaus mögliche, aber sehr einseitige Interpretation[19], die das Schriftwort im Zusammenhang der Tertullian vorgegebenen Frage nach dem Verhalten bei Ausbruch einer Verfolgung als das entscheidende Argument präzisieren will.
In dem gleichen Sinn beruft sich auch Cyprian auf das Herrenwort, wenn er sagt, daß er, wie die Gebote des Herrn lehren, gleich zu Beginn der Verfolgung (orto statim turbationis impetu primo) abgereist sei. Durch den ursprünglichen Wortlaut von Matth. 10, 23 ist diese Bemerkung sicher nicht veranlaßt, und einfach als Aussage über den tatsächlichen Vorgang und die näheren Umstände der Flucht kann sie der Rechtfertigung nur schaden, denn sie fordert den Vorwurf der Feigheit und der Furcht vor körperlichen Leiden geradezu heraus. Cyprian kommt es darauf an, aufzuzeigen, daß er dem Buchstaben getreu gehandelt hat, daß der im Her-

---

hat das Herrenwort durch Tertullian seine Kraft weitgehend verloren. In der altkirchlichen Literatur ist es auch sonst nicht verbreitet. Vgl. Mart. Polyc. 4.

[15] Vgl. dazu *Schanz-Hosius* III 330 § 704; *Altaner-Stuiber*, Patrologie S. 150 mit weiterer Literatur.

[16] Tertullian, de fuga VI 1 (CC SL II 1142, 33 f.).

[17] ὅταν δὲ διώκωσιν ὑμᾶς ἐν τῇ πόλει ταύτῃ, φεύγετε εἰς τὴν ἑτέραν.

[18] Die abkürzende Formulierung fugite de civitate in civitatem ist wohl in Anlehnung an Matth. 23, 34 gebildet und wird von Tertullian auch sonst beharrlich gebraucht, wenn er auf Matth. 10, 23 hinweist. Vgl. neben de fuga besonders de corona 1; ad uxorem I, 3; außerdem Irenäus III 18, 5; Hippolyt, de Antichr. 61.

[19] Ähnliche Übertragungen sind im Juristen-Latein jener Zeit nachzuweisen.

64

renwort Matth. 10, 23 vorausgesetzte Fall gerade auf seine Lage zutrifft.
Da nur nach der Lesart Tertullians das Gebot lehrt, gleich zu Beginn der
Verfolgung zu fliehen, ist hier ein konkreter Anhaltspunkt dafür gegeben, daß sich Cyprian bei seiner Darstellung und Argumentation hinsichtlich der Flucht an die bekannten Äußerungen in der Schrift de fuga in
persecutione des Apologeten erinnert hat. In diesem Fall legt der Bischof
die Stelle gegen den Sinn seines theologischen Lehrers aus[20]. In de fuga
argumentiert Tertullian ausführlich damit, daß das Herrenwort nur für
die Apostel Gültigkeit habe, für spätere Zeiten aber nicht mehr in Anspruch genommen werden könne, da die Voraussetzungen der besonderen
Situation im Zusammenhang ihres Verkündigungsauftrages nicht mehr
gegeben seien[21]. Diesem möglichen Einwand begegnet Cyprian nicht nur
damit, daß er beiläufig an Phil. 2, 4 erinnert, sondern auch mit dem nach
seiner Meinung entscheidenden Rechtfertigungsargument, absens tamen
corpore nec spiritu nec actu nec monitis defui . . .[22].

Wer dem Bischof die Argumente Tertullians gegen Matth. 10, 23 vorhalten wollte[23], begegnete hier dem entscheidenden Gegenargument Cyprians. Mit den Worten der Apostel charakterisiert er seine Situation und
bringt zum Ausdruck, daß er in der Lage ist, die auch für die Apostel, in
deren Nachfolge er als Bischof steht, typisch war. Und für diese Lage hatte
auch Tertullian die Weisung Jesu akzeptiert.

Im 2. und 3. Kapitel des Briefes gibt Cyprian dann zu seiner Rechtfertigung einen Rechenschaftsbericht über die Entwicklung der Verhältnisse
in Karthago und die Maßnahmen, die er seit seiner Flucht ergriffen hat.
Dies geschieht in Form einer Erläuterung zu den dreizehn Briefen, die er
inzwischen nach Karthago gerichtet hat und nun abschriftlich als Beleg
dem Schreiben nach Rom beigibt[24]. Die Briefe sollen den Römern vor
Augen halten, wie unentbehrlich der Bischof gerade jetzt für seine Gemeinde ist und wie gewissenhaft er seinen Amtspflichten (non defuit sacerdotii vigor) nachgekommen ist. Cyprian schildert in seinem Bericht die

[20] Dies ist kein Einzelfall. Eine direkte Parallele dazu ist beispielsweise Cyprians ep. 33, 1; s. u. S. 83 f.
[21] Vgl. die Kapitel VI—XI.
[22] Auf diesen Gedanken beruft sich übrigens auch Bischof Dionysius in
seinem genannten Rechtfertigungsschreiben an Germanus. Vgl. Euseb, h. e.
VII 11, 12.
[23] Vgl. besonders auch die Zuspitzung am Ende der Beweisführung Tertullians Kap. X: Haec sentire et facere omnem servum Dei oportet, etiam minoris
loci, ut maioris fieri possit, si quem gradum in persecutionis tolerantia ascen-
derit. Sed cum ipsi actores, id est ipsi diaconi et presbyteri et episcopi, fugiunt,
quomodo laicus intellegere poterit, qua ratione dictum sit: „fugite de civitate in
civitatem."?
[24] Ep. 20, 2 (Hartel, 527, 16): et quid egerim locuntur vobis epistulae pro
temporibus emissae numero tredecim, quas ad vos transmisi . . .

Entwicklung in Karthago so, daß sein eigener Tod einer totalen Katastrophe gleichgekommen wäre. Außer ihm gibt es in Karthago niemand, der für die disciplina ecclesiastica sorgt und für die mit Recht von den Römern erhobenen Forderungen eintritt. Die Flucht des Bischofs erscheint auf Grund dieser Darstellung als unumgänglich für die Erhaltung seiner Gemeinde.

Das beigelegte Bündel der 13 Briefe, auf die Cyprian sich in seinem Schreiben bezieht, umfaßt in ihrer chronologischen Reihenfolge[25] folgende Schreiben[26]:

1. ep. 7 Cyprianus presbyteris et diaconibus fratribus (Ermahnung zur Armenpflege)
2. ep. 5 Cyprianus presbyteris et diaconibus fratribus (Ermahnung zur Armenpflege, Besuche im Gefängnis)
3. ep. 6 Cyprianus Sergio ... et ceteris confessoribus (Trostbrief über die Herrlichkeit des Bekenntnisses)
4. ep. 14 Cyprianus presbyteris et diaconibus fratribus (Ermahnung zur Armenpflege, Ermahnung an die Bekenner)
5. ep. 13 Cyprianus Rogatiano ... et ceteris confessoribus (Ermahnung zu züchtig sittlichem Verhalten)
6. ep. 11 Cyprianus presbyteris et diaconibus fratribus (Die Verfolgung ist eine Strafe und Prüfung Gottes, Ermahnung zu Buße und Gebet)
7. ep. 10 Cyprianus martyribus et confessoribus (Martyrium des Mappalicus, Trost und Stärkung für die anderen)
8. ep. 12 Cyprianus presbyteris et diaconibus fratribus (Ermahnung zur Pflege der Märtyrer, Totengedächtnis und Armenpflege)
9. ep. 16 Cyprianus presbyteris et diaconibus fratribus (Ermahnung aufsässiger Presbyter und Diakone, die mit lapsi Gemeinschaft halten, versäumen die Märtyrer zu ermahnen und die bischöfliche Würde mißachten)
10. ep. 15 Cyprianus martyribus et confessoribus (Ermahnung der Märtyrer auf den Bischof zu hören: Nur durch volle Buße kann der Gefallene sühnen; die Entscheidung liegt beim Bischof. Empfehlungsschreiben der Märtyrer müssen auf bestimmte Namen lauten)
11. ep. 17 Cyprianus fratribus in plebe consistentibus (Behandlung der lapsi; der Bischof hat die Entscheidung; bei Rückkehr Überprüfung aller Empfehlungsschreiben in großer Versammlung)
12. ep. 18 Cyprianus presbyteris et diaconibus fratribus (Erlaubnis an

---

[25] S. o. S. 10 f. [26] Zu den Titeln vgl. v. *Soden*, Briefsammlung 10 f.

den Klerus, lapsi, die auf den Tod erkrankt sind,
die Wiederaufnahme zu gewähren)

13. ep. 19 Cyprianus presbyteris et diaconibus fratribus (ohne Empfehlungsschreiben jetzt überhaupt keine Aufnahme;
Prüfung aller in großer Versammlung auf Grund
gemeinsamer Beratung, Ausnahme nur Kranke
und solche, die in Gefahr sind).

Wenn man danach fragt, wie diese 13 Briefe in dem Bericht im 2. und
3. Kapitel unseres Briefes von Cyprian thematisch zusammengefaßt werden, dann läßt sich das Ziel, das der Bischof mit dieser ep. 20 verfolgt,
noch genauer bestimmen. Vorherrschend ist dabei der Gesichtspunkt, den
Cyprian selbst erst am Ende des 3. Kapitels beiläufig (praeterea) erwähnt[27], die Schreiben mit den von den Römern in ep. 8 erhobenen Forderungen bezüglich der Kirchenzucht in Verbindung zu bringen, und damit den Beweis zu liefern, daß sie bis in Einzelheiten hinein durch den
Bischof erfüllt sind, der bei diesem Vorgehen den Eindruck vermeidet, als
habe er sich von den Römern seine Handlungen vorschreiben lassen. Erst
am Schluß des Briefes stellt er die tatsächliche Übereinstimmung fest[28].

Unter folgenden Gesichtspunkten, die sich leicht mit ep. 8 in Verbindung bringen lassen, verweist der Bischof im 2. und 3. Kapitel auf die
Beilage der 13 Briefe nach Karthago: Er ist seinem Klerus nichts schuldig
geblieben, sondern hat ihm mit seinem Rat stets beigestanden[29]. Er hat
die Konfessoren im Gefängnis ermuntert[30], sich der Verbannten angenommen[31] und der gesamten Brüdergemeinde fleißiges Gebet um Gottes
Barmherzigkeit empfohlen[32]. Den Gefangenen, die gefoltert wurden, hat
er Trost und Mut zugesprochen[33]. Gerade in der Gefallenenfrage hat er
versucht, die Märtyrer und Bekenner auf den richtigen Weg zurückzuru-
fen[34]. Die Presbyter und Diakone hat er zur Kirchenzucht ermahnt und
ihrem Umgang mit den Gefallenen Einhalt geboten[35]. Das aufgeregte

[27] Ep. 20, 3 (*Hartel*, 528, 24 f.): et praeterea vestra scripta legissem quae ad
clerum nostrum per Crementium ...
[28] Eine direkte Parallele zu dieser Form des stilistischen Aufbaus ist ep. 27.
[29] Der Hinweis (ep. 20, 2) trifft auf die Briefe 7, 5, 14, 12 an den karthagischen Klerus zu; vgl. dazu die Aufforderungen im 8. Brief insgesamt.
[30] Hinweis (ep. 20, 2) auf ep. 6; vgl. dazu ep. 8, 3 (qui in carceribus sunt).
[31] Hinweis (ep. 20, 2) auf ep. 13 u. a.; vgl. dazu 8, 3 (sive exclusi de sedibus
suis).
[32] Der Hinweis (ep. 20, 2) „nec universae fraternitati ad deprecandam Dei
misericordiam adlocutio et persuasio nostra defuit, quantum secundum legem
fidei et timorem Dei Domino suggerente ..." bezieht sich auf ep. 11; vgl. dazu
die Aufforderung ep. 8, 2 „... ante oculos plus habentes timorem Dei ..., non
deserentes fraternitatem et hortantes eos stare in fide ..." usw. vgl. auch 8, 3.
[33] Hinweis (ep. 20, 2) auf ep. 10; vgl. dazu ep. 8, 3.
[34] Hinweis (ep. 20, 2) auf ep. 15; vgl. dazu ep. 8, 2, Anfang u. Ende.
[35] Hinweise (ep. 20, 2) auf ep. 16; vgl. dazu ep. 8, 2.

Kirchenvolk selbst hat er zu beruhigen versucht und zur Beachtung der kirchlichen Zucht angeleitet[36]. Schließlich hat er sich mit Nachdruck auch der Gefallenen angenommen, die auf dem Krankenlager nach dem Frieden der Kirche verlangten[37].

Für jede einzelne Forderung, die die Römer in ihrem Gemeindebrief ep. 8 erhoben hatten, führt der Bischof Briefe ins Feld, die beweisen, daß er ihnen gerecht geworden ist. Damit wird das ganze Bündel freilich zu einer einzigen Anklage für seine Gemeinde vor den Römern. Cyprian beschönigt nichts, denn er muß den Nachweis führen, daß außer ihm niemand in Karthago die Sorge der Römer um die Kirche und die Beachtung der lex evangelii teilt, und daß nur er der Adressat ihrer Briefe sein kann.

Die beigelegten Briefe zeigen den Römern Cyprian im Ringen um seine Autorität als Bischof und die Würde seines Amtes, mit der er für die von ihnen selbst geforderte Kirchenzucht eintritt[38].

Dabei lassen sich schon die Ansätze zu Cyprians Verständnis vom Bischofsamt deutlich erkennen[39]. Er begründet seine Entscheidungen, Urteile und Ermahnungen an die Karthager nie einfach aus der Sache selbst, um die es dabei geht, bzw. aus ihrem unmittelbaren theologischen Zusammenhang, sondern stets mit der Autorität und der Vollmacht des Bischofs, dem jedermann Gehorsam schuldet. Noch konsequenter als Ignatius von Antiochien, dem er darin folgt[40], verknüpft er alles, was in der Gemeinde vorgeht, mit dem Amt des Bischofs.

Wer in der Furcht Gottes ein dem Evangelium gemäßes Leben führt, tut dies zur Ehre seines Bischofs[41]. Wer seinem Wort den schuldigen Gehorsam verweigert, verläßt damit die Bruderschaft der Gemeinde. Der Kampf um die Autorität des Bischofs in Karthago und das Ringen um die Kirchenzucht und Erhaltung der Gemeinde werden in den Briefen als ein und dasselbe dargestellt. Für die Römer, an die Cyprian sich auch damit wendet, heißt das, daß ihre eigenen Sorgen, Forderungen und Ermahnungen, die sie an die Adresse der Karthager gerichtet haben, eng mit dem Schicksal des Bischofs verbunden sind. Das hat Cyprian Punkt für Punkt nachgewiesen. Die Erhaltung der Kirche Karthagos hängt allein davon ab, ob ihr Bischof sich durchsetzen kann. Dazu aber bedarf er der Anerkennung und Unterstützung Roms, um die er in diesem Brief wirbt.

Das Ende des 20. Briefes zeigt noch einmal, wieviel dem Bischof daran gelegen ist, und daß er bereit ist, Opfer zu bringen. Seine Entscheidung,

---

[36] Hinweise (ep. 20, 2) auf ep. 17; vgl. dazu ep. 8, 2 u. 3.
[37] Hinweise (ep. 20, 3) auf ep. 18 u. 19; vgl. dazu ep. 8, 3.
[38] Ep. 16, 15, 17, 18, 19.
[39] Dazu s. u. S. 83 ff.
[40] Näheres dazu bei *H. Kraft*, Kirchenväter 377 und *v. Campenhausen*, Kirchl. Amt und geistl. Vollmacht 311.
[41] Vgl. bes. ep. 15, 1 u. ep. 16 (auch ep. 13, 1).

68

bei den lapsi im Falle schwerer Erkrankung und Gefahr eine Ausnahme
zu machen, nimmt er nun zum Anlaß, ausdrücklich die völlige Übereinstimmung
seines Vorgehens mit den von den Römern in ep.
8 geäußerten
Forderungen festzustellen, die er im vorhergehenden Rechenschaftsbericht
Punkt für Punkt dargelegt hatte; nach dem Hinweis auf ep. 8 schreibt er:
„... standum putavi et cum vestra sententia, nec actus noster qui adunatus
esse et consentire circa omnia debet in aliquo discreparet."[42] Dieses Zugeständnis
an die Römer ist für Cyprian einmalig. Er schließt den Brief
mit dem Versprechen, daß er nach seiner Rückkehr die Angelegenheit der
Gefallenen, nicht ohne ein Einvernehmen mit den Römern (communicatio
etiam vobiscum consilio) herbeigeführt zu haben, ordnen werde.

Für die Römer bedeutete dieser Brief zweifellos einen großen Triumph.
Der Bischof von Karthago, dem kirchlichen Mittelpunkt von mindestens
150 Bistümern Afrikas, verantwortet sich vor Rom, und zwar nicht vor dem
römischen Bischof, sondern vor Presbytern und Diakonen. Bescheiden und
mit christlicher Demut[43] gibt er eine Erklärung zu den gegen ihn erhobenen
Vorwürfen ab und verteidigt seine Flucht. Den 8. Brief, den Cyprian
wegen der Anzüglichkeiten und Vorwürfe gegen seine Person spontan zusammen
mit ep. 9 zurückgeschickt hat, nimmt er nun nachträglich doch an
und macht ihn sich zu eigen. Er scheut sich nicht, sein Verfahren Punkt
für Punkt mit dem zur Deckung zu bringen, das die Römer in dem zunächst
zurückgewiesenen Brief angegeben hatten. Mit diesem Zugeständnis
wirbt der Bischof unverhohlen um die Anerkennung und Unterstützung
der Römer, die ihn bisher völlig ignoriert haben[44]. Ein Präjudiz für
das zukünftige Verhältnis zwischen den Gemeinden Karthagos und Roms
liefert Cyprian freilich nicht: „Necessarium duxi has ad vos litteras facere"
— von einer Pflicht ist nicht die Rede. Aus „persönlichen Gründen"
schreibt Cyprian diesen Brief, und auch das „communicatio etiam vobiscum
consilio" läßt eine weite Auslegung zu und legt den Bischof keineswegs
im Sinne einer Abhängigkeit fest.

G) Der zweite (verlorene) Brief der Römer an den Klerus
von Karthago

Das Rechtfertigungsschreiben Cyprians (ep. 20) kreuzte sich mit einer
Briefsendung der Römer nach Karthago[1], die ein Schreiben an den Klerus

---

[42] Ep. 20, 3 (*Hartel*, 528, 28 — 529, 2).
[43] Formulierungen wie mea mediocritas ep. 20, 1 (*Hartel*, 527, 15) und
nostra mediocritas (ep. 20, 2, *Hartel*, 527, 22) fehlen bezeichnenderweise in den
13 Briefen nach Karthago.
[44] Vgl. v. *Harnack*, Weizsäcker-Festschrift 29.
[1] Ep. 27, 4 (*Hartel*, 544, 15 f.): „et prius quam venerint ad vos litterae quae

und eins an die Märtyrer und Bekenner enthielt[2], in denen die lasche Verfahrensweise der Karthager in der Frage der Gefallenen scharf verurteilt wurde.

Beide Schreiben sind nicht überliefert. Nachrichten über den Inhalt des verlorenen Briefes der Römer an den karthagischen Klerus finden sich 1. in Cyprians ep. 27 und 2. in Novatians ep. 30 an Cyprian[3].

1. Obwohl die Römer Cyprian auch in diesem Brief noch ignorieren und sich nicht an ihn, sondern an den Klerus von Karthago wenden, dankt der Bischof in seinem nächsten Schreiben nach Rom (ep. 27) für diesen Brief, der seine Position gegenüber dem Klerus und besonders den Konfessoren gestärkt hat. Evangelii plenus vigor et disciplina robusta legis dominicae sei darin enthalten[4]: „Während wir uns abmühten und uns gegen den Sturm der Mißgunst mit allen Kräften des Glaubens zur Wehr setzten, kamen uns Eure Worte trefflich zustatten, ut divinitus conpedium[5] fieret. Und bevor noch der Brief, den ich Euch unlängst schrieb, zu Euch gelangte, habt Ihr uns kundgetan, daß secundum evangelii legem auch Eure Meinung entschieden und einmütig auf unserer Seite steht."

2. In ep. 30, 3 teilt Novatian Genaueres über den Inhalt des Schreibens mit[5]: „Wir haben Euch darin in klarer Darlegung (dilucida expositione) unsere Ansicht vorgetragen, nicht nur gegenüber denen, die sich selbst als Ungläubige verraten hatten durch das unerlaubte Bekenntnis ihrer schändlichen Opferzeugnisse . . ., sondern auch gegen jene, die eine Urkunde hatten aufnehmen lassen, wenn sie auch bei ihrer Ausfertigung nicht persönlich zugegen waren, da sie ja doch durch den Antrag auf diesen Wortlaut (der Urkunde) ihre Anwesenheit vorgegeben hatten . . ."

Als Verfasser kommt wieder nur Novatian in Frage. Dafür sind folgende Hinweise entscheidend:

Es ist sicher, daß er etwa zwei Monate später mit ep. 30 usw. als der federführende Presbyter seiner Gemeinde auftritt[6].

Der verlorene Brief an den karthagischen Klerus befaßt sich mit einem Lieblingsthema Novatians. In dem Schreiben wird seine Ansicht in der Gefallenenfrage vertreten; darüber aber kam es in der römischen Gemeinde sehr bald zu Meinungsverschiedenheiten.

---

vobis proxime misi (ep. 20), declararetis nobis . . ." (folgt Hinweis auf das verlorene Schreiben an den karthagischen Klerus) vgl. auch o. S. 13.

[2] Näheres dazu im Zusammenhang des nächsten Briefes s. S. 71.

[3] Caspari hat diesen und den folgenden Brief in seiner Aufzählung (Quellen III 437 f.) übersehen, vgl. dagegen *Harnack*, Weizsäcker-Festschrift 13 f.

[4] Ep. 27, 4 (*Hartel*, 544, 9 ff.) Bezieht sich auch auf das Schreiben an die Konfessoren s. S. 72 f.

[5] Vgl. dazu S. 3.   [5] *Hartel*, 550, 22 ff.

[6] Die Nachrichten über den Bericht vom Tode Fabians machten es sehr wahrscheinlich, daß Novatian auch schon der Verfasser dieses Schreibens war. S. S. 22 f.

Novatian identifiziert seine Ansicht[7] ep. 30, 3 mit dem Inhalt des verlorenen Briefes an die Karthager, ohne ihn nachträglich zu korrigieren. Besonders deutlich wird dies durch seine nähere Interpretation des in dem verlorenen Schreiben verurteilten Verhaltens der Bekenner[8]: „quasi hoc evasuri inretientes illos diaboli laqueos viderentur, quo non minus quam si ad nefarias aras arcessissent hoc ipso quod ipsum contestati fuerant tenerentur . . .“[9].

Schließlich hätte Novatian kaum von einem Schreiben, für das er nicht selbst verantwortlich war, gesagt: sententiam nostram dilucida expositione protulimus[10]. Keines der Schreiben des römischen Klerus oder einzelner Personen, das nicht von Novatian verfaßt wurde[11], läßt die Annahme zu, daß außer Novatian in Rom noch andere Kleriker in der Lage waren, eine Meinung so zu Papier zu bringen, daß man als hervorstechendes Merkmal betonen konnte, es sei dilucida expositione geschehen[12]. Wenn Novatian in ep. 30, 3 ein Schreiben von fremder Hand als Zeuge für seine Ansicht in der Gefallenenfrage heranziehen wollte, hätten wir den Hinweis auf den klaren Aufbau des Schreibens nicht erwarten können. Zudem widerspräche das Fehlen jeglicher Verbesserungen der in dem verlorenen Brief geäußerten Gedanken der Neigung Novatians, selbst bei gleicher Meinung die Eigenständigkeit des Urteils hervorzuheben und unter Beweis zu stellen, was im Blick auf andere Schreiben in ep. 30 sonst durchaus der Fall ist[13].

Der Inhalt des Briefes ist durch die angeführten Zitate aus ep. 27, 4 und 30, 3 dahingehend näher bestimmt, daß mit scharfen Worten die Wiederaufnahme der Gefallenen, selbst der libellatici, abgewiesen wurde. Das Schreiben stimmte mit den Anordnungen des Bischofs von Karthago völlig überein und wollte Eigenmächtigkeiten laxer Konfessoren in der Kirche ebensowenig gelten lassen wie Cyprian selbst.

---

[7] *Hartel*, 550, 21.   [8] Ep. 30, 3 (*Hartel*, 550, 24 f.).

[9] Bemerkenswert sind auch die Formulierungen, mit denen Cyprian ep. 27, 4 den Inhalt des verlorenen Schreibens angibt. Wohl direkt aus dem Brief an die Karthager stammt die Wendung „evangelii plenus vigor" (ep. 27, 4, *Hartel*, 544, 12). Jedenfalls ist sie sonst nur für Novatian in genau entsprechender (ep. 30, 1, *Hartel*, 549, 1) oder ähnlicher Form (vgl. *Hartel*, 549, 18; 550, 11; 551, 16; 572, 18); zu belegen, für Cyprian dagegen nicht, wie 29 andere Stellen (nach *Hartels*-Index) zeigen. Auch eine Formulierung wie disciplina robusta legis dominicae ist Novatian zuzutrauen.

[10] Ep. 30, 3 (*Hartel*, 550, 22 f.). Vgl. dazu auch ep. 30, 4 (*Hartel*, 552, 4) conspirantes cum litteris nostris.

[11] Ep. 8, 21, 31.   [12] Näheres dazu s. S. 22.

[13] Vgl. etwa den gleichzeitig verfaßten Brief der römischen Märtyrer, den Novatian noch einmal ausführlich (Ep. 30, 4) rezensiert, um Cyprian zu sagen, was er davon halten solle.

H) Der (verlorene) Brief der römischen Bekenner an die Konfessoren in Karthago

Die Adresse wird etwa geheißen haben: „Saturnino et Aurelio et ceteris confessoribus Moyses et Maximus et Nicostratus et ceteri, qui cum eis confessores salutem."[1]
Die Römer haben es mit diesem Brief an den Klerus von Karthago nicht bewenden lassen. Vielmehr ergriffen die römischen Bekenner noch in einem gesonderten Schreiben selbst das Wort, um den Konfessoren in Karthago die römische Auffassung in der Gefallenenfrage einzuschärfen.

Obwohl dieses Schreiben namentlich an Saturninus, Aurelius und andere gerichtet war, also ein Meinungsaustausch der Bekenner untereinander war, nahm Cyprian später auch diesen Brief für sich und seine Ziele in Anspruch und beantwortete das Schreiben mit einem eigenen Brief an die römischen Bekenner[2]. Auch in ep. 27, 4 erwähnte der Bischof diesen Brief. Schließlich berief sich auch Novatian auf dieses Schreiben und charakterisierte es als Zeugen für die römische Auffassung[3].

Dieses Schreiben ist gleichzeitig mit dem ebenfalls verlorenen Brief des römischen Klerus an den Klerus von Karthago übersandt worden[4].

Über seinen Inhalt erfahren wir nur, was als übereinstimmend mit dem ebenfalls verlorenen Brief an den karthagischen Klerus von Cyprian in ep. 27, 4 hervorgehoben wird. Darüber geht auch die Bemerkung Cyprians in ep. 28, 2 nicht hinaus[5]: „Zu diesen ruhmreichen Anfängen Eures Bekenntnisses und den glücklichen Vorzeichen eines siegreichen Kampfes kam noch Euer Festhalten an der Zucht, das wir aus Eurem kraftvollen Brief ersehen haben, den Ihr kürzlich (modo) an Eure im Bekenntnis des

---

[1] Gebildet nach ep. 27, 4 (*Hartel*, 544, 9 f.) und dem Selbstzeugnis der römischen Konfessoren ep. 31 (*Hartel*, 557, 2 f.).
[2] Ep. 28, 2 (*Hartel*, 545, 18).   [3] Ep. 30, 4 (*Hartel*, 552, 1).
[4] Dafür spricht: 1. Die Bemerkung Cyprians ep. 27, 4 (*Hartel*, 544, 9 f.): „Gerade aber zu rechten Zeit kam Euer Schreiben (litterae) an den Klerus, das ich empfangen habe, item quas beati confessores Moyses, Maximus, Nicostratus et ceteri ... miserunt." Auch in der folgenden Würdigung betrachtet er die Briefe als eine Einheit.
2. Die Bemerkung Novatians ep. 30, 4 (*Hartel*, 552, 1 ff.): „quamquam confessorum quoque ... litteras habeas conspirantes cum litteris nostris", nachdem unmittelbar vorher der verlorene Brief an den Klerus von Karthago besprochen war.
3. Cyprian beantwortet beide Briefe gleichzeitig, ep. 27 u. 28.
4. Auch dem nächsten Schreiben des römischen Klerus (ep. 30) ist ein besonderer Brief der römischen Bekenner (ep. 31) beigegeben. Demnach wird man das „item" aus ep. 27, 4 nicht nur als Hinweis auf die inhaltliche, sondern auch auf die zeitliche Übereinstimmung der beiden verlorenen Briefe zu werten haben.
[5] *Hartel*, 545, 17 ff.

Herrn mit Euch verbundenen Genossen geschickt habt mit der ängstlichen Mahnung, die Heiligen Vorschriften des Evangeliums und die uns einmal überlieferten lebengebenden Gebote in tapferem und unwandelbarem Gehorsam festzuhalten." Als Verfasser kommen die als Absender namentlich genannten Konfessoren Moyses, Maximus und Nicostratus in Betracht[6], die alle Novatian nahe gestanden haben[7]. Der älteste und prominenteste unter ihnen war zweifellos Moyses[8]. Er und Maximus bekleideten das Amt eines Presbyters[9], während Nicostratus Diakon war[10]. Den Brief schrieben sie im Gefängnis[11].

Die römischen Bekenner wandten sich eigens an die karthagischen Konfessoren, weil diese in erster Linie für die Ausstellung von Friedensbriefen und den in Karthago eingeschlagenen Weg im Umgang mit den Gefallenen verantwortlich waren. Die ganze Sendung zielte auf eine Veränderung der Verhältnisse in Karthago; und es ist auch für den Inhalt der verlorenen Briefe aufschlußreich, auf wen die römischen Konfessoren dabei ihre Hoffnung setzten.

Sie schrieben namentlich die karthagischen Bekenner Saturninus und Aurelius, aber nicht Lucianus und seine Freunde an[12], obwohl er als minister floridiorum der „Bekenner vom Dienst war"[13]. Und es kann kaum zufällig sein, daß ausgerechnet er, der bekannteste und einflußreichste unter den karthagischen Konfessoren[14], in der Adresse dieses Briefes fehlte. Die Römer müssen ihn bewußt übergangen haben.

---

[6] Ep. 27, 4 (*Hartel*, 544, 10).

[7] Sie sind alle Novatian ins Schisma gefolgt; dazu s. S. 154. Dazu paßt auch vorzüglich die Betonung der inhaltlichen Übereinstimmung mit dem verlorenen Brief an den Klerus von Karthago ep. 30, 4 (*Hartel*, 452, 4): litteras habeas conspirantes cum litteris nostris

[8] Eine Notiz Cyprians ep. 55, 5 (*Hartel*, 627, 8 f.) besagt, daß er die von Novatian verfaßte ep. 30 unterschrieben habe; diesem Brief haben die Römer selbst die allergrößte Bedeutung beigemessen. Auch in den späten Schreiben wird er stets als der erste im Briefkopf genannt, vgl. ep. 28 (*Hartel*, 545, 2); ep. 37 (*Hartel*, 576, 2; ep. 31 (*Hartel*, 557, 2).

[9] Ep. 31 (*Hartel*, 557, 2) etc. Bestätigt wird dies durch Euseb h. e. VI 43, 6 u. 43, 20. Als Absender eines Briefes neben ep. 31 begegnet Maximus später auch einmal ep. 53.

[10] Ep. 52, 1 (*Hartel*, 617, 1), s. auch unten S. 101[8].

[11] Ep. 37, 2 (*Hartel*, 577, 5 ff.).   [12] Ep. 27, 4 (*Hartel*, 544, 9 f.).

[13] S. o. S. 58. Den Römern war die besondere Stellung des Lucianus mit Sicherheit bekannt; Gewähr dafür bietet die „Inspektionsreise" ihres Klerikers Bassianus und seine persönliche Bekanntschaft mit Lucianus; dazu s. o. S. 29. Hinzukommt, daß der Briefwechsel zwischen Celerinus und Lucianus (ep. 21, 22) in Rom sicher nicht unbekannt geblieben ist, da er Numeria und Candida wenigstens zum Teil einbrachte, was die Römer ihnen vorher verweigert hatten.

[14] Vgl. ep. 21, 22 u. bes. 23; dazu Cyprians Schilderung ep. 27, 1 (*Hartel*, 541, 2 f.): „iam pridem se auctorem constituens. etc."

Mit dem Inhalt des Briefes stimmt diese Beobachtung völlig überein. Das Schreiben bekämpfte vor allem die lasche Einstellung der karthagischen Konfessoren[15] in der Gefallenenfrage, deren Exponent Lucianus war, wie wir aus ep. 22 und Cyprians ep. 27 wissen. Dagegen sind die Nachrichten, die wir sonst über Saturninus und Aurelius haben, die beste Empfehlung dafür, daß die römischen Konfessoren gerade sie als Adressaten ausgewählt und namentlich in ihrem Brief angeschrieben haben. Von beiden wissen wir, daß sie keine Friedensbriefe für Gefallene ausgestellt haben. Saturninus, der in dieser Zeit durchaus die Autorität des Lucianus akzeptierte[16], hat sich selbst dafür nicht hergegeben[17]. Und mit Aurelius hat Lucianus ein übles Spiel getrieben; mit der fadenscheinigen Begründung, daß der junge Konfessor des Schreibens nicht mächtig sei, hat Lucianus in seinem Namen viele Bescheinigungen ausgestellt. Daß er hierbei im völligen Einverständnis des Aurelius handelte, hat Cyprian von vornherein selbst bezweifelt[18], und ein Beweis für die untadelige Haltung des jungen Konfessors auch in dieser Frage ist die Nachricht, daß der Bischof ihn bald mit großer Belobigung zum Lektor weihte[19]. Saturninus und Aurelius haben sehr wahrscheinlich später sogar Bischofsämter in Afrika bekleidet[20].

Hinzu kommt nun noch, daß beide den Römern auch persönlich bekannt waren. Jedenfalls wissen wir mit Sicherheit, daß Saturninus sich noch zwei Monate vor der Abfassung dieses an ihn gerichteten Briefes in Rom aufgehalten hat[21]. Das gleiche dürfen wir auch für den jungen Aurelius annehmen[22]. Es lag also in jeder Weise nahe, daß die Römer sich nament-

---

[15] S. o. S. 76.   [16] Vgl. ep. 21, 4 (*Hartel*, 532, 17—20).
[17] Ep. 27, 1 (*Hartel*, 541, 7 f.): „Saturninus ... nullas eiusmodi litteras emiserit."
[18] Ep. 27, 1 (*Hartel*, 541, 13—15): „Aureli quoque adulescentis tormenta perpessi nomine libelli multi dati sunt eiusdem Luciani manu scripti, quod litteras ille non nosset."
[19] Ausführlich schildert dies ep. 38 (Anfang d. J. 251).
[20] Für Aurelius vgl. ep. 57 (*Hartel*, 650, 10); ep. 67 (*Hartel*, 735, 4); dazu wahrscheinlich sent. 41 (*Hartel*, 451, 8) (ab Utica) oder sent. 81 (*Hartel*, 459, 21) (a Chullabi); für Saturninus ebenfalls die Synodalschreiben ep. 57 (*Hartel*, 650, 8. 9. 10); ep. 67 (*Hartel*, 735, 5. 7); ep. 70 (*Hartel*, 766, 8. 9. 11. 13).
[21] Ep. 21, 4 (*Hartel*, 532, 16) (April/Mai) besagt, daß man Saturninus gleich zu Beginn der Verfolgung in Karthago den Prozeß gemacht hat, bei dem ihm auch die Folter nicht erspart blieb. Dann ist er wie die vielen anderen Bekenner, in deren Kreis wir ihm ep. 21. 22. begegnen, verbannt worden und „cum comitibus suis" (ep. 23, 3, *Hartel*, 535, 15) nach Rom gegangen. Schließlich gehörte er zu den ersten, die wieder nach Karthago zurückkehrten, wovor andere zurückschreckten; vgl. ep. 19, 2 (*Hartel*, 526, 10) u. ep. 34, 4 die Rüge Cyprians, daß einige immer noch nicht heimgekehrt sind.
[22] Über seinen Weg berichtet ep. 31, 8. Zweimal hat er vor Gericht gestanden. Die erste Verhandlung in Karthago vor niederen Beamten brachte ihm

lich an diese beiden Konfessoren wandten, da sie eine Veränderung der Verhältnisse in Karthago in ihrem Sinne herbeiführen wollten, ohne sich dabei auf Cyprian zu stützen.

Schließlich ist zu fragen, was die Römer veranlaßt haben mag, mit diesem und dem gleichzeitig übersandten Schreiben an den Klerus nach mehr als vierteljährlicher Pause die Korrespondenz mit den Karthagern wieder aufzunehmen, zumal auch Cyprian unabhängig von ihnen zur gleichen Zeit nach langem abwartendem Schweigen sich wieder an die Römer wandte (ep. 20). Auch hier bestätigt der Name des Saturninus in der Adresse, was wir sonst nur vermuten könnten.

Beide Briefe, das Schreiben an den Klerus und das an die Bekenner, setzen voraus, daß die Römer von der schlimmen Entwicklung der Verhältnisse in Karthago unterrichtet waren. Besonders die Zuspitzung in der Auseinandersetzung um die Behandlung der Gefallenen, die auch Cyprian unabhängig von den Römern zu dem gleichen Zeitpunkt veranlaßte, seine ep. 20 zu schreiben[43], machte es unumgänglich, daß sie sich wieder zu Wort meldeten. Mit ep. 8 hatten sie sich verpflichtet gesehen, ihren Standpunkt auch in der Gefallenenfrage den Karthagern als Richtlinie für ihr Verhalten klar darzulegen. Wollten sie zu der hier übernommenen Verantwortung stehen, dann konnten sie nicht länger schweigen.

Den Ausschlag dürfte freilich der Briefwechsel zwischen Celerinus und Lucianus gegeben haben[44]. Ob die Römer nun im einzelnen über den genauen Inhalt informiert waren oder nicht[45], konnte ihnen doch nicht verborgen bleiben, daß Numeria und Candida, die zu ihrer eigenen Gemeinde zählten, in den Besitz von Friedensbriefen gelangt waren, die aus Karthago stammten[46].

In diesem Zusammenhang spielt nun Saturninus eine Rolle, der von Rom nach Karthago gegangen ist. Seine Person bringt den Briefwechsel

---

ein Verbannungsurteil ein, das er auch befolgte (*Hartel*, 580, 2). Dann ist er bald wieder nach Karthago zurückgekehrt. (vgl. auch ep. 27, 1), wo man ihn erneut vor Gericht stellte, diesmal vor dem Prokonsul in spektakulärer Verhandlung auf offenem Markt. Auch ihm blieb die Folter nicht erspart. Wie bei allen anderen verbannten Bekennern teilt Cyprian nicht ausdrücklich mit, wohin er sich in der Zwischenzeit begeben hat. Für Rom spricht nicht nur die mit Saturninus gemeinsame Erwähnung im Briefkopf des verlorenen Schreibens an die karthagischen Bekenner, sondern auch ep. 39, 4, wo Cyprian hervorhebt, daß Celerinus das Schicksal des Aurelius geteilt hat.

[43] S. o. S. 13. [44] Ep. 21 u. 22.

[45] Bei Abfassung von ep. 20 lag Cyprian die Korrespondenz der beiden Bekenner noch nicht vor, wie ep. 27 beweist. Freilich hatten Lucianus und seine Freunde auch genügend Gründe, sie ihm vorzuenthalten. Vgl. dazu den nächsten Brief.

[46] Die ganze Angelegenheit zielte ja gerade darauf, daß sie eine Bescheinigung vorweisen konnten und nicht darauf, daß sie diese versteckten und erst gelegentlich der endgültigen Verhandlung vor dem Klerus bzw. dem Bischof vorwiesen.

zwischen Celerinus und Lucianus in einen unmittelbaren Zusammenhang mit dem verlorenen Schreiben der römischen an die karthagischen Konfessoren. Denn Saturninus, der als Adressat in diesem Schreiben genannt ist, war auch an dem Brief des Celerinus beteiligt. Dieser führt ihn ausdrücklich als Befürworter seiner Bitte um Friedensbescheinigungen für die Schwestern an[47], der Lucianus entspricht, nicht ohne den Bekenner Saturninus grüßen zu lassen[48].

Nur wer die Voraussetzung macht, daß die Römer von dem Briefwechsel zwischen Celerinus und Lucianus und den Friedensbriefen der Candida und Numeria überhaupt keine Kenntnis hatten und völlig ahnungslos waren, kann es als Zufall ausgeben, daß Saturninus in beiden Fällen, im Briefwechsel der karthagischen Konfessoren und im Schreiben der römischen Bekenner, eine Rolle spielte.

Die gegenteilige Annahme, die durch die genannten Hinweise gestützt ist[49], daß die Römer mindestens oberflächlich von den Vorgängen in ihrer Gemeinde informiert waren, erklärt nicht nur die Entschiedenheit und Schärfe, mit der sie sich in ihren beiden (verlorenen) Schreiben gegen die in Karthago übliche Verfahrensweise wandten[50]; sie nimmt auch der Tatsache, daß plötzlich, nach mehr als vierteljährlicher Pause, zur gleichen Zeit die Römer und der Bischof von Karthago unabhängig voneinander die Korrespondenz aufnehmen, den Charakter des reinen Zufalls. Wie heikel die ganze Angelegenheit mit dem Briefwechsel der beiden Konfessoren tatsächlich war, beweist der nächste Brief Cyprians, der den Römern den Fall vorrechnet und daraus Kapital schlägt.

I) Der dritte Brief Cyprians an die Presbyter und Diakone in Rom: ep. 27

(Der Beschwerdebrief)

„Cyprianus presbyteris et diaconibus Romae
consistentibus fratribus salutem"

Mit diesem Brief und dem folgenden Schreiben an die römischen Konfessoren (ep. 28) wendet Cyprian sich wieder an die Römer, ohne den Er-

---

[47] Ep. 21, 4 (Hartel, 532, 19): „... qui et hic (Rom) nimis rogat et petit."
[48] Ep. 22, 3 (Hartel, 535, 12).
[49] Ein bisher nicht erwähntes Indiz ist schließlich die Notiz in ep. 30, 3, daß der Brief der Römer an den karthagischen Klerus auch die Wiederaufnahme der libellatici abgelehnt hat. Auch für diesen ausdrücklichen Hinweis ist das Schicksal der Candida ein Modellfall, mit dem sich ep. 21 und 22 befassen.
[50] Obendrein wird deutlich, warum den Römern der Brief an den Klerus nicht genug war, sondern noch ein besonderes Schreiben gleichen Inhalts an die Bekenner aufgesetzt wurde.

folg seines letzten Schreibens, des Rechtfertigungsbriefes ep. 20, abzuwarten. Dem Brief sind als Beilagen abschriftlich ep. 21 bis 26 beigegeben. Er wird zusammen mit ep. 28 den Römern überbracht[1]. Erwähnt werden in dem Brief außerdem: ep. 20, die beiden verlorenen Briefe der Römer an den karthagischen Klerus und die Konfessoren, die sich mit ep. 20 kreuzten. Später geht Cyprian noch einmal ep. 35, 1 auf diesen Brief ein[2].

Dem Bischof wurden also inzwischen die beiden verlorenen Schreiben der Römer an seinen Klerus und an die Konfessoren weitergeleitet. Obendrein ist er in den Besitz von Abschriften des Briefwechsels zwischen Celerinus und Lucianus (ep. 21, 22) gelangt, der ihm eine Handhabe für diesen erneuten Vorstoß liefert. Denn nun hatte er einen schlagenden Beweis für die in seinem letzten Brief (ep. 20) noch recht allgemein geschilderten Mißstände in seiner Gemeinde in Händen. Mit diesem Briefwechsel konnte der Bischof den Römern vorrechnen, daß sein Bemühen, die Autorität des Bischofs im Ringen um die Kirchenzucht durchzusetzen, auch insofern eine römische Angelegenheit war, als hier selbst Personen der römischen Gemeinde betroffen waren[3].

Cyprian hatte Schwierigkeiten, geeignete Überbringer für diese Sendung zu finden. Es erschien ihm opportun, Kleriker mit dieser Mission zu beauftragen[4].

Da sich jedoch nur noch wenige von ihnen in Karthago aufhielten, und diese für die Anforderungen des täglichen Dienstes in der Gemeinde kaum ausreichten, mußte der Bischof neue Boten bestellen. So jedenfalls begründet Cyprian in einer offiziellen Mitteilung an seinen Klerus die eigenmächtig vollzogene Ordination zweier Männer aus dem Kreis seiner engsten Mitarbeiter[5]; er hat sie offenbar mit der Erwartung sorgfältig ausgewählt, daß sie sein Anliegen bei den Römern würdig vertreten und bei möglichen Nachfragen durchaus in seinem Sinne Auskunft geben würden. Die beiden Männer, die mit der Überbringung von ep. 27 ihren ersten großen Auftrag in kirchlichem Dienst ausführten, waren der Lektor Saturus und der Subdiakon Optatus[6].

---

[1] S. o. S. 13.

[2] *Hartel*, 571, 12 f.; vgl. auch den Hinweis ep. 29 (*Hartel*, 547, 15).

[3] S. o. S. 58.

[4] *Hartel*, 547, 17: „quoniam oportuit me per clericos scribere . . .“

[5] Ep. 29. Der Bischof rechnete mit der Möglichkeit, daß die Auswahl des Saturus und Optatus und die Form ihrer Weihe auf Widerspruch im karthagischen Klerus stoßen könnte. *Hartel*, 548, 10 f.: „nihil ergo a me absentibus vobis novum factum est, sed quod iam pridem communi consilio omnium nostrum coeperat necessitate urguente promotum est.“ Deshalb weist er darauf hin, daß man sich früher schon einmal über ihre Eignung bei einer ordentlichen Vorstandssitzung unterhalten und sie schon länger für die Aufnahme in den Klerus (vgl. auch *Hartel*, 548, 5) vorgesehen hatte.

[6] Saturus war am Ostertag schon wiederholt zu Lektorendiensten herange-

Daß ein Lektor, also ein immerhin schon recht hoher Würdenträger in der klerikalen Hierarchie, zu Botendiensten herangezogen wurde, war recht selten. In der Regel war dies Aufgabe von Subdiakonen[7]. Der Auftrag an Saturus entspricht der großen Bedeutung, die Cyprian ep. 27 beigemessen hat. Und da der Brief heftige Kritik an der von Lucianus geführten Bekennerpartei in Karthago übt, erscheint auch die Wahl des Optatus wohlüberlegt, da er selbst Konfessor war[8].

Der Brief knüpft unmittelbar an ep. 20 an[9]. Noch immer bringt Cyprian seine eigene Person wie in ep. 20 nur sehr vorsichtig ins Spiel. Auch in diesem Schreiben läßt er nur Briefe, die er an seinen Klerus und andere Christen in Afrika geschrieben hat, für sich sprechen[10].

Überhaupt ist der Brief nur als eine Interpretation der abschriftlichen Beilage zu verstehen. Der Form nach gibt Cyprian die Beilagen (ep. 21 bis 26) zwar nur als Belege für den im Brief gegebenen Bericht von den Vorkommnissen in Karthago aus. Tatsächlich aber ist ep. 27 ein wohlüberlegter, in die Form eines Berichtes eingekleideter Kommentar zu den beigelegten Schriftstücken und insbesondere zu ep. 22. So berichtet ep. 27, 1 mit scharfen Worten von dem Verhalten Lucians, indem er Punkt für Punkt in Abrede stellt, was Lucianus in ep. 22 behauptet und für sich in Anspruch nimmt:

a) Lucianus hat sich selbst zum Führer der Märtyrer erhoben.

b) Er hat seine Friedensbriefe nur aus eigener Machtvollkommenheit geschrieben.

c) Er ist keineswegs in sein Amt eingesetzt worden, sondern hat nur vorgegeben, von dem Märtyrer Paulus dazu beauftragt zu sein.

d) Lucianus hat zu Unrecht im Namen aller Märtyrer gehandelt, und erst recht haben nicht alle Märtyrer ebenfalls Empfehlungsschreiben für die Gefallenen ausgestellt, wie das Beispiel des Mappalicus, Saturninus und Aurelius beweist.

In Kapitel 2 berichtet Cyprian dann, was er dagegen unternommen habe. Und erst in Kapitel 3 geht er direkt auf den Brief des Lucianus ausführlicher ein, als stehe der Bericht in Kapitel 1 nur in losem Zusammenhang mit diesem Brief (ep. 22). Tatsächlich aber entspricht der Bericht in Kap. 1 bis in die Reihenfolge der widerlegten Behauptungen hinein der Darstellung Lucians in ep. 22[11]. Lucian beginnt seinen Ermächtigungs-

---

zogen worden. Optatus war gelegentlich einer Prüfung der Lektoren, durch die als Lektor tätigen Presbyter, als Hilfslehrer im Katechumenenunterricht eingesetzt worden. Hier sollte er seine Eignung als Anwärter für den kirchlichen Dienst nachweisen (vgl. *Hartel*, 548, 5 ff.).

[7] Vgl. ep. 20, 3 (*Hartel*, 528, 25).

[8] Vielleicht spielte auch eine Rolle, daß mit ep. 28 der Sendung ein gesondertes Schreiben Cyprians an die römischen Bekenner beigegeben war.

[9] Ep. 27, 1 (*Hartel*, 540, 11).   [10] Ep. 25 an Caldonius und ep. 26.

[11] Eine direkte Parallele im Aufbau des Briefes ist ep. 20, s. o. S. 126 f.

nachweis mit den Worten ep. 22, 2: „Scire debuisti quid circa nos actum sit.“[12] Der Bericht Cyprians wird eingeleitet ep. 27, 1: „Aliud accessit quod nec ipsum latere vos debuit.“[13] Darauf folgt dann die Gegendarstellung Cyprians, in der er nur sagt, wozu Lucian nicht berechtigt war. Selbst die Form der Darstellung hat Cyprian von Lucian übernommen. Dabei vermeidet er in ep. 27 geschickt den Eindruck der bloßen Widerrede und der Kritik an ep. 22. Die Trennung dieser Einleitung in Kap. 1 von den eigentlichen Ausführungen zu Lucians Brief (ep. 22) macht die Römer zu scheinbar unvoreingenommenen Lesern dieses Briefes, auf den sie erst Kap. 3 hingewiesen werden. Cyprian kann sich hier in Kap. 3 auf wenige Bemerkungen zu dem Brief beschränken, wobei auffällt, daß er Celerinus sehr in Schutz nimmt.

Über das Ansinnen des Celerinus hinaus hatte Lucianus ep. 22, 2 geantwortet: „peto ut sicut hic, ... secundum praeceptum Pauli et nostrum tractatum exposita causa apud episcoporum et facta exomologesi habeant pacem, non tantum hae, sed et quas scis ad animum nostrum pertinere“[14]. Diese Ausweitung hebt Cyprian ep. 27, 3 noch besonders hervor und gibt ihr insofern stärker den Charakter einer Einmischung in römische Verhältnisse, als aus der als Bitte (peto) geäußerten Regelung, nun ein Gebot wird: „mandat pacem dari et praecepta dimitti in Pauli nomine et hoc sibi ab illo dicit esse mandatum, sicut in litteris eiusdem Luciani ad Celerinum factis animadvertetis“[15].

Das taktisch kluge Vorgehen Cyprians wird mit ep. 27 erneut deutlich[16]. Ohne den Erfolg seines Rechtfertigungsschreibens (ep. 20) abzuwarten, kommt der Bischof den Römern wieder mit einem Schreiben zuvor. Auch in ep. 27 setzt sich Cyprian einfach darüber hinweg, daß die Römer ihn immer noch ignorieren. Er äußert sich dazu nicht, sondern unterstellt einfach, daß sie mit ihren Briefen nach Karthago das Ziel verfolgen, den Bischof zu unterstützen. In diesem Sinne dankt und würdigt Cyprian in seiner Antwort nicht nur den (verlorenen) Brief der Römer an den Klerus, sondern auch den gleichzeitig übersandten Brief an die Konfessoren von Karthago. Er bestätigt diese Schreiben, die gar nicht an ihn gerichtet waren, als ordnungsgemäß bei ihm eingegangen[17].

---

[12] *Hartel*, 534, 3 f.   [13] *Hartel*, 540, 13.
[14] *Hartel*, 535, 5 f.   [15] Ep. 27, 3 (*Hartel*, 545, 14).
[16] Nicht zufällig spiegelt sogar der stilistische Aufbau des Briefes letztlich das taktische Konzept wieder, das Cyprian während der ganzen Monate gegenüber den Römern mit ep. 9, 20, 27, 35 verfolgte.
[17] Ep. 27, 4 (*Hartel*, 544, 9): „Opportune vero supervenerunt litterae vestrae quas accepi ad clerum factas...“

K) Der erste Brief Cyprians an die römischen Konfessoren: ep. 28

(Das schmeichelhafte Werbungsschreiben)

„Cyprianus Moysi et Maximo presbyteris et ceteris confessoribus
dilectissimis fratribus salutem"[1]

Wie die Römer in der (verlorenen) Sendung nach Karthago begnügte
sich Cyprian nicht mit einem Schreiben an den römischen Klerus (ep. 27).
Gleichzeitig warb er mit diesem Brief (ep. 28) bei den römischen Bekennern um Anerkennung[2].

Die panegyrische Sprache des Schreibens erinnert besonders im ersten
Kapitel an die Briefe 6 und 10. Auch inhaltlich berühren sich die Briefe.
Ep. 6 und 10 sind an die Konfessoren in Karthago gerichtet: Der geflohene
Cyprian grüßt seine Brüder im Gefängnis von Karthago und feiert ihr
Bekenntnis mit pathetischen Worten und häufig ins Poetische gesteigertem
Ausdruck.

Die Übereinstimmungen von ep. 6, 10, 28 legen es nahe, das Pathos und
die gehobene Sprache als eine allgemeine Gepflogenheit im schriftlichen
Umgang mit den Konfessoren zu erklären[3]. Darin stimmen die Briefe auch
mit ep. 31 und 37 überein. Doch diese Erklärung reicht nicht aus. Beispielsweise schreibt Cyprian in der nicht lange nach ep. 6 und 10 verfaßten ep. 15 an die Bekenner in Karthago ohne alle Umschweife in knapper
und sachlicher Form. Daraus geht hervor, daß auch bei den Briefen an die
Bekenner die Stilform in erster Linie im Dienst des Inhalts und des
Zweckes steht, den die Briefe jeweils erreichen sollen, und nicht einfach
als durch den Adressaten vorgegeben zu deuten ist. Besonders ep. 28 beweist, daß Cyprian diese rhetorische Grundregel meisterhaft beherrschte.

Die Übertreibungen und das Pathos in der Einleitung des 28. Briefes
lassen sich nur im Zusammenhang der schwierigen Situation Cyprians erklären, in der der geflohene Bischof um Verständnis und Anerkennung bei
den Römern werben mußte. Dies trifft auch für die Briefe 6 und 10 zu.
Ep. 28 stellt eine einzige Schmeichelei und Lobhudelei dar, mit der Cyprian sich offensichtlich bei den Konfessoren Roms anbiedern will. Davor,
die Grenzen des Geschmacks nicht zu überschreiten, bewahrt ihn nur seine
gepflegte Ausdrucksweise und die Sicherheit der Wortwahl.

---

[1] Daß hier gegenüber ep. 27, 4 (*Hartel*, 544, 11) Nicostratus fehlt, hat keinen
erkennbaren Grund.

[2] Dabei bezieht er sich ep. 28, 2 ausdrücklich auf den Brief der Bekenner an
ihre Schicksalsgenossen in Karthago und spielt in der Einleitung (ep. 28, 1)
auf seine Würdigung des Martyriums Fabians (ep. 9, 1) an. Die Bekenner
danken Cyprian für diesen Brief in ep. 31, 1 und ebenso Novatian ep. 30, 5.

[3] Vgl. *v. Harnack*, Weizsäcker-Festschrift 20 Anm. 2.

Auf das einfache und von Eitelkeit nicht freie Gemüt dieser nicht gerade gebildeten Männer geht Cyprian sehr geschickt ein, indem er sich
ihren pathetischen Gedanken anpaßt[4]. Mit großer Sicherheit wählt er in
der Einleitung des Briefes nur, was die Konfessoren gern hören[5]; damit
sind die Voraussetzungen gegeben, daß die Leser auch die zwar schmeichelhaften, aber doch folgenreichen Gedanken des 2. Kapitels so aufnehmen, als habe hier nur jemand ihre eigene Meinung richtig wiedergegeben. Was der Bischof eigentlich von den Konfessoren erwartet, werden sie
tun, als sei es ihre ureigene Überzeugung, die sie in Wahrnehmung ihrer
Vorrechte ausüben.

Ohne zunächst den Grund für sein Schreiben zu erwähnen, beginnt
Cyprian ep. 28 mit einer Ansprache an die römischen Konfessoren, in der
er überschwenglich ihre Heldentaten rühmt[6]. Diese gipfelt in den Worten:
contigit hic per tormenta consummari martyria: sed qui in congressione
praecedens exemplum virtutis fratribus factus est, cum martyribus in
honore communis est. coronas vestra manu sertas inde huc tradistis et de
poculo salutari fratribus propinastis[7]. Der Hinweis auf die Verhältnisse in
Karthago ist in diesem Zusammenhang überraschend. Dem Gedankengang Cyprians folgend, hätte man eher erwartet, daß der Bischof die römischen Bekenner an die Seite der großen Märtyrer ihrer eigenen Gemeinde stellt und sie als würdige Nachfolger rühmt, die die rechtmäßigen
Erben ihrer Ehre seien[8].

Doch der Bischof wandelt den Gedanken so ab, daß er letztlich auf einen
Vergleich zwischen Rom und Karthago hinausläuft: „Hier (in Karthago)
ist es vorgekommen, daß Bekenner durch Foltern zum vollen Martyrium
gelangt sind: wer aber (wie ihr, die römischen Bekenner) im Gefecht vorangegangen und den Brüdern ein Vorbild der Stärke geworden ist, der
darf sich mit den Märtyrern in die Ehre teilen. Die von Eurer Hand ge-
flochtenen Kränze habt ihr von dort hierher weitergegeben und aus dem
Becher des Heiles den Brüdern zugetrunken."

---

[4] Vgl. ep. 31; dazu *Schanz-Hosius*, a.a.O S. 359.

[5] An Stelle des verlorenen Schreibens der römischen Bekenner ist beispielsweise ep. 28, 1 mit ep. 8 vergleichbar. Alle Tugenden, die Cyprian den Konfessoren nachsagt, sind im Selbstzeugnis der Römer (ep. 8) zu belegen (vgl.
auch ep. 31).

[6] Ep. 28, 1 (*Hartel*, 545, 7 ff.): *vos* enim primores et duces ad nostri temporis
proelium facti caelestis militae signa movistis. *vos* spiritale certamen ... vestris
virtutibus inbuistis. *vos* surgentis belli impetus primos inmobili robore atque
inconcussa stabilitate fregistis. *inde* initia felicia pugnandi orta sunt. *inde*
vincendi auspicia coeperunt.

[7] *Hartel*, 545, 13—16.

[8] In diesem Sinne nimmt Cyprian den Gedanken beispielsweise am Ende
des Briefes noch einmal auf: ep. 28, 2 (*Hartel*, 546, 22).

Cyprian wertet hier und bereitet vor, was er im 2. Kapitel ausführen will[9].

Rom ist durch seine Bekenner ausgezeichnet, denen die höchsten Ehren zu geben sind. In Karthago findet man ihresgleichen nur in den Märtyrern, nicht aber in den dortigen Bekennern. Von ihnen ist gar nicht die Rede.

Der Bischof befördert die römischen Konfessoren also in der kirchlichen Hierarchie, indem er ihnen Märtyrerehren zuerkennt. Doch zugleich disqualifiziert er indirekt dadurch, daß er sie an die Seite der Märtyrer Karthagos stellt, die Konfessoren seiner eigenen Kirche, also die Adressaten des Briefes, den die römischen Bekenner an ihre im „Bekenntnis des Herrn verbundenen Kollegen[10]" gerichtet hatten. Und auf diesen Brief geht der Bischof dann auch gleich im nächsten Satz, mit dem das 2. Kapitel des Briefes beginnt, ein. Er rühmt die strenge Haltung, mit der die Römer darin ihren karthagischen Kollegen entgegengetreten sind, und erläutert nun genauer, worin ihr eigentlicher Ruhm begründet ist: „Seht, dies bedeutet noch eine weitere erhabene Stufe Eures Ruhmes; seht, dies verleiht wiederum neben dem Bekenntnis ein zweites Anrecht und Verdienst bei Gott: Festen Fußes dazustehen auch in dieser Schlacht, die das Evangelium zu durchbrechen sucht, mit der Kraft des Glaubens diejenigen zu verdrängen, die ihre ruchlosen Hände anlegen wollen, um die Gebote des Herrn zu untergraben..."[11] Anhand von Bibelzitaten weist er die Konfessoren dann darauf hin, daß sie mit den Geboten, die sie einschärfen, ein Bekenntnis zu den Befehlen des Auferstandenen ablegen. Und er definiert „hoc est esse confessorem Domini, hoc est esse martyrem Christi, servare vocis suae inviolatam circa omnia et solidam firmitatem, nec per Dominum martyrem fieri et praecepta Domini destruere conari"[12].

Die Konsequenz der hier geäußerten Gedanken ist: Wer für die strenge Zucht des Herrn und seine Gebote eintritt und im Kampf um das Evangelium mit der Kraft des Glaubens ein Bekenntnis gegenüber denen ablegt, „die ihre ruchlosen Hände an die Gebote des Herrn legen wollen", dem gebühren die Ehren der Märtyrer: „... et quantum gratulor martyribus istic honoratis ob virium gloriam, tantum gratulor pariter et vobis ob dominicae etiam disciplinae coronam"[13].

---

[9] Nahegelegen hätte auch die Gegenüberstellung in dem Sinn, daß Rom die Verfolgung zuerst besonders hart getroffen habe und daher seine Bekenner ausgezeichnet und zum Vorbild für alle geworden seien. Doch diese Deutung ist hier durch den Kontext ausgeschlossen.
[10] Ep. 28, 2 (Hartel, 545, 19 f.): ..., quam modo ad collegas vestros in confessione vobiscum Domini copulatos sollicita admonitione misistis...
[11] Ep. 28, 2 (Hartel, 545, 22 f.).   [12] Hartel, 546, 15 f.
[13] Hartel, 546, 22 f.

82

Damit wird der Gedanke am Ende von Kapitel 1 wieder aufgenommen, daß die römischen Bekenner sich mit den Märtyrern in die Ehre teilen dürften. Hier am Ende des Briefes wird gesagt, warum dies so ist: Den Märtyrern seid Ihr gleich, weil Ihr für die disciplina dominica eingetreten seid. Cyprian rühmt also in ep. 28 die römischen Konfessoren mit Argumenten, die auf sein eigenes Verhalten angewandt ihn selbst zum Konfessor machen. Er befördert die römischen Konfessoren in der kirchlichen Hierarchie und gibt ihnen Ehrenrechte, die sie in dieser Weise gar nicht für sich gefordert haben. Lassen die Römer sich aber diesen Ruhm gefallen, dann können sie nicht umhin, Cyprian zuzugestehen, daß ihm ebenfalls die Krone gebührt. Dies tun die römischen Konfessoren dann auch ganz bereitwillig ep. 31[14]. Wie sehr Cyprian ep. 28 daraufhin angelegt hat, beweist auch der Schluß des Briefes, der den Römern das Alibi für die Anerkennung Cyprians liefert: „dignationem suam Dominus multiplici genere largitatis infudit, bonorum militum laudes et glorias spiritales copiosa varietate distribuit, honores vestri participes et vos sumus, . . ."[15]

L) Der vierte Brief Cyprians an den Klerus von Rom: ep. 35

(Das Erinnerungsschreiben)

„Cyprianus presbyteris et diaconibus Romae consistentibus
fratribus salutem"[1].

Die Römer haben den Bischof bisher immer noch keines Schreibens gewürdigt[2]. Dennoch bringt sich Cyprian mit diesem Brief, es ist inzwischen sein fünftes Schreiben nach Rom[3], noch einmal in Erinnerung. Mit der Zustellung beauftragt er wieder seinen Subdiakon Fortunatus[4].
Der Brief selbst hat die Form eines kurzen Anschreibens zu einer Reihe von wichtigen Briefen, deren Abschriften Cyprian den Römern überreicht. Sie sollen darüber informieren, was sich seit dem letzten Brief des Bischofs (ep. 27) in der Gefallenenfrage in Karthago ereignet hat. Die Sendung umfaßt neben dem Anschreiben: einen (verlorenen) Brief der Gefallenen an Cyprian[5], die Antwort des Bischofs darauf (ep. 33)[6], ein Schreiben Cyprians an den karthagischen Klerus (ep. 29)[7].

---

[14] S. u. S. 140.   [15] Ep. 28, 2 (*Hartel*, 547, 2 f.).
[1] *Hartel*, 571, 7 f.
[2] Ep. 30 u. 31 liegen Cyprian noch nicht vor, s. o. S. 14[64].
[3] Vgl. ep. 9, 20, 27, 18.
[4] Vgl. die Notiz ep. 36, 1 (*Hartel*, 572, 11).
[5] Vgl. *Hartel*, 571, 14 f.   [6] Vgl. *Hartel*, 572, 1 f.
[7] Vgl. *Hartel*, 572, 2; die zuletzt noch von *G. Rauschen*, Cyprian II aaO

a) Die Beilage ep. 33 und der Brief der Gefallenen

Von diesen Briefen kommt ep. 33 besondere Bedeutung zu. Zum erstenmal äußert Cyprian sich hier grundsätzlich zu der Frage nach dem Bischofsamt und begründet seine Ansprüche mit dem Herrenwort Mt 16, 18 f.[8]. Nach dem einleitenden Zitat der Bibelstelle folgert er ep. 33, 1: „inde per temporum et successionum vices episcoporum ordinatio et ecclesiae ratio decurrit ut ecclesia super episcopos constituatur et omnis actus ecclesiae per eosdem praepositos gubernetur. cum hoc ita divina lege fundatum sit, miror quosdam audaci temeritate sic mihi scribere voluisse ut ecclesiae nomine litteras facerent, quando ecclesia in episcopo et clero et in omnibus stantibus sit constituta . . ."[9] Mt 16, 18 f. ist der Quellort des Bischofsamtes und somit der Verfassung und heiligen Ordnung der Kirche[10]. Damals wurde Petrus vom Herrn zum ersten Bischof gemacht, und von da an (von ihm an) laufen durch den Wechsel der Zeiten und die beständige Nachfolge im Amt (durch die Bischofsreihen) die Bischofsweihe (das Bischofsamt) und die Verfassung der Kirche, in der Weise, daß die Kirche auf den Bischöfen gegründet ist und jede kirchliche Handlung durch sie als Vorsteher geleitet wird. Mt 16, 18 f. ist lex divina und offenbart das Unrecht der Gefallenen, die für sich in Anspruch nehmen, im Namen der Kirche an den Bischof zu schreiben.

Die Stelle beweist wieder, wie selbstverständlich und selbständig der Bischof die Gedanken des Ignatius von Antiochien aufgenommen und weitergedacht hat[11].

Die Erkenntnis, das Bischofsrecht aus Mt 16, 18 f. abzuleiten, verdankt Cyprian seinem Tertullianstudium. Ep. 33 ist durch die berühmte Äußerung in de pud. 21, 9 f. angeregt. Dort bekämpft der Montanist Tertullian einen Bischof, der die Vergebbarkeit von Todsünden der Kompetenz des bischöflichen Amtes unterwarf und diese Bußvollmacht mit Mt 16, 18 f. begründete[12]. Eben dieses Recht nahm auch Cyprian für sich in Anspruch und verteidigte es in ep. 33, 1 mit einer strengen Absage an die Gefalle-

---

S. 113 vertretene Auffassung, daß es sich hierbei um ep. 34 handele, ist falsch, s. dazu S. 3 f., 14.

[8] *Hartel*, 566, 4—9: ego tibi dico quia tu es Petrus, et super istam petram aedificabo ecclesiam meam, et portae inferorum non vincent eam, et tibi dabo claves regni caelorum, et quae ligaveris super terram erunt ligata et in caelis, et quaecumque solveris super terram erunt soluta et in caelis.

[9] *Hartel*, 566, 9 ff.   [10] Vgl. *Koch*, Cathedra 52.

[11] Vgl. o. S. 67. Hierzu etwa Ignatius ad Smyrn 8, 1; vgl. auch Tertullian de bapt. 17 (I 635 Oehler). Er verlangt, daß Priester und Diakone „non sine auctoritate" taufen sollen „propter ecclesiae honorem".

[12] Ausführlich mit reichen Literaturhinweisen dazu zuletzt K. *Beyschlag*, Kallist und Hippolyt. ThZ 20 (1964) 103—124. Vgl. auch *H. Gülzow*, Kirche und Sklaverei (1969) 148.

nen. Mit dem Hinweis „non ecclesia numerus episcoporum"[13] lehnte Tertullian die Anwendung von Mt 16, 18 f. auf den Episkopat ab. Um die Möglichkeit „ut ecclesia esse dicatur lapsorum numerus"[14] abzuwehren, nahm Cyprian das Schlüsselwort für sich in Anspruch.

Neu ist die Eindeutigkeit und Schärfe, mit der er die Linie von Mt 16, 18 f. zum Bischofamt und Bischofsrecht der Gegenwart gezogen hat[15]: Petrus ist das initium episcopatus et ecclesiae, mit ihm beginnt die Bischofskette und das Bischofsrecht.

Die folgerichtige Weiterführung dieser Gedanken war die Erkenntnis Cyprians, daß sein Kampf um die Rechte des Bischofs letztlich ein Kampf um die Einheit der Kirche war[16].

In ep. 33, 1 ging es noch in erster Linie um die Schlüsselgewalt gegenüber den Abgefallenen, die er wie der von Tertullian angegriffene Bischof für sich beanspruchte und mit Mt 16, 18 f. verteidigte. Dadurch trat hier der institutionelle Charakter des Bischofsamtes und mit der gleichen Einseitigkeit auch der kirchenrechtliche Aspekt von Mt 16, 18 f. in den Vordergrund. Um die Einwände Tertullians kümmert sich der Bischof in diesem Zusammenhang nicht. Auch hier legt er eine Bibelstelle gegen den Sinn seines „Lehrers" aus[17]. Was der Montanist de pud. 21 abwehrt und geistmäßig beseitigt hatte, gilt dem Kirchenmann Cyprian als Grundpfeiler der Kirche: das Bischofsamt, der „numerus episcoporum"[18].

Überraschend ist nun die Fortführung des Gedankenganges. Der Bischof nutzt seine gewichtigen Ausführungen über das Bischofsamt in ep. 33 nur, um daraus die grundsätzliche Feststellung abzuleiten, wer eigentlich im Namen der Kirche Briefe zu schreiben und zu empfangen hat: Statt im Namen der Kirche Briefe abzufassen, sollten sie (die Gefallenen) vielmehr wissen, daß sie (indem sie an den Bischof schreiben) an die Kirche schreiben[19].

An sich wäre der einleitende Gedankengang besser als alle bisherigen Äußerungen Cyprians geeignet, die angegriffene Autorität des Bischofs zu verteidigen. Zumal in der Gefallenenfrage konnten hier die Rechte des Bischofs gegenüber den Ansprüchen der selbstherrlichen Bekenner und den anmaßenden Forderungen der Gefallenen begründet und konnte alle bisher geäußerte Kritik abgewehrt werden. Doch Cyprian bricht den Gedanken, mit dem er mit all seinen Gegnern abrechnen könnte, an dieser Stelle

---

[13] Tertullian de pud. 21, 17 (II 1328, 78 Dekkers).
[14] Cyprian ep. 33, 1 (*Hartel*, 566, 17).   [15] *Koch*, Cathedra 53.
[16] Ep. 33 ist vor ep. 43 und vor de unitate geschrieben. Einen ausführlichen Vergleich mit de un. 4 bietet *Koch*, Cathedra 53 f.
[17] S. o. S. 64 (ep. 20).
[18] Vgl. *Koch*, Cathedra 53; *Caspar*, Primatus Petri. Eine philologisch-historische Untersuchung über die Ursprünge der Primatslehre (1927) 30.
[19] Ep. 33, 1 (*Hartel*, 567, 7 f.).

ab. Er fährt auch hier nicht fort, wie er begonnen hat und wie es der Leser naheliegenderweise von ihm erwartet[20], sondern beschränkt sich auf Formfragen der Adressen- und Absendergestaltung in der kirchlichen Korrespondenz[21]. Anlaß dazu hat er, weil die Gefallenen ihren Brief nicht namentlich unterzeichnet haben und womöglich sogar „im Namen der Kirche" an den Bischof geschrieben haben[22]. Insofern stimmt der Brief der Gefallenen formal weitgehend mit der römischen ep. 8 und ebenso Cyprians Antworten ep. 9 und ep. 33 überein. Doch überraschend bleibt, daß der Bischof ausgerechnet vor den Gefallenen, die wir des schlimmsten Dilettantismus in theologischen Fragen verdächtigen müssen, seine gewichtigsten theologischen Argumente ins Feld führt, um die Form ihres Briefes zu rügen und das Schreiben wie seinerzeit ep. 8 an den Absender zurückzuschicken, während er es in gleicher Angelegenheit gegenüber den Römern mit der bloßen Feststellung der Beanstandungen bewenden ließ[23].

Die näheren Nachrichten, die wir über den Brief der Gefallenen haben, lassen obendrein den Verdacht aufkommen, daß Cyprian die Formfehler dieses Schreibens einigermaßen hochgespielt hat, um die gegebene Parallele zu ep. 8 und 9 noch besonders deutlich zu betonen. So ist nicht einmal sicher, daß die Gefallenen tatsächlich den Anspruch eindeutig formuliert haben, im Namen der Kirche an den Bischof (dieser Kirche) zu schreiben; es gibt vielmehr Anhaltspunkte dafür, daß Cyprian in seiner Antwort ep. 33 ihr Bemühen, ihre Zugehörigkeit zur kirchlichen Gemeinschaft zu dokumentieren, vielleicht von einer ungeschickten Formulierung ausgehend, in diesem Sinn zugespitzt hat. Dies wird nahegelegt durch die unterschiedlichen Angaben zum Inhalt des (verlorenen) Briefes der Gefallenen in Cyprians ep. 33 und 35 und in Novatians ep. 36. Objektivität erwartet man am ehesten von *ep. 35*. Hier faßt Cyprian in seinem Anschreiben den wesentlichen Inhalt des Briefes zusammen, damit die Römer wissen, um welche Anlage es sich handelt und worum es darin geht[24]: Die Gefallenen waren davon ausgegangen, daß der Märtyrer Paulus allen den Frieden gegeben habe. Dies machten sie nun als einen Anspruch auf Kirchengemeinschaft geltend, ohne noch besonders beim Bischof um Gewährung des Friedens nachzusuchen. Die Gefallenen äußerten damit, was ihnen von der Bekennerpartei in Karthago längst in den Mund gelegt war[25].

[20] Ganz ähnlich ist beispielsweise die Gedankenführung ep. 28, 1.
[21] Ep. 33, 1 u. 2.
[22] Ep. 33, 2 (*Hartel*, 567, 22 ff.): quas cum litteras acceperim et nunc aliud scripsisse vos legerim, peto discernatis desideria vestra et quicumque estis qui has litteras nunc misistis nomina vestra libello subiciatis et libellum cum singulorum nominibus ad me transmittatis. ante est enim scire quibus rescribere habeam.
[23] S. o. S. 51 f.   [24] *Hartel*, 571, 14—17.
[25] Vgl. beispielsweise Lucianus ep. 23 (*Hartel*, 536) und Cyprians ep. 27, 2 (*Hartel*, 542, 4 f.).

Ep. 33 geht Cyprian mit keinem Wort darauf ein. Er greift lediglich auf, daß die Gefallenen ihm dies „im Namen der Kirche" vortragen, und setzt dem seine Bischofstheorie entgegen[26]. Dabei sagt er zunächst nur recht verschwommen: „miror quosdam audaci temeritate sic mihi scribere voluisse ut ecclesiae nomine litteras facerent." Dann steigert er diesen Gedanken und wird erst bei der Schlußfolgerung eindeutig „debent nec ecclesiae nomine litteras facere, cum se magis sciant ecclesiae scribere"[27]. Diese Klimax wird dadurch auffällig, daß wie in ep. 35 auch in Novatians *ep. 36* ein eindeutiger Hinweis darauf fehlt, daß die Gefallenen sich expressis verbis „in nomine ecclesiae" an den Bischof gewandt hätten, obwohl der römische Presbyter sich im 1. und 2. Kapitel ausführlich mit dem Brief der Gefallenen beschäftigt und die Unverschämtheit der darin erhobenen Forderungen ganz im Sinne Cyprians verurteilt. Auf die von Cyprian angegriffene Formulierung könnten sich höchstens die Worte beziehen[28]: Wir haben uns ja sehr darüber gewundert, daß sie sich so weit hinreißen ließen, mit solchem Ungestüm und in einer so ungeeigneten Zeit trotz ihres großen und ungeheuerlichen Vergehens und Verbrechens für sich den Frieden nicht etwa zu erbitten, sondern einfach zu beanspruchen, „immo iam et in caelis habere se dicerent". In diesen Tenor des Schreibens der Gefallenen paßt zwar eine Formulierung wie „in nomine ecclesiae" als Kundgebung der Zugehörigkeit zur Kirche und ihrem Sakrament, jedoch nicht der ihr von Cyprian unterstellte und angegriffene Sinn. Diese Beobachtungen legen es nahe, daß Cyprian in seiner Antwort auf das Schreiben der Gefallenen absichtlich einseitig vorgegangen ist. Er strebte eine grundsätzliche Erörterung der Formfragen in der kirchlichen Korrespondenz an, soweit sie die Rechte des Bischofs betrafen. Daß diese Frage für ihn von allergrößter Bedeutung war, beweist die gewichtige Einleitung über das Bischofsamt, mit der er seine Zurückweisung des Gefallenenbriefes wegen seiner Formfehler begründet.

Nun weisen andere Anhaltspunkte deutlich darüber hinaus, daß Cyprian diesen Brief nur als Antwort im Blick auf die Gefallenen seiner Gemeinde formuliert hat. Das Problem der Korrespondenz, das ep. 33, 1 grundsätzlich erörtert wird, hatte im Zusammenhang des Briefwechsels mit den Römern eine weit größere Tragweite. Zur Zeit der Abfassung von ep. 33 wartete Cyprian immer noch auf ein an ihn als den karthagischen Bischof gerichtetes Schreiben der Römer. Seit Anfang des Jahres hatte er bereits vier Briefe nach Rom geschickt, ohne jemals von den Römern selbst eines Briefes gewürdigt worden zu sein. Mit ep. 27 und 28 hatte er den entscheidenden Vorstoß unternommen. Doch die Römer ließen sich mit ihren Antworten Zeit. Cyprian lag dagegen alles an einer umgehenden

---

[26] *Hartel*, 566, 14. [27] *Hartel*, 567, 8.
[28] Ep. 36, 1 (*Hartel*, 573, 3 f.).

Wendung. Er konnte es sich nicht leisten, seine immer unverschämter auf-
tretenden Gegner gewähren zu lassen[29]. Deswegen brachte der Bischof sich
mit diesem weiteren Brief (ep. 35) bei den Römern noch einmal in Erinnerung, ohne zu wissen, daß das Anerkennungsschreiben der Römer (ep.
30) bereits unterwegs war. Wie sehr es ihm auf die Unterstützung durch
die Römer ankam, beweist die Hartnäckigkeit Cyprians. Zum Anlaß dieser
erneuten Sendung mit ep. 35 nach Rom nahm er den Brief der Gefallenen. In diesem Zusammenhang ist die formale Ähnlichkeit dieses Vor-
gangs mit dem herausfordernden ersten Schreiben der Römer (ep. 8) und
der Entgegnung des Bischofs (ep. 9) vom Anfang des Jahres wichtig. Der
Bischof hatte den Brief der Römer unter dem Vorwand zurückgeschickt,
daß Absender- und Adressenangaben fehlten. Mit ep. 33 schickt er wieder
einen Brief zurück, weil der Absender nicht namentlich angegeben ist.
Doch gleichzeitig schickt er den gleichen Brief und seine Antwort abschriftlich an die Römer. Und hier in seiner Antwort gibt er nun mit einer
Belehrung über das Bischofsamt eine Begründung dieser Maßnahme, die
in ep. 9 fehlt und die auch zu allen weiteren Schreiben, in denen er um
Unterstützung der Römer warb, eine gewichtige Ergänzung darstellt. Die
Römer hatten als „ecclesia tota quae excubat pro omnes qui invocant nomen
domini" die Karthager mit ep. 8 gegrüßt und mit diesem Gruß ihre Kritik
an Cyprian autorisiert[30]. Seitdem rang Cyprian ständig um seine bischöflichen Rechte und die Anerkennung, deren äußeres Zeichen war, daß nur
er als der ordnungsgemäße Bischof Karthagos „im Namen der Kirche"
sprechen konnte und alle Briefe an die Kirche Karthagos über ihn zu laufen hatten.

Hieraus erklärt sich die heftige Reaktion des Bischofs auf den Brief der
Gefallenen. Zugleich beweist die Sorgfalt, die Cyprian auf den in ep. 33, 1
vorgetragenen Gedankengang verwendet hat, wie unerträglich und ver-
letzend es für ihn gewesen sein muß, daß die Römer ihn bisher übergangen hatten. Zweifellos war die neue Erkenntnis Cyprians, das Bischofsamt
aus Mt 16, 18 f. herzuleiten, geeignet, den Gefallenen vor Augen zu halten, wer der Herr im Hause der Kirche war. Doch Cyprian half ihnen wenig in der Einsicht, daß der Frieden, den sie um des Märtyrers Paulus
willen für sich beanspruchten, eine nur durch den Bischof einlösbare Forderung war. Er machte gar nicht den Versuch, sie darin zurechtzuweisen,
sondern begnügte sich ihnen gegenüber im weiteren mit Spott und ganz
allgemeinen Ermahnungen.

Auch dies deutet darauf hin, daß Cyprian den Brief nicht nur im Blick
auf die Gefallenen formuliert hat, sondern von vornherein auch zugleich
an die Römer gedacht hat. Seinen Standpunkt, daß rechtens der Bischof
nicht übergangen werden dürfe und alles, was im Namen der Kirche ge-

---

[29] Ep. 35 Ende (*Hartel*, 572, 4 f.).   [30] S. o. S. 44.

88

schehe, in seinem Namen zu erfolgen habe, hatte er wiederholt ihnen gegenüber durchblicken lassen. Nun war er in der Lage, dies ganz grundsätzlich zu begründen. Nach ep. 27 und 28 konnte er sich nicht noch einmal in eigener Sache direkt an die Römer wenden. Auf indirektem Weg über den Brief der Gefallenen lieferte der Bischof daher gewichtige Argumente für die Entscheidung der Römer nach, die er mit ep. 9 und 20, vor allem aber ep. 27 und 28 vorbereitet hatte. Wie Novatian den Brief seines Klerus an den Bischof im Blick darauf formulierte, daß er der Gemeinde zugänglich gemacht würde, nahm der Karthager mit seinem Schreiben an die Gefallenen in Karthago (ep. 33) eine gute Gelegenheit wahr, die Römer an ihr Verhalten und die Notwendigkeit einer Entscheidung zu erinnern. Die grundsätzlichen Ausführungen des Briefes, die an das bischöfliche Pathos von ep. 8. erinnern, mußten hier auf besonders fruchtbaren Boden fallen.

Freilich hätte es dessen gar nicht mehr bedurft, denn der Brief Novatians, der für Cyprian die Anerkennung brachte und ihm gerade auch die bisher von den Römern mißachteten bischöflichen Rechte auf die Korrespondenz bestätigte, war bereits unterwegs. Damit steht ep. 35 mit der Beilage ep. 33 am Ende des Ringens Cyprians um die Gunst und Hilfe der Römer. Für die Zukunft bedeutsam war jedoch die neue Erkenntnis des Bischofs, das Amt mit Mt 16, 18 f. zu begründen.

M) Der erste Brief des römischen Klerus an Bischof Cyprian: ep. 30

(Das Anerkennungsschreiben)

„Cypriano papae presbyteri et diaconi Romae consistentes salutem"[1].

Diese Sendung der Römer mit ep. 30 und 31, die sich mit Cyprians Sendung (ep. 35 etc.) kreuzte, brachte die große Wende und die Entscheidung des römischen Klerus für den karthagischen Bischof. Die Römer antworten hier direkt auf Cyprians ep. 27 und 28. Beide Briefe sind nun ausdrücklich an Cyprian als den amtierenden Bischof von Karthago gerichtet und treffen zusammen am Zufluchtsort ein[2].

Die umfangreiche ep. 30 gehört zu den in den Handschriften am frühesten und am zuverlässigsten bezeugten Briefen[3]; die Überlieferung läßt noch gut erkennen, daß man die Bedeutung des Schreibens schon sehr früh hoch einschätzte[4].

---

[1] *Hartel*, 549, 2 f.
[2] Ein Hinweis auf den Überbringer dieser wichtigen Sendung fehlt.
[3] Vgl. dazu auch das Urteil v. *Harnack's*, Weizsäcker-Festschrift 14 u. ebenso v. *Soden*, Briefsammlung 49.
[4] Einen zuverlässigen Überblick bieten das Handschriftenverzeichnis und die

Ein besonderes Kennzeichen des Briefes im Zusammenhang der Korrespondenz zwischen den Gemeinden ist, daß hier nahezu alle vorangegangenen Schreiben berücksichtigt werden:

1. ep. 8 (der römische Klerus an den von Karthago)[5]
2. ep. 27 (Cyprianus presbyteris et diaconibus Romae cons.)[6]
3. ep. 28 (Cyprianus Moysi et ... ceteris confessoribus in Rom)[7]
4. der (verlorene) Brief an den Klerus von Karthago[8]
5. ep. 20 (Cyprianus presbyteris et diaconibus Romae cons.)[9]
6. der (verlorene) Brief an die Bekenner in Karthago[10]

Als Beilage war ep. 30 ein (verlorener) Brief des römischen Klerus an Christen in Sizilien abschriftlich beigelegt, auf den im 5. Kapitel Bezug genommen wird[11].

Auf den weiteren Inhalt dieses großen Schreibens, das eine grundsätzliche theologische Erörterung der Gefallenenfrage darstellt und zugleich die wichtigsten Entscheidungen der Römer dazu mitteilt und begründet, kommen wir später zurück. An dieser Stelle ist zunächst noch eine formale Frage zu klären, die Aufschluß über den hochoffiziellen Charakter dieses Hirtenbriefes geben soll, mit dem die Römer ihre alte Tradition der Gemeindebriefe wieder aufnahmen. Der ganze Vorgang des 30. Briefes erinnert an den ersten Klemensbrief, mit dem die Römer ganz ähnlich wie mit dem 30. Brief zu den inneren Angelegenheiten und Streitigkeiten einer anderen Gemeinde entscheidend Stellung nahmen[12]. Auch ohne daß eine direkte literarische Abhängigkeit nachweisbar ist[13], zeigt der Gesamteindruck, den dieses große Hirtenschreiben der Römer dem Leser vermittelt, doch auf den ersten Blick, daß Novatian sich an den ersten Klemensbrief erinnerte und ganz bewußt an den alten Brauch der Gemeindeschreiben anknüpfte. In dieser Hinsicht steht ep. 30 nicht allein, die vorhergehende ungeschickte ep. 8 und die spätere ep. 36 sind eine weitere Bestätigung.

Tabellen bei *v. Soden*, Briefsammlung 268 f. Der Unterschied im Vergleich zu ep. 8 verdeutlicht beispielhaft die ausgezeichnete Überlieferung von ep. 30. Beachtlich ist auch die Aufnahme von ep. 30 in das Cheltenhamer Verzeichnis (dort Nr. 40), das bald nach dem Tode Cyprians entstanden ist und sonst an Briefen nur Schreiben des Bischofs und von ihm verfaßte Synodalschreiben aufzählt.

[5] *Hartel*, 549, 10 ff. u. im Subcriptum.
[6] *Hartel*, 549, 4 ff.   [7] *Hartel*, 549, 4 ff. und 552, 15 ff.
[8] *Hartel*, 550, 22 ff.   [9] *Hartel*, 550, 22 ff. und 552, 1 ff.
[10] *Hartel*, 552, 1 ff.   [11] *Hartel*, 553, 3 ff.
[12] Auch *v. Harnack*, Weizsäcker-Festschrift 15, bezeichnet Ep. 30 als ein Seitenstück zum 1. Klemensbrief.
[13] Anders *Melin*, Studia in Corpus Cyprianeum, 2: „Supervacaneum igitur non esse putavi, quae sint huic epistulae (scil. ep. 30) quam *Harnack* ... parem esse vult epistulae illi priori Clementis, cum Novatiani genere dicendi communia, quam accuratissime ostendere."

7*

90

a) Die subscriptio von ep. 30

1. Cyprians Hinweis ep. 55, 5 auf eine (verlorene?) Unterschrift zu ep. 30

Ein längeres wörtliches Zitat aus ep. 30 findet sich ep. 55[14]. Diesen Brief schreibt Cyprian im Herbst 251 an seinen Amtsbruder Antonianus in Numidien[15], weil dieser von ihm Rechenschaft darüber gefordert hat, daß er sich angeblich entgegen seiner früheren Haltung zu der milderen Auffassung in der Behandlung der Gefallenen bekehrt hat und nun den römischen Bischof Cornelius und nicht, wie es folgerichtig gewesen wäre, Novatian unterstützt[16]. Unter anderem mit dem Hinweis auf ep. 30, 5, die er im 5. Kapitel des 55. Briefes zitiert, führt Cyprian dagegen den Nachweis, daß er schon damals in der Verfolgungszeit in völliger Übereinstimmung mit den Römern gehandelt hat. Das Zitat teilt den Beschluß der Römer mit, daß man den Frieden der Kirche abwarten müsse und dann erst in gemeinsamer Beratung mit allen maßgeblichen Klerikern und Laien die Behandlung der Gefallenen abstimmen werde.

Direkt im Anschluß an dieses Zitat aus ep. 30, 5 merkt Cyprian dann an[17]:

> „Additum est etiam Novatiano tunc scribente et quod scripserat sua voce recitante et presbytero Moyse tunc adhuc confessore nunc iam martyre subscribente, ut lapsis infirmis et in exitu constitutis pax daretur. quae litterae per totum mundum missae sunt et in notitiam ecclesiis omnibus et universis fratribus perlatae sunt."

Mit dieser Bemerkung weist Cyprian seinen Amtsbruder Antonianus darauf hin, daß Novatian sich seinerzeit selbst auf den Beschluß festgelegt hat und, wie die Unterschrift des Moyses beweist, eine Wiederaufnahme der Gefallenen durchaus nicht grundsätzlich abgelehnt worden ist. Ausführlich erläutert der Bischof dann, wie er sich den Beschluß der römischen Kirche zu eigen gemacht hat und in Übereinstimmung mit den Römern folgerichtig zu einer milderen Auffassung in der Behandlung der Gefallenen gekommen ist, die er auch mit dem rechtmäßig gewählten Bischof Cornelius teilt[18], während Novatian sich von der Kirche abgewandt hat und auf einen den Beschlüssen der Kirchen und dem Evangelium widersprechenden Rigorismus versteift hat[19]. Die ep. 55, 5 angefügte Bemerkung soll feststellen, daß das voraufgehende Zitat aus ep. 30, 5 aus der

---

[14] Nach einer Einleitung, die ep. 30 als Antwort auf Cyprians ep. 27 beschreibt, zitiert der Bischof ep. 55, 5 (*Hartel*, 627, 1—6) wörtlich aus ep. 30, 5 (*Hartel*, 553, 9—13).
[15] Zur richtigen Datierung Herbst 251 oder Winter 251/52 s. *Harnack*, Chronologie 353 f. u. 356. Er folgt richtig *Ritschl* gegen *Nelke*.
[16] Vgl. ep. 55, 3 (*Hartel*, 625, 10 ff.).   [17] Ep. 55, 5 (*Hartel*, 627, 6—9).
[18] Ep. 55, 6—23. Kap. 8—12 verteidigt Cyprian Bischof Cornelius.
[19] Vgl. ep. 55, 24—29.

Feder Novatians stammt, und daß beispielsweise schon damals in Fällen, deren Entscheidung keinen Aufschub erlaubte, im Namen der römischen Gemeinde durch Novatian selbst und seinen späteren Anhänger Moyses eine milde Handhabung anempfohlen wurde[20].

2. Die Bedeutung der Bemerkung ep. 55, 5 für den ursprünglichen Schluß von ep. 30

Nun ist nicht ohne weiteres klar, was ep. 55, 5 für die ursprüngliche Gestalt von ep. 30 besagt:

Ob der Brief 1. in seiner überlieferten Form vollständig ist und seine Abfassung durch Cyprian ep. 55, 5 nur näher beschrieben wird[21], oder

ob 2. eine den Angaben Cyprians ep. 55, 5 entsprechende subscriptio in der Überlieferung von ep. 30 getilgt wurde[22].

1. Versteht man die absoluten Ablative „Novatiano scribente et... recitante et Moyse subscribente" als Parenthese, dann liegt ihnen eine mündliche Information Cyprians zugrunde, die er hier mitteilt; und der Satz „Additum est etiam, ... ut lapsis infirmis et in exitu constitutis pax daretur" bezieht sich dann auf den weiteren Inhalt von ep. 30 nach dem direkten Zitat. Tatsächlich entspricht diese Formulierung schlagwortartig auch der wesentlichen Aussage des letzten Kapitels (8) des 30. Briefes[23]. In diesem Fall wäre ep. 30 also in ihrer ursprünglichen Form vollständig überliefert.

Ep. 55, 5 wäre eine zusätzliche Information, die dem Brief selbst nicht ohne weiteres zu entnehmen ist, und die die Umstände seiner Abfassung und seine äußere Form näher erläutert. Für diese Deutung läßt sich anführen, daß sie durchaus dem klassischen Briefformular, das auch im übrigen cyprianischen Briefkorpus die Regel ist[24], gerecht wird. Novatiano

---

[20] Diesen Zusammenhang hat *L. Wohleb*, Cyprian und die Irrtumslosigkeit der Roma ecclesia particularis, Römische Quartalschrift für christliche Altertumskunde und für Kirchengeschichte 37 (1929) 127 Anm. 1 übersehen. Zur abschließenden Kritik an seinem daraus folgenden Fehlurteil s. u. S. 97 vgl. zuletzt *B. Melin*, aaO S. 2: „Contra omnium opinionem L. Wohleb suspicari se dicit Novatianum additamentum solum illud (ut lapsis infirmis et in exitu constitutis pax daretur) scripsisse."

[21] Hierfür entscheidet sich Bayard, wenn er übersetzt: (Saint Cyprien, Correspondence II 134) „On ajoutait encore (et c'était Novatien qui l'écrivait, qui lisait à haute voix ce qu' il avait écrit, et le prêtre Moyse alors encore confesseur, maintenant martyr, y apposait sa signature) que les lapsi malades et sur le point de trépasser recevraient la paix." Diese Übersetzung hat *Wohleb* gelobt.

[22] Über die Form dieses (verlorenen) Additamentums haben sich *Wohleb*, aaO und *H. Koch*, Zu Novatians ep. 30, ZNW 34 (1935) 303—306 ohne richtiges Ergebnis gestritten.

[23] *Hartel*, 555, 22—556, 14.   [24] Vgl. *v. Soden*, Briefsammlung 13 ff.

scribente . . . et Moyse subscribente geht dann darauf ein, daß unter dem eigentlichen von Novatians Hand geschriebenen Brief alia manu das damals übliche subscriptum in der uns erhaltenen Form des Schlußgrußes stand: „optamus te, beatissime ac gloriosissime papa, semper in Domino bene valere et nostri meminisse."[25] Die Allographie stammte von der Hand des Presbyters Moyses, der das Schreiben für den römischen Klerus autorisierte, ohne daß sein Name dabei sichtbar in Erscheinung trat. Zahlreiche Parallelen lassen sich dafür anführen, daß dies die gängige Form war[26]. Die persönliche eigenhändige Namensunterschrift, wie sie heute ohne jeden weiteren Zusatz das wichtigste Teil des Briefschlusses ist, darf im antiken Brief nicht ohne weiteres vermißt werden[27].

Doch es gibt einige Anhaltspunkte, die Anlaß geben, nach einer anderen Deutung der Bemerkung Cyprians in ep. 55, 5 zu fragen. Die bisher vorgeschlagene Lösung hat zur Voraussetzung, daß die Aussage „ut lapsis infirmis et in exitu constitutis pax daretur" den auf ep. 30, 5 folgenden Inhalt des 30. Briefes richtig als additum charakterisiert oder wenigstens, daß im weiteren Brief eine entsprechende zur Sache gehörende Bemerkung gemacht wird. Der erste Fall scheidet aus. Als additum können die auf ep.

---

[25] Dieser Schlußgruß findet sich auch in Profanbriefen des 3. u. 4. Jahrhunderts. Vgl. *J. Babl*, De epistularum latinarum formulis (1893) 26 f., bes. 31 f.

[26] Der Wechsel der Hand beim Schlußgruß ist häufig bei Abschriften ausdrücklich vermerkt, insbesondere auch bei Kopien von Schriftstücken, die amtlichen bzw. aktenmäßigen Charakter hatten. Eine entsprechende Anmerkung findet sich häufig auch bei den kaiserlichen Konstitutionen, deren Subscriptio vollständig in die Sammlungen des Corpus iuris und seiner Vorläufer eingegangen ist. Für die Form, in der das Einsetzen der neuen Hand nach Schluß des Kontextes vom Abschreiber aufgezeigt wird, seien hier nur folgende Beispiele genannt:

et alia manu: Optamus te felicissimum bene vivere, vale. Die Prokuratoren Tussanius u. Chrysanthus an Aristus und Andronikus, ca. 180/183. CIL VIII 10570 (Afrika)

et alia manu: Vale — Bischof Purpurius an Bischof Silvanus, vor 320, XII. Der Brief ist in ein Protokoll aufgenommen, das im Zusammenhang der donatistischen Streitigkeiten bei einer Untersuchung gegen Silvanus vorgelegen hat. Abgedr. *v. Soden*, Urkunden 12 z. Entstehungsgesch. des Donatismus (*Lietzmann* Kl. Texte 122) S. 42.

et alia manu: Opto te in domino bene valere et nostri memorem esse, vale, sed rogo te, nemo sciat. — Bischof Sabinus an Bischof Fortis, vor 320. XII. Aus demselben Protokoll wie das vorhergehende Beispiel.

Unzählige weitere Beispiele bei *Bruns*, Die Unterschriften in den römischen Rechtsurkunden, Abh. Berlin 1 (1877) 41—138; vgl. auch *O. Roller*, Das Formular der paulinischen Briefe (1933) 73 ff. (u. Anm. 341 ff.) Zum gleichen Sachverhalt im griechischen Brief vgl. *F. Ziemann*, De epistularum graecarum formulis sollemnibus quaestiones selectae (1910) 362 ff. Beispiele eigenhändiger Unterschrift bietet darüber hinaus *Schubart*, Griechische Palaeographie 147 ff.

[27] Vgl. dazu ausführlich *Roller*, aaO 71 u. 493—507.

30, 5 folgenden drei Kapitel unmöglich bezeichnet werden. Erst ep. 30, 8, im letzten Kapitel des Briefes, wird die Frage ausführlicher in größerem Zusammenhang erörtert. Damit sind die Voraussetzungen für den zweiten Fall gegeben, daß der Bischof mit additum est auf eine noch zur Sache gehörende Bemerkung im 30. Brief verweist[28]. In diesem Fall hätte Cyprian, der voraussetzt, daß Antoninianus eine Abschrift des 30. Briefes vorlag oder daß er sich diese zumindest leicht beschaffen konnte, seinem Briefpartner zugemutet, das additum als einen Hinweis auf das 8. Kapitel auszumachen. Doch selbst diese „Notlösung" stößt auf Schwierigkeiten. Denn ep. 30, 8 wird die von Cyprian angemerkte Regelung der Behandlung der sterbenskranken Gefallenen ganz gewichtig als Beschluß einer Synode der Römer mit den ihnen nahestehenden Vertretern anderer Kirchen mitgeteilt[29]. Die theologischen Ausführungen zum Bußverfahren im gleichen Zusammenhang, die hier zunächst nur vom Sonderfall ausgehen, sind obendrein zur Grundlage für die spätere allgemeine Regelung geworden, die ja gerade Gegenstand des Briefes Cyprians an Bischof Antoninianus ist[30]. Cyprian hätte, wenn er mit seiner Anmerkung „additum est, . . ." den wesentlichen Inhalt von ep. 30, 8 als zur Sache gehörig wiedergeben wollte, dieses Kapitel nicht nur ganz ungenau charakterisiert, sondern auch ausgerechnet auf seine besten Argumente gegenüber dem kritischen Numidier Antoninianus verzichtet.

Das wäre wider alle Regeln der häufig bewiesenen Kunst des Bischofs, die eigene Haltung zu verteidigen. Wie geschickt er sich selbst auch ep. 55, 5 absichert, zeigt sogar die Wahl des Zitats aus ep. 30, 5. Was hier gesagt

---

[28] Den cyprianischen Sprachgebrauch von addere hat *H. Koch*, ZNW 34 (1935) 304 f. untersucht. Die passivische Form der Einführung „additum est . . ." erläutert er mit 13 Stellen, die alle das Verb im sonst bei Cyprian gebräuchlichen Activum bieten und obendrein mit einer Ausnahme alle im exegetischen Zusammenhang jeweils einer biblischen Schrift stehen. Sein Ergebnis lautet: „Aus diesen Stellen ist zu ersehen, daß mit addere bei Cyprian nie ein Zusatz von zweiter Hand oder aus fremdem Munde angeführt wird, sondern der Schreiber oder Sprecher immer derselbe ist, ja daß der ‚Zusatz' in dem vorher Angeführten sehr wohl schon enthalten sein kann." Dieser Beobachtung meint er dann entnehmen zu können, daß additum est . . . ut lapsis . . . pax daretur nicht einen weggefallenen Satz meine; Koch will damit den ut-Satz wegdiskutieren, um Wohleb zu widerlegen, nimmt aber im gleichen Zusammenhang eine den Angaben Cyprians bezüglich der Verfasser und Unterzeichner entsprechende Subscriptio an, die in der Überlieferung verlorengegangen ist. Daß für diesen Fall nach dem Namenszug des Moyses eine den ut-Satz entsprechende Wendung sogar erforderlich gewesen wäre, hätte ihm ein Vergleich mit anderen Briefschlüssen zeigen müssen. Dazu s. u. S. 95 f. Seine Belege für den aktivischen Gebrauch von addere besagen für die ep. 55, 5 verwendete Passivform gar nichts.

[29] *Hartel*, 555, 22 f.

[30] Vgl. die ausführlichen Erörterungen zur Bußfrage bei *Koch*, Cyprianische Untersuchungen, 236 ff. u. ö.

94

wird, findet sich ebenso auch ep. 30, 8: Bevor ein neuer Bischof eingesetzt ist, d. h. bevor die Kirche nicht Frieden hat, soll keine endgültige Entscheidung getroffen werden[31]; doch im Vorgriff — und darauf kommt es Cyprian ep. 55, 5 an, weil hier schon für den Sonderfall die in der Zukunft allgemeingültige Regelung beschlossen wurde — war eine milde Behandlung der Gefallenen bereits damals im Blick auf die Sterbenskranken festgelegt worden. Doch statt ep. 30, 8 wählte Cyprian die weniger gewichtigen, aber inhaltlich ganz ähnlichen Sätze aus ep. 30, 5; denn diese Stelle hat gegenüber ep. 30, 8 den Vorzug, daß dem Bischof ausdrücklich bescheinigt wird: „Quamvis nobis ... placeat quod *et ut ipse tractasti.*" Cyprian ist also auch in diesem Zusammenhang sehr sorgfältig vorgegangen.

Doch schon im nächsten Satz sollte das Gegenteil der Fall sein? Im Sinne der dem klassischen Briefformular entsprechenden Lösung hätte Cyprian dann nach dem ausgeklügelten Zitat auf einen noch zur Sache gehörenden Satz hingewiesen, der in dieser Form gar nicht überliefert ist, sondern nur indirekt durch die Ausführungen Novatians im 8. Kapitel gedeckt ist. Doch ausgerechnet für diesen Satz, der eine richtungsweisende kirchenrechtliche Entscheidung kundtut, legt der Bischof ganz entschieden Wert auf die Feststellung, daß es sich um eine offizielle Verlautbarung der römischen Gemeinde aus der Zeit der Sedisvakanz handle, was dadurch gesichert sei, daß Novatian seinen Brief wortwörtlich vorgetragen und erst daraufhin Moyses den Inhalt autorisiert habe. Abgesehen davon, daß diese Versicherung dann nur auf Hörensagen beruht, erscheint in diesem Zusammenhang auch der Hinweis „sua voce recitante" recht seltsam, denn die Abfassung des 30. Briefes liegt immerhin mehr als ein Jahr zurück. Damit ist die dem herkömmlichen Briefformular entsprechende Deutung von ep. 55, 5 in bezug auf ep. 30 in Frage gestellt. Die genannten Unstimmigkeiten legen eine andere Deutung nahe, die, wie sich zeigen wird, obendrein der besonderen Bedeutung von ep. 30 im Zusammenhang der gesamten Korrespondenz aus der Zeit der Sedisvakanz in Rom besser gerecht wird.

2. Nach unseren Begriffen fehlt dem Brief des klassischen Formulars jede gerichtlich faßbare Beglaubigung seiner Authentizität, fehlt vor allem seine Vollziehung, d. h. die Anerkennung und Willenserklärung des Absenders, der den Brief heutzutage erst durch seine eigenhändige Namensunterschrift vollendet, abschließt und sich mit seinem Inhalt identifiziert[32]. Dieser Mangel des klassischen Formulars hat schon im Altertum gelegent-

[31] *Hartel,* 556, 2—3 vgl. 30, 5 (*Hartel,* 553, 10—13) = 55, 5 (*Hartel,* 627, 3—4).
[32] Vgl. *O. Roller,* Formular 70; *Kübler,* RE IV A 1, 491: „Der bei uns herrschende Brauch, daß die Namensunterschrift alles vorherstehende deckt (BGB § 126), daß der Unterschreibende den vorstehenden Inhalt als seine Willenserklärung anerkennt, die darin enthaltenen Verpflichtungen übernimmt, die Verfügung gutheißt, ist dem Altertum fremd."

lich Anlaß zur Unsicherheit gegeben[33] und trotz der damals üblichen Versiegelung der Briefsendungen sowie der Zustellung wichtiger Schreiben
durch Vertrauens- bzw. Amtspersonen[34] zu Beanstandungen und Nachfragen geführt. So war es beispielsweise möglich, daß Cyprian die ihm
unbequeme ep. 8 mit der Aufforderung an die Römer zurückschickte, sie
sollten überprüfen, ob die scriptura und die offenbar alia manu hinzuge-
fügte subscriptio ihrem Willen entsprechen und den Inhalt des Briefes bestätigen sollten: hoc igitur ut scire possimus, et scripturam et subscriptio-
nem an vestra sit recognoscite et nobis quid sit in vero rescribite[35].
Die Römer haben Cyprian darauf nicht geantwortet, sondern die Sache
auf sich beruhen lassen. Stattdessen haben sie ihn entsprechend den Ausführungen im 8. Brief übergangen und sich brieflich mit dem Klerus in
Karthago in Verbindung gesetzt. Erst jetzt mit dem 30. Brief wenden sie
sich zum erstenmal persönlich an den Bischof, rehabilitieren sein Verhalten
in der Verfolgungszeit und distanzieren sich damit endgültig von ihrer
ep. 8, dem ersten uns überlieferten Schreiben aus dem Jahre 250. Daß sie
nach diesem Vorgang bei ihrem großen Gemeindeschreiben ep. 30 alles
daransetzten, daß jeder mögliche Zweifel an der Authentizität des Briefes ausgeschlossen war, liegt auf der Hand[36].

---

[33] Vgl. mit Beispielen hierzu *Roller*, Formular 154 f. u. ö.

[34] Dieses waren neben der superscriptio und dem Schlußgruß alia manu die
gebräuchlichen Methoden, den Inhalt eines Briefes zu sichern. Zur Versiegelung als (beglaubigtes) Verschlußmittel vgl. *Dziatzko*, Antike Briefe, RE III
836—843; zahlreiche Belege bei *Roller*, Formular Anm. 208 u. ö.; zur Außenadresse überhaupt vgl. *Ziemann*, aaO 276—284 mit zahlreichen Beispielen. Ob
Cyprian bzw. die Römer sich der Versiegelung bedient haben, ist nicht sicher,
aber doch wahrscheinlich. Ausführlich über die Briefbeförderung handelt *Riepl*,
Das Nachrichtenwesen des Altertums (1913) Kap. III über die Funktion, Sicherheit und Zuverlässigkeit der Boten, bes. 290 ff.; vgl. darüber hinaus auch *B.
Olsson*, Papyrusbriefe aus der frühesten Römerzeit (1925) 22.

[35] Ep. 9, 2 (*Hartel*, 489, 19—21), dazu s. o. S. 36 f.

[36] Bezeichnenderweise kommen der Annahme einer besonderen Subscriptio,
die auch die Namen der Unterzeichner aufführte, vor allem solche Briefe zu
Hilfe, die eine forensische Bedeutung besaßen, geschäftlichen oder mandatmäßi-
gen Charakter hatten. Das gilt insbesondere auch für Urkunden, die häufig
in Briefform oder annähernder Briefform aufgesetzt waren, zumal hier besonders auf alles Formale und jede mögliche Sicherung des Inhalts Wert gelegt
wurde. Bildete eine Vielheit von Ausstellern eine einheitliche Gruppe, die durch
einen genannten oder ungenannten Führer vertreten wurde, wie beispielsweise
im Falle von Kollegien und Kollegialbehörden, Gesellschaften und Verbänden
öffentlicher oder wirtschaftlicher Art, dann bedurfte es keiner besonderen Erklärung, wenn nur eine Unterschrift, eben die des Verweisers, Führers oder
Vorsitzenden, stellvertretend für alle anderen unter dem Schriftstück stand. Diese
Unterschrift konnte ja nach dem Charakter des Stückes aus dem üblichen Gruß-
wort (ἔρρωσο, vale, εὐτύχει auch ὑγιαίνετε so II. Makk. 11, 34—38, Beispiele bei
Roller, Formular 154 u. ö.) oder aus dem christlich erweiterten Gruß (z. B.
Athanasius et universi Aegyptorum episcopi (an Papst Marcus) – orantem pro

96

Nun ist gar nicht zu übersehen, daß das additum aus ep. 55, 5 genau die von Cyprian erhobenen Forderungen bezüglich ep. 8 erfüllt[37]. Es wird gesagt, von wessen Hand die scriptura stammt und wer subscribiert hat. Und es ist sehr unwahrscheinlich, daß der Bischof dies nur vom Hörensagen weiß, denn mit einer solchen mündlichen Information hatte er sich schon bei ep. 8, die ihm von dem Subdiakon Crementius direkt aus Rom überbracht worden war[38], nicht zufrieden gegeben. Es ist daher anzunehmen, daß am Schluß von ep. 30 ein den Angaben Cyprians in ep. 55, 5 entsprechendes additamentum verlorengegangen ist, zumal damit auch alle vorher erörterten inhaltlichen Unstimmigkeiten beseitigt sind.

Ein gewichtiges Beispiel für einen solchen Zusatz bietet ep. 79 des cyprianischen Briefkorpus. Der Brief ist an Cyprian gerichtet und hat nach dem üblichen Schlußgruß folgende subscriptio:

Felix scripsi.

Jader subscripsi

Polianus legi. Dominum meum Eutychianum

saluto[39].

nobis s. apostolatum vestrum longaevis dominus conservet temporibus (Ath. opp. II 598 f.) bestehen, oder aus dem einfachen Datum, das im Original dann allograph als eigenhändige Unterschrift erkenntlich sein mußte, oder eben aus der Namensunterschrift, die besonders häufig in den ägyptischen Steuerquittungen begegnet, die ein Praktorenkollegium von zwei oder drei in den Überschriften namentlich genannten Männern ausstellte. (Zahlreiche Beispiele bei *Wilcken*, Griech. Ostraka II 3B, wie nr. 84, 87, 90 u. a.). Besondere Aufmerksamkeit verdienen in unserem Zusammenhang auch die epistulae principis, die Reskripte römischer Kaiser, die in der superscriptio als Aussteller die beiden Mitregenten aufführen. Soweit sie uns mit der Schlußformel überliefert sind, hat nur einer der beiden Herrscher unterzeichnet. Vgl. die Beispiele bei *Haenel*, Corpus legum ante Iustinianum latinarum S. 139, 189, 237, 242, 251, 254; *ders.*, Novellae constitutionum impp. Theodosii II etc. Spalte 124, 158, 170, 172, 186. Auch die Fälle sind zu berücksichtigen, in denen mehrere Absender auftraten, die nur in zwangloser Verbindung gemeinsam als Briefschreiber fungierten, ohne durch eine Körperschaft oder Vereinigung und deren Stellvertretung, sondern nur durch die eigene Willenserklärung rechtlich gebunden zu sein. Der Form nach kann man zu dieser Gruppe auch die Briefe von älteren Konzilien und Synoden rechnen, Einzelheiten hierzu bei *Roller*, Formular 156 mit einer Fülle von Belegen.

[37] Bezeichnenderweise ist einer der ältesten Belege für den aufkommenden Brauch, die Echtheit einer Urkunde durch Namensunterschrift zu erklären, mit einer ganz ähnlichen Aufforderung verbunden. „Libellum subscriptum mihi remittas" schreibt der Gesuchsteller ausdrücklich CIL VI 2120 (= Dess. 8380) vom Jahre 155 n. Chr., vgl. ebenso ein Dekret vom Jahre 280 CIL X 3698 (= Dess. 4175; Bruns Font[7] 75). Dekret der Quindecimviri saec. fac. unterschreibt der Promagister: Jubentius Celsus promagister subscripsi, Pontius Gavius Maximus pro magistro subscripsi.

[38] Ep. 9, 1 (*Hartel*, 489, 1).

[39] *Hartel*, 839, 3–5; eine weitere Parallele findet sich beispielsweise auch in dem Schreiben des Bischofs Aurelius von Karthago und des numidischen Sum-

Jeder der drei Aussteller bekennt sich in anderer Form zum Inhalt: Bischof Felix als Schreiber der Grußformel „Optamus te, frater carissime, in Domino bene valere", die wegen des Plurals für alle gelten soll; möglicherweise zeichnet er auch als Schreiber (Verfasser) des Kontextes; Bischof Jader als Unterzeichner und Polianus dadurch, daß er ausdrücklich angibt, den Brief gelesen, das heißt genehmigt, zu haben. Zu aller Sicherheit fügt er noch einen Gruß an einen Freund hinzu, offenbar zum Ersatz für einen zweiten Schlußgruß als eigener Subscription[40].

Ganz entsprechend könnte die subscriptio zu ep. 30 nach dem überlieferten Schlußgruß gelautet haben:

Novatianus scripsi et (scil. scripturam) mea voce recitavi. Moyses presbyter[41] subscripsi (ut) lapsis infirmis et in exitu constitutis pax (daretur) detur.

Damit hätte sich der für den römischen Klerus federführende Novatian nicht nur als Schreiber des Schlußgrußes optamus te...[42], sondern des

---

menserbischofs Silvanus (411) an den Tribun Marcellinus. Der Schluß ist in folgender Form einer Abschrift überliefert: et alia manu: Optamus te, fili in domino, bene valere. Aurelius episcopus ecclesiae catholicae Carthaginiensis huic epistulae subscripsi. item et alia manu: Silvanus senex ecclesiae Summensis subscripsi. (Augustini epp. 128 ebenso 129). Auffällig ist hier, daß durch den Wechsel vom Plural optamus zum Singular subscripsi der Schlußgruß als von beiden Unterzeichneten ausgegeben gelten sollte. Ein weiterer Hinweis findet sich bei *Ziemann*, De epistolorum graecarum formulis, ... aaO 163 auf ein Schreiben aus dem 3. nachchristlichen Jahrhundert, das im Original erhalten ist. Hier unterzeichnen ein Sarras und ein Eudaemon. Sarras hat den Brief und seinen Schlußgruß geschrieben: ἔρρωσο μοι εὐτυχῶς. Dann setzt mit eigener Hand Eudaemon seinen Namen und den Gruß hinzu: ἔρρωσο ἐμοί τε καί σοι εὐτυχῶς. Vergleichbar ist auch die Unterfertigung eines inschriftlich erhaltenen Erlasses (CIL VIII 2 Nr. 10570), in dem zwei Prokuratoren gemeinsam in Briefform die Genehmigung einer Bittschrift durch Kaiser Commodus publizieren. Sie zeichnen in diesem Fall nicht namentlich, sondern grüßen eigenhändig. Für diese Art der Unterfertigung ist auch eine Erklärung des Athanasius und anderer (i. J. 362) in Alexandria versammelter Bischöfe zum arianischen Glaubensstreit anzuführen: Athan. opp. I 615–619, dazu 620 Anm. 2. Ganz ähnlich ist auch der stark verkürzte Schluß eines Sonderschreibens der Synode von Serdika (343/4) aufzufassen, Athan. opp. I 127–134, vgl. auch III 150 das Schreiben des mareotischen Klerus. Wohl die gleiche Art der Unterfertigung ist im Schreiben des Antiochener Bischofs Serapion und Genossen an Caricus und Pontius über die Apollinaristen angedeutet, Euseb h. e. V, 22, 3. Viele weitere Beispiele führt *Roller*, Formular 159 ff. an.

[40] Siehe *Roller*, Formular 158 (Patianus ist ein Druckfehler) zur Frage der Unterzeichnung von Schreiben mehrerer Absender mit einer Fülle von Belegen, ganz ausführlich und in der Hauptsache immer noch richtig ders. 153–168.

[41] Für den Gebrauch des Titels gibt es keine festen Regeln. Da Cyprian noch erläutert „tunc adhuc confessore nunc iam martyre" ist anzunehmen, daß der Titel aufgeführt war.

[42] Damit ist auch die Deutung von *L. Wohleb* erledigt, s. o. S. 91 Anm. 20 f.

ganzen Briefes zu erkennen gegeben, was auch sonst gebräuchlich war, wenn der Schlußgruß nicht alia manu gesetzt wurde. „Mea voce recitavi" entspricht in der subscriptio zu ep. 79 „Polianus legi"[43].

Eine solche Bemerkung war auch deswegen angebracht, weil der betagte Presbyter Moyses, wie übrigens auch die Unterzeichner von ep. 79[44], noch im Gefängnis saß, wo ihn der Schriftführer Novatian offenbar aufgesucht hat.

Diesen Vorgang bestätigte dann Moyses durch seine Unterschrift, d. h. er genehmigte den Inhalt des Briefes und autorisierte ihn als Gemeindebrief der Römer. Dafür war sein Namenszug allein nicht ausreichend, sondern ein Zusatz wie „lapsis infirmis et in exitu constitutis pax daretur" sogar unbedingt erforderlich[45].

Moyses bestätigt mit dieser Formulierung die wichtigste positive Entscheidung, die Cyprian im Brief unmittelbar vor der Subscriptio als Synodalbeschluß mitgeteilt wurde, und bekennt sich damit zum Inhalt des ganzen Briefes[46]. In dieser Form hat die Unterschrift des Moyses noch eine weitergehende Bedeutung, denn sie kommt einem Friedensbrief für alle Gefallenen gleich, die den Tod vor Augen Verzeihung von der Kirche erbitten. Niemand in Rom ist berufener als Moyses, eine solche Bescheinigung auszustellen[47]. Die Stellung dieses damals angesehensten Bekenners

---

[43] Vgl. *O. Roller*, Formular 190 u. ö.

[44] Sie waren zur Arbeit in den Metallgruben von Sigus, einem kleinen numidischen Ort an der Straße zwischen Cirta und Macomades, verurteilt.

[45] Vgl. *Kübler*, Art. Subscriptio RE 4 A 1 499. Die Subscriptio war nie bloße Namensunterschrift, sondern war stets mit einer kurzen Zusammenfassung des Inhalts, einer Grußformel oder dgl. verbunden. So jedenfalls war sie in den maßgeblichen Erwähnungen und den Digesten des Codex Justinianus und im Theodosianus üblich. Der Name alleine hatte in antiken Briefen und Urkundenformularen keine Stelle. Vgl. auch *Roller*, Formular 493 ff. Für die antike Art der Unterzeichnung ist auch das Aktenstück, das die Absetzung des Arius und seiner Anhänger durch Athanasius enthält, bezeichnend. Athanasius verlangte von seinem Klerus in Alexandria, daß jeder einzelne seine schriftliche Zustimmung gab, die sowohl eine dogmatische Erklärung als auch die Befürwortung der Absetzung beinhalten sollte. Εἰ καὶ φθάσαντες ὑπεργράψατε, οἷς ἐπέστειλα τοῖς περὶ Ἄρειον ... Ἵνα καὶ τὰ νῦν γραφόμενα γνῶτε τήν τε ἐν τούτοις συμφωνίαν ἑαυτῶν ἐπιδείξητε καὶ τῇ καθαιρέσει τῶν περὶ Ἄρειον καὶ τῶν περὶ Πιστὸν σύμψηφοι γένητε κτλ. Die Unterschriften beginnen mit der ganz persönlich gehaltenen Formel: Κόλλουθος πρεσβύτερος σύμψηφός εἰμι τοῖς γεγραμμένοις καὶ τῇ καθαιρέσει Ἀρείου καὶ τῶν σὺν αὐτῷ ἀσεβησάντων. Dann folgen die Namen von vierzig weiteren alexandrinischen Presbytern. Mit der gleichen Formel wie Kolluthus unterschreibt auch der mareotische Presbyter Apollonius. Charakteristisch ist, daß bei allen Unterschriften nicht der Name allein gesetzt wird, sondern ein erklärender Zusatz hinzugefügt ist.

[46] Ganz ähnlich werden auch sonst die Beschlüsse der Synoden mitgeteilt s. o. S. 50 f.

[47] Durch diese Beziehung wird der urkundenmäßige Charakter der Unter-

der römischen Gemeinde ist mit der des Lucianus in Karthago vergleichbar, der für sich in Anspruch nahm, als „minister floridiorum" in der Nachfolge des Märtyrers Paulus zu stehen und wie im Falle der Numeria und Candida Friedensbriefe zu erteilen[48]. Und gerade gegen die milde Behandlung der Gefallenen und die schweren Angriffe auf die Autorität des Bischofs durch die karthagischen Bekenner richtet sich der 30. Brief, den Moyses mit seiner Unterschrift bekräftigt hat.

Daß sich nach der Bischofswahl und nach der Abspaltung der Novatianer niemand in der Kirche gerne an eine solche subscriptio erinnerte, liegt auf der Hand[49]. Denn unmöglich durfte diesem großen Gemeindebrief der Römer, der Cyprian die Anerkennung brachte, der die theologische Grundlage in der weiteren Diskussion um die Gefallenen geworden war und in der gleichen Angelegenheit einen offiziellen Beschluß mitteilte, der Name eines Häretikers und seines angesehensten Anhängers anhaften. Auch aus den übrigen Schreiben Novatians ist der Name des Häretikers getilgt worden[50].

N) Die Antwort der römischen Bekenner auf Cyprians schmeichelhaftes Werbungsschreiben (ep. 28): ep. 31

„Cypriano papae Moyses et Maximus presbyteri et Nicostratus et Rufinus et ceteri qui cum eis confessores salutem"[1].

Dieses große Dankesschreiben der römischen Bekenner sollte die gleichzeitige ep. 30, die direkte Antwort auf Cyprians ep. 27, bekräftigen, indem die Konfessoren selbst noch einmal das Wort ergreifen; und wie Cyprian sich gesondert mit der um Anerkennung werbenden ep. 28 an sie gewandt hat, antworten sie auch in einem gesonderten Schreiben. In plumper Selbstgefälligkeit wird in diesem Brief die Glückseligkeit des

---

fertigung nur bestätigt und die namentliche Unterfertigung erst recht nahegelegt.

[48] S. o. S. 58.

[49] Ganz abgesehen davon sind auch sonst häufig die Subscriptionen ebenso wie die Datumsangaben und dergl. ausgefallen. Über die Auslassung solcher Formalien in den Sammlungen cyprianischer Briefe s. v. *Soden*, Briefsammlung 13 ff.

[50] S. o. S. 3[12].

[1] *Hartel*, 557, 2—4; ep. 28 fehlt der Diakon Nicostratus in der Superscriptio, vgl. dagegen ep. 27, 4 (*Hartel*, 544, 11) Cyprians Hinweis auf das (verlorene) Schreiben der römischen Bekenner Moyses, Maximus, Nicostratus etc. an die Karthager Saturninus und Aurelius etc. Er folgte später Novatian, vgl. dazu Cyprians ep. 46 (*Hartel*, 604, 2), die Aufforderung an Maximus und Nicostratus zurückzukehren. Ep. 50 (*Hartel*, 613, 7.9) unterrichtet Cornelius Cyprian davon, daß Nicostratus in Afrika eingetroffen sei, um für die Nova-

Martyriums gepriesen. Nur zu bereitwillig gehen die Bekenner auf die für sie schmeichelhaften Gedanken Cyprians in ep. 28 ein. Daraufhin hatte Cyprian ep. 28 angelegt und hatte gehofft, die Bekenner würden die Konsequenz ziehen und ihn mit den gleichen Maßstäben messen. Dies tun sie tatsächlich. Cyprian ist für sie nun jeder Ehre würdig und steht in den Ehrenrechten keinem Konfessor nach[2]: Der Herr wird Dir für diese Deine Liebe den Lohn geben und für dieses so gute Werk die verdiente Frucht gewähren. Denn wer ermuntert hat, verdient ebensogut mit der Krone belohnt zu werden wie der, der gelitten hat, und wer gehandelt hat, ist des Lobes auch nicht würdiger als der, der gelehrt hat. Dem, der gemahnt hat, gebührt keine geringere Ehre als dem, der dem Mahner gehorchte, nur daß sich bisweilen größerer Ruhm auf den häuft, der gelehrt hat, als auf den, der sich nur als gelehriger Schüler erwiesen hat. Denn dieser hätte vielleicht das gar nicht leisten können, was er geleistet hat, wenn nicht jener es ihn gelehrt hätte." Damit wird der Hinweis ep. 28 Ende aufgenommen, wo Cyprian auf die unterschiedliche Verteilung der Gnadengaben aufmerksam gemacht hatte.

In einer sehr eingehenden sprachlichen Untersuchung ist von Melin an Hand eines Vergleichs mit ep. 30 und 36 der Nachweis erbracht worden, daß Novatian auch ep. 31 Formulierungshilfen geleistet hat[3]. Als Verfasser des Konfessorenschreibens ep. 31 und damit als für den wesentlichen Inhalt, Stil und Gedankenführung des Briefes Verantwortlichen wird man Novatian freilich nicht bezeichnen dürfen[4]. Sein Einfluß auf diesen Brief reichte nicht so weit, daß er ihn vor dem einhellig vernichtenden Urteil der Literaturkritik bewahren konnte. Es gibt kein vergleichbares Schreiben oder auch nur einen Anhaltspunkt im Schrifttum Novatians, der es rechtfertigen könnte, ihn für einen solchen Brief verantwortlich zu machen, der von plumpen Schmeicheleien und Ungeschicklichkeiten strotzt. Dank der

---

tianer zu werben. Im gleichen Zusammenhang zieht Cornelius über die Vergangenheit des Nicostratus her, der als Sklave einer weltlichen Herrin die Geschäfte geführt habe, sie betrogen und beraubt habe, und obendrein Gelder der Kirche in erheblicher Menge entwendet habe. Der Bericht erinnert stark an die Angriffe Hippolyts auf Kallist, s. dazu *H. Gülzow*, Kallist von Rom, ZNW 58 (1967) 102—121. Vielleicht war Nicostratus für die Verwaltung der Gemeindekasse zur Zeit der Sedisvakanz zuständig und hat einen Betrag anläßlich der Kirchenspaltung für die Novatianer mitgehen lassen.

[2] Ep. 31, 1 (*Hartel*, 557, 19 f.).

[3] Vgl. die gewissenhafte Untersuchung von *Melin*, Studia in Corpus Cyprianeum, 43—61.

[4] So *Melin*, aaO 4. Am nächsten kommt ihm noch das Urteil von *A. d'Alès*, Novatian, Étude sur la théologie romaine au milieu du III⁰ siècle (1925) 147: „Les dernières pages de cette lettre (Ep. LXXI, 6—8 p. 562—564) donnent un écho un peu vague, mais fidèle, à celle de Novatian" (Scil. ep. 30).

wohl nachweisbaren Formulierungshilfen Novatians oder vielleicht auch nur dank des Umstandes, daß die Konfessoren sich seine ep. 30 direkt zum Vorbild nehmen konnten[5], ist das Niveau dieses Konfessorenschreibens zwar immerhin noch höher als das der anderen Briefe dieser Männer[6]. Doch ändert auch diese Beobachtung nichts an dem vielleicht übertriebenen, aber in der Sache durchaus gerechtfertigten Urteil, daß der Brief ein hohles, aufgedunsenes, widerwärtiges Produkt ist[7]. Die schwache Theologie dieses Briefes und seine doch relativ große kirchenpolitische Bedeutung stehen in einem offenkundigen Mißverhältnis zueinander. Als die für den Inhalt in erster Linie Verantwortlichen haben wir wohl an Moyses, Maxi-

---

[5] Daß beispielsweise Moyses mit Novatian bei Abfassung der mit ep. 30 zeitlich übereinstimmenden ep. 31 auch persönlichen Kontakt hatte, bzw. ihm sogar Novatians ep. 30 schriftlich vorlag, können wir wieder ep. 55, 5 (*Hartel*, 627, 6—9) entnehmen. Daher ist auch die Annahme von *V. Ammundsen*, Novatianus og Novatianismen (1901) sicher richtig und durch Melins sprachlichen Vergleich sogar gesichert, daß die Konfessoren bei Abfassung ihres Schreibens Novatian konsultiert haben.

[6] Vgl. Einzelheiten bei *J. Schrijnen* und *C. Mohrmann*, Studien zur Syntax der Briefe des hl. Cyprian I—II (Latinitas Christianorum Primaeva 5—6) I (1936) 2; ebenso *Koch*, Art. Novatian, RE XVII 1153; ders., Religio 13 (1937) 279. Auch *Melin* aaO 3, der gewissenhaft für sich ins Feld führt: Antiquius quoque testimonium proferre libet. Dicit Dupin, Nouvelle bibliothèque des auteurs ecclésiastiques I (1693) p. 155: „Leur (i. e. confessorum) Lettre n'est pas si polie que la precédente (ep. 30); mais elle n'est pas moins pleine d'érudition."

[7] So lautet das Urteil bei *Schanz-Hosius*, Geschichte der römischen Literatur..., 5³ (1922) 359; dieses Urteil hat nicht nur *Krüger*, sondern auch *v. Soden* bestätigt, vgl. aaO 2. Ebenso *v. Harnack*, Weizsäcker-Festschrift 33 u. 20, 2: „Die Confessorenschreiben... sind sehr unerfreulich zu lesen und werfen ein trübes Licht auf diese Herren." Dagegen *V. Ammundsen*, aaO 157, 1 „Jeg kan ikke tillaede Harnacks gentagne Betoning af den store Forskel mellem Ep. 30 og 31." Ebenso *J. O. Andersen*, Novatian (1901) 66, 1: „Brevet... er ikke fri for rhetorisk Ordrigdom, men der banker aegte ydmyg Fromhed bag den Stil, som nu engang var Tidens, og det er uforstaaeligt, at Harnack (S. 33) kan tale om 'den plumpe, af Smigerier struttende Skrivelse.' Wenig gute Meinung hat auch *Bardenhewer*, Gesch. der Altkirchl. Literatur II (1914, 1962) 484.

[8] Vgl. *Koch*, RE Art. Novatian (Moyses oder Maximus); *Andersen* Novatian (Moyses); *Torm* aaO (Moyses); für Nicostratus spricht, daß er hier wie schon im (verlorenen) Brief an Saturninus, Aurelius etc. in die Superscriptio namentlich einrückt, während Cyprian selbst ihn von Amts wegen wie ep. 28 zeigt, nicht ohne weiteres als einen der führenden Konfessoren ansah. Gegen Moyses spricht, daß der Inhalt seiner Subscriptio zu ep. 30 bzw. der ganze Brief inhaltlich mit Ep. 31 schwer in Einklang zu bringen ist. Die Verbindung mit Novatian ist durch ep. 55, 5 für Nicostratus ebenso bezeugt wie für Moyses und Maximus. Cyprian erwähnt in seiner Antwort auf ep. 31 wieder nur die rang-höchsten Presbyter Moyses und Maximus; die genannten Diakone Nicostratus und Rufinus aber reiht er anonym in die Zahl der anderen Konfessoren ein.

mus, den Diakon Rufinus und besonders auch an Nicostratus zu denken[8].
In kirchenpolitischer Hinsicht hat dieser Brief dokumentarischen Charakter, denn er gibt uns eine sicher vollständige Sammlung aller Argumente,
die die Vertreter der unerbittlich harten Haltung gegenüber den Gefallenen auf der von Novatian ep. 30, 8 erwähnten Synode vorgebracht haben,
und wirft insofern auch ein Licht auf ep. 30 und die Haltung Novatians
selbst. Denn ep. 30 ist mit keinem Wort wirklich die Übereinkunft zur
Milde vorbereitet, die man bezüglich der Gefallenen, die im Angesicht des
Todes den Frieden der Kirche erbitten, auf dieser Synode beschlossen hat
und die schon, wie ep. 8 beweist, früh der Einstellung breiter Kreise im römischen Klerus entsprach. Nicht zufällig läßt sich Cyprian in seiner Mitteilung dieses Beschlusses ep. 30, 8 mehr über das Bußverfahren aus, als
daß er nach einer theologischen Begründung fragt, die die Begnadigung
der Gefallenen rechtfertigt. Der greise Konfessor Moyses gerät in diesem
Zusammenhang sogar in ein gewisses Zwielicht, da er mit seiner subscriptio gemäß dem Versammlungsbeschluß ausdrücklich den Frieden für
die Sterbenskranken verfügt hat. Dazu war er offenbar als der Vorsitzende
im Klerus verpflichtet. Die mit ep. 30 gleichzeitige ep. 31, die auch den
Namen des Moyses trägt, kennt in dieser Hinsicht kein Erbarmen. Im
Grunde widerruft sie die den Sterbenskranken entgegenkommende Entscheidung, denn mit keinem Wort geht der Brief darauf ein, er stellt nicht
einmal die Möglichkeit in Aussicht. Die Konfessoren nehmen hier eine un-
erbittliche Haltung ein, die für eine milde Behandlung auch nicht den ge-
ringsten Raum läßt.

Der Brief verfolgt zwei Gedanken. Er zollt Cyprian für seine strenge
Haltung und die Hartnäckigkeit, mit der er damit gegen seine Gegner in
Karthago angegangen ist, volle Anerkennung, die von Schmeicheleien
strotzt. Zum anderen reflektiert er im Bilde der Krankheit die Therapie
gegenüber den Gefallenen mit dem ausschließlichen Medikament absolu-
ter Strenge. Im letzten Kapitel (31, 8) wird der Grund genannt, der beide
Gedanken des Briefes zusammenfügt. „Warum sollten die Bekenner Christi hinter Schloß und Riegel im schmutzigen Kerker schmachten, wenn
die Verleugner keine Gefahr für den Glauben zu fürchten haben." Die
Konfessoren erbost der Gedanke, daß sich andere auf ihre Kosten ein

---

Dagegen hat der Diakon Nicostratus laut ep. 27, 4 aber auch namentlich in der
Superscriptio zu dem (verlorenen) Schreiben der römischen Konfessoren an
ihre Schicksalsgenossen in Karthago fungiert, d. h. auch persönlich verantwortlich gezeichnet (zu den Namen in der Superscriptio vgl. *Roller*, Formular 57 f.).
Der Name des Rufinus war in diesem Brief noch nicht aufgeführt. Was erklärt
demnach die Erwähnung des Nicostratus in der Superscriptio von ep. 31 besser,
als daß er einen ganz wesentlichen Anteil an der Abfassung dieses Schreibens
hatte? Wichtig ist darüber hinaus, daß die Presbyter und Diakone gemeinsam
in allen Schreiben auftreten.

schönes Leben machen können. „Warum lassen die Bekenner sich im Namen Gottes in Fesseln und Ketten legen, wenn solche, die das Bekenntnis verweigert haben, nicht einmal der Gemeinschaft verlustig gehen?" So geht es weiter bis zum letzten Satz des Briefes, mit der „höchst richterlichen" Entscheidung, zu der sich die Bekenner auf Grund ihrer alten Rechte befugt sahen: „Denn der Glaube, der die Möglichkeit hatte, Christus zu bekennen, hätte auch von Christus in der Gemeinschaft erhalten werden können. Wir wünschen Dir, lieber Bruder, stets Wohlergehen. Gedenke unser."

Dies sind die Töne, die die Konfessoren Cyprian gegenüber anschlagen. Sie wollen ihm den Rücken stärken und die aufbegehrenden karthagischen Bekenner in ihre Schranken zurückweisen. Doch sie schießen nicht aus Gutmütigkeit um des karthagischen Bischofs willen übers Ziel. Vielmehr wird hier die eigene Misere der römischen Konfessoren deutlich. Sie sehen sich um die Frucht ihrer Leiden betrogen, wenn sich nun die in Freiheit lebenden Kreise ihrer eigenen Gemeinde durchsetzen und den allgemeinen Frieden erreichen können. Das eigentliche Bußverfahren steht nur ganz am Rande ihrer Überlegungen. Sie sind sich einig, daß in jedem Fall nach den strengsten Maßstäben und mit größter Härte zu verfahren ist.

Die Schwierigkeit besteht im allgemeinen Schwebezustand. Bald seit Jahresfrist leben die Bekenner im Gefängnis. Sie können sich ziemlich frei bewegen. Zum Martyrium kommt nur, wen die Kräfte aus Alters- oder Gesundheitsgründen verlassen.

Die Konfessoren fühlen sich bemüßigt, darauf hinzuweisen: „Wenn wir noch nicht unser Blut vergossen haben, wohl aber bereit sind, es zu tun, so möge niemand diesen Aufschub (unseres Martyriums) für Milde halten; denn er steht uns nur im Wege, er bereitet unserem Ruhm nur ein Hindernis, er rückt uns den Himmel in weite Ferne und bringt uns um die ruhmreiche Möglichkeit, Gott zu schauen."

Offenbar rechneten sie schon damals mit der Möglichkeit, die dann auch eingetreten ist, daß sie unter Decius nicht mehr zu einem spektakulären Martyrium kommen; alle namentlich Genannten waren bald wieder auf freiem Fuß und sind dann später Novatian ins Schisma gefolgt.

Ep. 31 gibt uns also einen Einblick in die Haltung der Konfessorenpartei der Römer. Es hat den Anschein, als sei selbst die milde Behandlung der Sterbenskranken den Konfessoren erneut (vgl. ep. 8) abgerungen worden. Der Brief ist auch ein beredtes Zeugnis für die Gründe, die den großen Umschwung der Römer gegenüber Cyprian herbeigeführt haben. Noch haben die Kreise um Moyses, Maximus, Nicostratus, Novatian etc. das entscheidende Wort; und sie sichern sich gleich mit ep. 31 in dem karthagischen Bischof Cyprian einen Mann, der bereit war, ihre in Zweifel gezogene Autorität zu stützen. So ist verständlich, daß die römischen Kon-

fessoren sich mit jedem nur denkbaren Argument und Pathos ins rechte
Licht zu rücken suchen und Cyprian zugleich in so primitiver und arro-
ganter Form völlige Anerkennung zollen. Der Brief will nicht wie Novatian mit seiner ep. 30 in Karthago vermitteln und Frieden stiften, sondern
sucht den Bischof Cyprian zum willkommenen Verbündeten der römischen
Konfessoren zu machen.

O) Der fünfte (verlorene) Brief Cyprians an den römischen Klerus

In ep. 36, 4 bestätigt Novatian den Eingang eines Schreibens von Cyprian, das keine Aufnahme in die Briefsammlung gefunden hat[1]. Während bei den 12 anderen Schriftstücken des Bischofs, die in der Briefsammlung verlorengegangen sind, gute Gründe erklären können, warum sie
nicht überliefert wurden, bietet sich hier nur die Möglichkeit an, daß das
Schreiben von sehr geringem Umfang und ganz geringem allgemeinem
Interesse, das heißt, ziemlich belanglos war[2]. Dieses legt die Antwort
Novatians nahe; obendrein dürfte der Inhalt des Schreibens bald durch
ep. 59, 10 antiquiert gewesen sein. Dennoch ist es verwunderlich, daß
der Brief nicht sogar eine ganz bedeutende Stelle in der Überlieferung erhalten hat, denn er fällt zusammen mit dem als Antwort auf das

---

[1] *Hartel,* 575, 18 ff.
[2] So auch *v. Soden* Briefsammlung 19; vgl. dazu *A. v. Harnack,* Über verlorene Briefe und Aktenstücke, die sich aus der Cyprianischen Briefsammlung
ermitteln lassen, TU NF VIII 2 (1902). Er ermittelte 70 Stücke. Nur 13 (Harnack weist nur 11 nach) stammten von Cyprian. *H. v. Soden,* Briefsammlung,
18 ff. hat einsichtig gemacht, daß keinerlei Veranlassung zu der Vermutung besteht, daß über diese auf Grund der Nachrichten der Briefsammlung ermittelten Schreiben hinaus noch weitere Stücke Cyprians verlorengegangen sind.
Seine Aufstellung und Erklärung, in der er weitgehend Harnack folgt, (S. 19 ff.)
ist im wesentlichen richtig und reicht für unseren Zweck aus. *Harnack's* Nr. 26
enthielt die Namen der orthodoxen Bischöfe in Afrika und wurde nach Auskunft von ep. 59, 9 nach Rom gesandt; Nr. 33 bot die Namen der Spender für
die Kollekte, die mit ep. 62 nach Numidien geschickt wurde, diesem Brief abschriftlich beigegeben. Beide Listen verloren sehr rasch ihren Wert in den
Augen der Leser cyprianischer Briefe. Dazu kommen zwei Synodalschreiben
(H. Nr. 31 u. 34); das erste stammte von der Synode im Jahre 251, betraf die
lapsi und wird ep. 55 zitiert; das zweite war das Votum der zweiten Synode im
Ketzertaufstreit (256) und ist ep. 73, 1 bezeugt. Richtig vermutet *v. Harnack,*
daß das erste, antiquiert durch den in ep. 57 erhaltenen Synodalbeschluß, und
das zweite, nur den Beschluß in ep. 70 wiederholend, der Aufnahme in die
Sammlung nicht wert waren. Mit den (abgesehen von dem ep. 36, 4 erwähnten
Schreiben) weiteren 6 Briefen Cyprians, die nicht erhalten sind, steht es ganz
ähnlich. Sie waren entweder durch spätere Schreiben überflüssig geworden oder
aus offenkundigen sonstigen Gründen absichtlich unterdrückt worden. Vgl.
v. Soden, aaO 20 ausführlich dazu.

große Anerkennungsschreiben der Römer nun fälligen Dankesschreiben des Bischofs. In angemessener Form, das heißt entsprechend der bisherigen beiderseitigen Korrespondenz, hätten die Römer einen ganz ausführlichen Brief erwarten können, in dem Cyprian auf die von Novatian vorgetragenen gewichtigen theologischen Ausführungen eingeht. Doch es gibt keinen Anhaltspunkt dafür, daß Cyprian, vielleicht über die bloße Bestätigung des Eingangs hinaus, den Römern in nennenswerter Weise gedankt hat. Auch die weiteren Briefe zeigen, daß der Bischof nach seinem großen Erfolg, den er mit ep. 30 errungen hat, schlagartig das Interesse am Briefwechsel mit den Römern verloren hat[3]. Offenbar ist er bereits mit diesem verlorenen Brief sogleich dazu übergegangen, routinemäßig die anfallenden Geschäfte zu erledigen.

Novatian notiert ep. 36, 4: „Was aber den Privatus von Lambese anlangt, so hast Du Deiner Gewohnheit gemäß gehandelt[4], indem Du uns die Sache als eine beruhigende mitteilen wolltest. Denn es ziemt sich, daß wir alle für den Körper der ganzen Kirche, dessen Glieder durch die verschiedenen Provinzen verstreut sind, Wache halten. Aber noch vor Deinem Brief konnte uns die Täuscherei des verschlagenen Menschen nicht verborgen bleiben. Denn da schon früher ein gewisser Futurus, ein Fahnenträger des Privatus, aus dessen nichtswürdiger Cohorte gekommen war und unter Täuschungen ein Schreiben von uns herauslocken wollte, so entging uns nicht, wer er wäre, und er bekam das Schreiben nicht, das er wollte. Wir wünschen Dir beständiges Wohlergehen."

Privatus war früher Bischof von Lambese in Numidien und als solcher schon vor Cyprians Amtsantritt von einer Synode von 90 afrikanischen Bischöfen aus der Kirche ausgeschlossen worden. Auch Fabianus hatte ihn in einem Schriftwechsel mit Cyprians Vorgänger in Karthago, Donatus, veruteilt[5]. Später hat Cyprian sich wieder mit ihm auseinandersetzen müssen, das geht aus einem Schreiben an Bischof Cornelius hervor[6].

---

[3] Es folgt bis zur Bischofswahl in Rom, also bis März/April 251 überhaupt kein offizieller Brief an den römischen Klerus mehr. Nur noch ein Brief (ep. 37) ist an die römischen Bekenner gerichtet als Dank für deren ep. 31!

[4] Vgl. ep. 30, 1.

[5] Vgl. ep. 59, 10 (*Hartel*, 677, 14 ff.: (Cyprian an Cornelius): significavi tibi, frater, venisse Carthaginem Privatum veterem haereticum in Lambesitana colonia ante multos fere annos ob multa et gravia delicta nonaginta episcoporum sententia condemnatum, antecessorum etiam nostrorum, quod et vestram conscientiam non latet, Fabiani et Donati litteris severissime notatum..." Näheres ist nicht bekannt. Die Verurteilung dürfte in die vierziger Jahre fallen.

[6] Ep. 59, 10 (*Hartel*, 677, 14 ff.)

8*

P) Der zweite Brief des römischen Klerus an Bischof Cyprian: ep. 36

„Cypriano papati presbyteri et diacones Romae
consistentes salutem."[1]

Dieses Schreiben ist eine Antwort auf Cyprians ep. 35, in dem der Bischof harte Maßnahmen im Vorgehen gegen die ihm feindlich gesonnenen Konfessoren und Gefallenen in Karthago angekündigt hatte. Ep. 30 hatten die Römer dieses Schreiben noch nicht in Händen, da es sich mit ihrer eigenen Sendung an Cyprian (ep. 30 und 31) gekreuzt hatte. Nun fordern ihn die Römer zur Mäßigung und Besonnenheit auf.

Die Verfasserschaft Novatians ergibt sich eindeutig aus inneren Kriterien und ist in zahlreichen Untersuchungen sicher nachgewiesen worden[2].

Der Brief beweist, daß die Römer auch weiterhin gewillt sind, voll und ganz hinter Cyprian zu stehen, und ihnen daran gelegen ist, zwischen beiden Gemeinden Übereinstimmung in allen wesentlichen Entscheidungen zu erzielen.

Auch in diesem Brief setzt Novatian voraus, daß Cyprian das Schreiben umgehend an seine Gemeinde in Karthago weiterleiten wird. Daher stellt er sich mit klaren Worten hinter den Bischof und widerlegt die anmaßenden Behauptungen der Gefallenen und ihrer Fürsprecher in deren Konfessorenpartei. Dabei kann er den in ep. 28 von Cyprian noch recht unfertig geäußerten Gedanken, den er in ep. 30 nur ganz zurückhaltend aufnahm, vertiefen, ohne gleich den Bischof zum Märtyrer zu machen[3]: „Sie mögen bedenken, was Sie, auf diese Weise zu tun, sich unterfangen. Denn wenn Sie sagen, daß einen anderen Grundsatz das Evangelium und einen anderen die Märtyrer aufgestellt haben, so werden Sie, indem sie die Märtyrer gegen das Evangelium ausspielen, auf beiden Seiten in Gefahr kommen. Die Majestät des Evangeliums wird ebenso überwunden wie das Martyrium, das seine Bekennerkrone nur durch die Beobachtung des Evangeliums erlangt. Nur durch die conservatio euangelii wird man zum Märtyrer. Daher ziemt es sich wahrlich für keinen weniger, etwas gegen das Evangelium zu beschließen, als für einen, qui martyris nomen ex evangelio laborat accipere." Märtyrer wird nur der, der um den Frieden der Kirche kämpft und der mit seinem Leben dafür einsteht, seinen Frieden mit der Kirche zu erhalten[4]. Diese Gedanken zielen auf die Person Cyprians,

---

[1] *Hartel*, 572, 9—10.
[2] Vgl. zuletzt abschließend und unwiderlegbar *Melin*, Studia in Corpus Cyprianeum, 43—67 u. 79. Da auch in der älteren Forschung Einmütigkeit in dieser Frage herrscht, bedarf sie an diesem Ort keiner weiteren Diskussion.
[3] Ep. 36, 2, vgl. *Hartel*, 573, 19 ff.
[4] *Hartel*, 574, 22 ff. Hier spricht Novatian vermutlich in eigener Sache. Denn

dessen Leiden im Kampf um die Beobachtung der disciplina euangelii Novatian am Anfang des Briefes hervorhebt. Sie enthalten die rechtfertigende Begründung, warum sich Rom nun vorbehaltlos hinter Cyprian stellt und ihm alle Ehrenrechte, gerade auch die Vorrechte der Konfessoren, einräumt.

Die Ermahnungen Novatians an die Karthager gipfeln in dem Satz: „Sie mögen durch die schuldige Ehrbezeigung gegen den Priester Gottes die göttliche Barmherzigkeit auf sich herabziehen."[5] Der römische Presbyter nimmt damit die Gedanken Cyprians aus ep. 28 auf und vertieft sie. Der „Priester Gottes" ist Cyprian.

Auffallend ist, daß er den Karthager mit Bruder anredet. Diese Anrede eines Bischofs ist für Presbyter und Diakonen damals noch ungewöhnlich und erklärt sich nur aus dem Selbstbewußtsein des römischen Klerus[6], die Bischofsstelle im Kollegium voll zu vertreten. In diesem Zusammenhang ist auch zu beachten, daß das 3. Kapitel mit „tu Cypriane" beginnt und dann zu „vos" übergeht.

Das dritte Kapitel bringt das eigentliche Anliegen der Römer zur Sprache. Es wird nach der Auseinandersetzung mit den Forderungen der Gefallenen eingeleitet[7]: Tu tamen, frater, numquam pro tua caritate desistas lapsorum animos temperare et errantibus veritatis praestare medicinam, licet animus aegrotans medentium respuere soleat industriam. Die Aufforderung, um der Liebe willen nicht die Geduld zu verlieren, sondern demütig um das Heil der Gefallenen besorgt zu sein, wird dann weiter ausgeführt. Dieses Kapitel weist auf die beiden voraufgegangenen Schreiben zurück.

Cyprian hatte die Gefallenen scharf, und ohne auf ihre Forderungen überhaupt etwas zu erwidern, abgewiesen und ihr Schreiben mit ep. 33

---

um des Friedens willen hat er bereits auf der Synode Zugeständnisse machen müssen und unter anderem die erhoffte Wahl zum Bischof der Römer zurückstellen müssen.

[5] 36, 3 (Hartel, 575, 12).

[6] S. dazu ep. 8 und die pseudo-cyprianische Schrift de aleatoribus. Zur Anrede selbst vgl. ep. 31, 2 (Hartel, 558, 9) und ep. 30, 1 (549, 10) frater Cypriane. Der Bischof selbst gebraucht die Bezeichnung ep. 2, 3, 4, 5, 7, 11, 12, 14, 16, 17, 19, 25, 26, 29, 32, 34, 44, 45, 47, 48, 51, 52, 55, 57, 59, 60, 61, 62, 63, 64, 65, 67, 68, 71, 72, 73, 74, also ziemlich regelmäßig. Gegen *Melin*, den hier doch alles täuscht, Studia in Corpus Cyprianeum, 45: „Haec appellationis forma, nisi omnia me fallunt, admodum rara est. Apud Cyprianum nusquam invenitur"; er hat sich offenbar nur an Hartels Index gehalten. Vgl. sonst noch Min. Fel. 3,1 u. 5,1; dazu auch *Engelbrecht*, Das Titelwesen bei den spätlateinischen Epistolographen (1893) 11 mit dem Hinweis auf ein Schreiben des Symmachus an Nicomachus Flavius: Symmachus Flaviano fratri; u. Symm. ep. II 18 (S. 48, 10 ff. Seeck). Auffällig ist in unserem Zusammenhang nur, daß der Presbyter den Bischof in dieser Form anredet; vgl. auch *v. Harnack*, Weizsäcker-Festschrift 35.   [7] Hartel, 574, 20—22.

zurückgehen lassen. Novatian beklagt zwar ihr ungebührliches Verhalten, setzt sich aber mit ihren Ansprüchen in Kap. 1 und 2 ausführlich auseinander, wobei er die Position des Bischofs fest und eindeutig vertritt. Damit holt er nach, was Cyprian in seiner Anwort an die Gefallenen unterlassen hatte. Diese Beobachtung offenbart das Verantwortungsbewußtsein und seelsorgerliche Geschick des römischen Presbyters, der davon ausgehen konnte, daß Cyprian seinen Brief auf dem Weg der abschriftlichen Weitergabe veröffentlichen würde.

Im 4. Kapitel fällt auf, daß Novatian mit cohors nequitiae jede Vereinigung bezeichnet wissen will, die nicht mit Rom geht, sich nicht an der Übereinstimmung mit Rom ausrichtet und fügt. Dabei ist wichtig, daß die Römer in den Berichten Cyprians bereits „Gewohnheit" (mos) sehen.

Die Gedanken, die Novatian in diesem Brief äußert, nehmen die Haltung Cyprians nicht nur in „de unitate ecclesiae", sondern auch seine späteren Entscheidungen im Ketzertaufstreit vorweg. Wörtlich sagt Novatian, daß jedem die Bekennerkrone entrissen werde, der nicht für seinen Frieden mit der Kirche Blut vergossen hat oder Folterqualen auf sich genommen hat. Mit dem gleichen Argument verdammt Cyprian später Novatian als Ketzer.

Mit ep. 35 wollte Cyprian, daß die Römer sich an ihre ep. 8. erinnern[8]. Ep. 36 schließt Novatian mit einem Gedanken, der offenbar durch den Schluß von ep. 8 angeregt ist, der Pflicht aller, für den Körper der ganzen Kirche, dessen Glieder durch die verschiedenen Provinzen verstreut sind, Wache zu halten[9].

Q) Der zweite Brief Cyprians an die römischen Bekenner: ep. 37

„Cyprianus Moysi et Maximo presbyteris et ceteris
confessoribus fratribus salutem"[1].

Dieser Brief aus dem Frühjahr 251 ist das letzte Schreiben der Korrespondenz zwischen Rom und Karthago zur Zeit der Sedisvakanz. Cyprian wendet sich nach längerer Pause wieder an die römischen Bekenner, die mittlerweile seit über einem Jahr im Gefängnis sitzen. Unmittelbarer Anlaß ist die Rückkehr des Celerinus aus Rom. Der Brief führt in aller Kürze und schlagwortartig die Märtyrertheologie weiter aus und zieht klare Konsequenzen aus den vorhergehenden Schreiben.

Stilistisch zeigt der Brief große Ähnlichkeit mit den älteren Briefen Cyprians an die Konfessoren: ep. 6, 10, 28. Zwar gebraucht Cyprian auch in diesem Brief die Formel „nostra mediocritas" wie ep. 20, doch fehlen

---

[8] S. o. S. 87 f. [9] S. o. S. 44.
[1] *Hartel*, 576, 2—3.

die zahlreichen Übertreibungen, die besonders ep. 28, 1 hervortraten. Cyprian wirbt nicht mehr um Rehabilitierung und Unterstützung, sondern dankt für die Anerkennung und die Verehrung, die die Konfessoren ihm in der Person des Celerinus entgegenbringen. Die Lobsprüche auf die Bekenner bewegen sich in den konventionellen Phrasen.

Gegenüber ep. 28 hat Cyprian seine Idee des Martyriums wohl unter dem Eindruck der vertiefenden Ausführungen Novatians ep. 36, 2 in diesem Brief noch klarer entfaltet. Als Kriterien für ein wahres Martyrium führt er nun auf[2]:

1. Domini mandata servare
2. evangelicam disciplinam sincero fidei vigore tenere
3. incorrupto honore virtutis cum praeceptis Domini et cum apostolis eius fortiter stare
4. mutantem multorum fidem solidare.

Cyprian faßt diese Kriterien in einer kurzen Formel am Ende des Briefes zusammen. Vere testes et vere martyres Christi sein heißt: disciplinam cum virtute iungere et ad timorem Dei ceteros provocare[3].

---

[2] *Hartel*, 578, 3 ff.
[3] *Hartel*, 579, 8 ff. Weitere Einzelheiten hierzu und zum Inhalt des ganzen Briefes s. u. S. 147 f.

Dritter Teil

DIE GESCHICHTLICHE BEDEUTUNG DER KORRESPONDENZ

A) Die Flucht des Bischofs

Knapp ein Jahr bekleidete Cyprian[1] das Bischofsamt, als die decische Verfolgung ausbrach. Auf Grund seines Herkommens, seines beträchtlichen Vermögens[2] und seiner gesellschaftlichen Stellung stand er stärker noch als manche Bischöfe in anderen Städten im Mittelpunkt des öffentlichen Lebens in Karthago. Seiner prominenten Person galt das besondere Interesse der Bevölkerung, die sich, ermutigt durch die Maßnahmen des Kaisers Decius[3], offen gegen die Christen erhoben hatte. Von seiten der Behörden drohte Cyprian noch im Frühjahr des Jahres 250 wenig Gefahr. Sie hatten sich bislang darauf beschränkt, eine Reihe von Bekennern aus Karthago zu verbannen, andere in leichte Haft zu nehmen. Die Handlungsfreiheit des Bischofs beschnitten sie jedoch zunächst nicht. Um so mehr konzentrierte sich die Wut des Volkes auf Cyprian. Es war vielleicht sogar durch Rücksichten, die der Statthalter auf die Persönlichkeit des Bischofs nahm, aufgereizt. Im Januar 250 nahm die Volkshetze gegen ihn so schlimme Formen an, daß ein Verbleib des Bischofs in Karthago seinen sicheren Tod bedeutet hätte.

---

[1] Eine einleuchtende Erklärung der lange strittigen Namensform gibt *H. Kraft*, Kirchenväter 360. Nach der Überlieferung lautet der volle Name im allgemeinen Caecilius Cyprianus et Thascius. In den zuverlässigen Akten des Cyprian-Martyriums wird der Bischof nach dem Protokoll von dem Proconsul Paternus durch die Frage identifiziert: „tu es Thascius Cyprianus?" Weiterhin lehrt der Panegyricus, den der afrikanische Diakon Pontius bald nach dem Tode des Bischofs verfaßte, daß Cyprian durch einen Presbyter Caecilianus oder Caecilius (Hieronymus) zur Übernahme der Taufe bewogen worden war. Und Hieronymus schreibt, Cyprian habe von diesem Presbyter das Cognomen angenommen. Alle Nachrichten zusammengenommen lassen die Folgerung zu, daß der Name vor der Bekehrung Thascius Cyprianus und nach der Taufe Caecilianus Cyprianus qui et Thascius gelautet hat.

[2] Vgl. dazu vor allem *H. Kraft*, Die Kirchenväter 363.

[3] Vgl. dazu *Ch. Saumage*, La persécution de Dèce en Afrique, d' après la correspondance de S. Cyprien, Byzan 32 (1962) 1—29 (vorher auch BSNAF (1957) 23—42).

Diese Situation stellte Cyprian vor die Alternative, sich entweder der Empörung der karthagischen Bevölkerung zu stellen und ein Martyrium auf sich zu nehmen, das unweigerlich den Auftakt zu einer allgemeinen Christenhetze in Karthago bedeutet hätte, oder sich mit einer Flucht der Volkswut zu entziehen und sich damit unweigerlich der ablehnenden Kritik seiner Gegner in der Kirche auszusetzen. Der Bischof entschloß sich zu fliehen. Er wollte um jeden Preis — auch auf Kosten des eigenen Rufes — seine Gemeinde durch die schwere Zeit der Verfolgung hindurchführen.

Die staatlichen Maßnahmen zielten zunächst darauf, die Kirche führerlos zu machen und durch die Hinrichtung der Häupter die Gemeinden in Panik zu versetzen. Innerhalb weniger Tage starben die Bischöfe von Rom, Antiochien, Cäsarea und Jerusalem den Märtyrertod. In Alexandrien konnte sich Bischof Dionysius nur mit knapper Not dem Zugriff der Behörden entziehen und fliehen.

Doch noch bevor diese Ereignisse auf die Entscheidung Cyprians Einfluß nehmen konnten, beschloß der Bischof, Karthago vorübergehend zu verlassen. Der strenge Standpunkt Tertullians und der Montanisten, die jede Flucht aufs schärfste verurteilten, hatte sich in der katholischen Kirche nicht durchgesetzt. Doch unvermeidlich wurde die Handlungsweise Cyprians durch das Verhalten der Bekenner und sehr bald vor allem durch das Beispiel der Märtyrer, insbesondere der bischöflichen Amtsbrüder, in Frage gestellt.

Zunächst mußte Cyprian vor allem mit einer Ablehnung seiner Handlungsweise in gewissen Kreisen der eigenen Gemeinde rechnen. Bei seiner kaum ein Jahr zurückliegenden Bischofswahl hatte sich Cyprian gegen eine starke Opposition durchgesetzt, die seitdem wiederholt versucht hatte, seine bischöfliche Würde zu untergraben[4]. Leicht konnten seine Gegner nun alte Bedenken und Vorurteile gegen seine Person bestätigt sehen. Und auch von den verbannten oder inhaftierten Gliedern der karthagischen Gemeinde, die ihr Bekenntnis abgelegt hatten, konnte Cyprian wenig Verständnis erwarten.

Der Bischof traf eine Reihe von Maßnahmen, um sich nach Möglichkeit gegen die unausbleiblichen Angriffe auf sein persönliches Verhalten und seine bischöfliche Autorität abzusichern. Unter anderem reiste sein Subdiakon Crementius nach Rom und setzte die Brudergemeinde von den näheren Umständen der Flucht und den Gründen, die Cyprian dazu bewogen hatten, in Kenntnis[5]. Schon lange standen beide Gemeinden in reger Ver-

---

[4] Vgl. ep. 16, 2 (*Hartel*, 517, 16 f.) „Die Verunglimpfung unserer bischöflichen Würde könnte ich noch übersehen und ertragen, wie ich sie stets übersehen und ertragen habe. Aber das Übersehen ist jetzt nicht mehr am Platze, da unsere Brüder von einigen unter euch hintergangen werden…" Zur Bischofswahl s. u. S. 33; vgl. auch *Kraft*, Kirchenväter 366; *v. Campenhausen*, Lat. Kirchenväter 38.

bindung und gegenseitigem Nachrichtenaustausch. Wie im umgekehrten Fall später bei dem römischen Bischof Cornelius[6] hing für Cyprian viel davon ab, ob die Römer seinen Schritt billigen oder ablehnen würden. Doch Crementius richtete wenig aus. In den gleichen Tagen kehrte der römische Kleriker Bassianus von einem Aufenthalt in Afrika nach Rom zurück. Er war in Karthago mit dem Gegner Cyprians, dem Bekenner Lucian, gut Freund geworden und berichtete nun ebenfalls aus seiner Sicht von der Flucht.

Noch wichtiger für die Meinungsbildung der Römer war freilich ein Ereignis, das Cyprian nicht voraussehen konnte. Am 20. Januar 250, gerade als die Nachricht von der Flucht des Karthagers in Rom eintraf, war der weit über die Grenzen Roms angesehene Bischof Fabian den Märtyrertod gestorben. Die Römer achteten ihn als ein für alle Christen verbindliches Vorbild. In dem offiziellen Bericht von seinem Martyrium würdigten sie die tadellose Amtsführung ihres Bischofs, der seine Festigkeit im Glauben und in der „virtus" bewiesen hatte. Gemessen an dem Vorbild Fabians wäre es Cyprians Pflicht gewesen, seine Gemeinde durch seine Anwesenheit zu stärken, und wenn er ihr sonst nicht mehr beistehen konnte, durch seinen Tod ein Zeugnis des Bekennermutes und der Treue zu seiner Gemeinde abzulegen.

Doch nicht nur das Vorbild Fabians mußte das Urteil über die Flucht des Bischofs belasten. Hinzu kam, daß Cyprian aus Gründen geflohen war, die die Römer aus ihrer Sicht der Verhältnisse unmöglich ohne weiteres anerkennen konnten. Entscheidend war für den Bischof gerade nicht eine Gefahr, die ihm als hohem Würdenträger der Kirche von dem Kaiser und seinen karthagischen Behörden drohte, sondern die Wut des Volkes, die sich auf seine Person konzentrierte. Noch im nachhinein konnte Cyprian von der quietas fratrum sprechen, die er durch sein Verbleiben nicht

---

[5] Anders *H. v. Campenhausen*, Kirchenväter, der Crementius für die unkorrekte Berichterstattung verantwortlich macht. Dagegen s. jedoch u. S. 9 f.

[6] Vgl. ep. 48, 1. Was die Römer mit Cyprian gemacht hatten, indem sie ihre Briefe nicht an ihn, sondern an den Klerus von Karthago adressierten, machte Cyprian ein Jahr später mit dem römischen Bischof Cornelius. Als auf sein Betreiben hin die Kirche von Hadrumetum ihre Briefe nicht mehr an Cornelius, sondern an die Presbyter und Diakone in Rom adressierte, protestierte Cornelius sofort wegen dieser Beleidigung bei Cyprian, durch die die Rechtmäßigkeit und Würde der bischöflichen Stellung des Römers offenkundig in Zweifel gezogen worden war. Seine Maßnahme rechtfertigte Cyprian ep. 48. In diesem Zusammenhang liegt es nahe, den Auftrag an die afrikanischen Bischöfe Caldonius und Fortunatus, die sich persönlich von den Vorgängen in Rom ein Bild machen sollten, mit der Nachricht ep. 8 Ende in Beziehung zu setzen, daß der römische Kleriker Bassianus aus Karthago zurückgekehrt sei. Die auch sonst begründete Vermutung, daß er aus Anlaß der Flucht Cyprians und der verworrenen Verhältnisse in Karthago von den Römern mit einer Inspektionsreise beauftragt war, wird dadurch noch wahrscheinlicher.

gefährden wollte. Er beurteilte seine Anwesenheit in Karthago als eine Herausforderung an die Bevölkerung. Von den Behörden war zum Zeitpunkt der Flucht gar nicht die Rede[7].

Der Bischof sah sich zu der Hoffnung berechtigt, daß er in dieser Situation seiner Kirche, wenn er überlebte, wesentlich mehr dienen könnte als durch einen Märtyrertod, der seine Gemeinde nicht nur führerlos gemacht, sondern obendrein eine allgemeine Christenhetze in der karthagischen Bevölkerung ausgelöst hätte.

Die Möglichkeit, seiner Gemeinde als Bischof beizustehen, erkaufte Cyprian sich um den Preis des Vorwurfs der persönlichen Feigheit. Eben diesen Vorwurf hat er später durch sein Martyrium in einem Alter widerlegt, das ihn nur noch für diesen letzten Dienst an seiner Kirche befähigte[8].

Die Römer mußten die Gegebenheiten von vornherein völlig anders einschätzen. Alle Besonderheiten der Lage Cyprians gegenüber den Verhältnissen in Rom und im übrigen Reich konnten nur zu Mißverständnissen und Zweifeln an der Lauterkeit der Motive des Bischofs Anlaß geben. Alles, was Crementius und dann vor allem Cyprian selbst[9] an Gründen für die Flucht vorbringen konnten, lief darauf hinaus, daß Cyprian als Standesperson in besonderem Maße gefährdet war und daß die Römer seinen Schritt billigen möchten, eben weil er eine insignis persona sei. Gerade mit solchen insignes personae aber hatten die Römer während der Verfolgungen schlechte Erfahrungen gemacht. So kam es, daß die Beurteilung der Handlungsweise Cyprians durch Ereignisse belastet wurde, auf die der Bischof sich nicht hatte einrichten oder gar Einfluß nehmen können: die doppelte Information der Römer durch Crementius und Bassianus, das Zusammentreffen der Nachricht von der Flucht mit dem Martyrium des großen Fabian, und schließlich die gegenüber den lokalen Besonderheiten in Karthago so anderen Gegebenheiten der Verfolgungssituation in Rom und dem übrigen Reich.

---

[7] de laps. 3 (*Hartel*, 238, 24 f.) erfahren wir, daß die Behörden Fristen gesetzt hatten, innerhalb derer die einzelnen Personen das Opfer zu erbringen bzw. abzuschwören hatten. Für Cyprian war die Frist offenbar noch längst nicht verstrichen. Die Behörden in Karthago verlangten jedenfalls von ihm zu diesem Zeitpunkt noch nicht das Opfer.

[8] Wer nach persönlichen Gründen fragt, die bei der Entscheidung des Bischofs eine Rolle gespielt haben können, mag auch in der Aufnahme des Berichtes vom Martyrium Fabians durch Cyprian einen entsprechenden Hinweis erkennen. „Ich freute mich von Herzen darüber, daß ihm entsprechend seiner tadellosen Amtsführung nun auch ein ehrenvoller Heimgang beschieden war" lautete die spontane Antwort (ep. 9, 1) auf die Sendung der Römer, die ihm selbst das Recht auf einen solchen Lebensweg und die Verwirklichung dieses überkommenen römischen Lebensideals im Dienst der Kirche streitig machen wollte.

[9] Zur Bestätigung der genannten Gründe (s. o. ausführlich S. 33 f.) für die Flucht des Bischofs, die ganz wesentlich mit der besonderen gesellschaftlichen

B) Die Reaktion der Römer

Die Römer legten den Schritt Cyprians als Feigheit aus und beschlossen, den Bischof in Zukunft einfach zu übergehen und statt seiner nur noch mit dem Klerus von Karthago schriftlich zu verhandeln. Durch den Tod ihres Bischofs war die römische Gemeinde selbst in schwere Not geraten. Der Kaiser kümmerte sich in Rom persönlich um die Verfolgung. Vielleicht hat er sogar einzelne Christenprozesse selbst geleitet. Es war sein fester Wille, keinen neu gewählten Bischof zu dulden. Erst im Frühjahr 251 konnte es die Gemeinde wagen, einen neuen Bischof einzusetzen. Doch während andere Kirchen durch die Maßnahmen des Kaisers an den Rand der Auflösung geführt waren, erstarkte der römische Klerus und gab allen anderen Gemeinden ein Vorbild entschlossener Einigkeit. Die Gemeinde blieb fest in sich, obwohl sie auch die bittere Erfahrung machen mußten, daß „hervorragende Persönlichkeiten und andere, die die Menschenfurcht packte", schwach wurden und nicht die Kraft hatten, ihren Glauben zu bekennen. Dennoch waren die Römer weit entfernt, sich auf die Angelegenheiten der eigenen großen Gemeinde zu beschränken. Der Klerus achtete es gerade in dieser Zeit als eine alte überkommene Pflicht der Kirche Roms, „für die ganze Christenheit zu wachen". Der erste und der letzte Brief des römischen Klerus nach Karthago zur Zeit der Sedisvakanz schließen beide mit dem gleichen Selbstzeugnis: „ecclesia tota (Romana) quae et ipsa cum summa sollicitudine excubat pro omnes qui invocant nomen domini" und „omnes nos decet pro corpore

---

Stellung Cyprians und überhaupt mit seiner Person zusammenhingen, sei hier noch auf de laps. 3 hingewiesen. Dieses Kapitel der allgemeinen Abhandlung vermehrt die bereits erwähnten Äußerungen des Bischofs zu seiner eigenen Rechtfertigung. Mit größerer Gelassenheit und besseren Argumenten schreibt der Bischof ein Jahr später, als die Verfolgung längst aufgehört hatte: „Wenn die zum Abschwören gestellte Frist verstrichen ist, so hat sich jeder, der innerhalb dieser Frist nicht abgeschworen hat, damit als Christ bekannt. Der erste Ruhmestitel des Sieges ist es, wenn jemand, von den Händen der Heiden ergriffen, den Herrn bekennt; die zweite Stufe zum Ruhme besteht darin, sich in vorsichtiger Flucht den Häschern zu entziehen und sich einstweilen für Gott noch aufzubewahren. Das ist ein öffentliches, dieses ein privates Bekenntnis (privata confessio); der erste ist Sieger über den weltlichen Richter, dieser begnügt sich damit, Gott zum Richter zu haben, und bewahrt sich in der Unschuld seines Herzens ein reines Gewissen." Dieser letzte Satz macht deutlich, wie sehr Cyprian hier in eigener Sache redet. Denn er wiederholt nahezu wörtlich die Ausführungen aus ep. 30, 1, mit denen Novatian gleich zu Beginn seines großen Anerkennungsschreibens die Situation des Bischofs würdigt. (Dazu s. u. S. 137). Abgesehen davon setzt Cyprian sich hier indirekt die Bekennerkrone aufs Haupt. Zum Zeitpunkt seiner Flucht war seine „Frist" noch längst nicht abgelaufen, woraus sich wohl auch die Zurückhaltung der Behörden ihm gegenüber erklären mag.

totius ecclesiae, cuius per varias quasque provincias membra digesta sunt, excubare."[1]

Der letzte Satz erinnert daran, daß alle Kirchen in gleicher Weise zum Wächteramt berufen sind. Doch es ist nicht zufällig, daß gerade die römische Gemeinde auf diese Pflicht hinweist und dabei die Einheit der sichtbaren Kirche so stark hervorhebt[2]. Seit der erste Klemensbrief nach Korinth geschrieben wurde, ist wiederholt bezeugt, daß die Römer es sich zur Pflicht machten, einzugreifen, wo die Gefahr drohte, daß eine Einzelgemeinde nicht mehr mit sich selber fertig wurde[3].

Als der umfangreiche und kunstvolle Bericht vom Tode des Bischofs Fabian, den wohl Novatian verfaßt hat, fertiggestellt war, fügten die Römer dem Exemplar, das für Karthago bzw. Afrika bestimmt war, als Anhang noch ein besonderes Schreiben bei. Ohne erneute Anrede knüpfte es direkt an den vorangegangenen Bericht an.

Der Leitgedanke des Schreibens vom Tode des römischen Bischofs war, daß der große Fabian entsprechend seiner untadeligen Amtsführung mit seinem Märtyrertod seine Handlungsweise ruhmreich besiegelt habe und dadurch für seine Kirche und alle Christen zum verbindlichen Vorbild geworden sei. Ihm stellten die Römer dann in einem der Sendung nach Karthago beigelegten besonderen Schreiben die schlimme Nachricht von der Flucht Cyprians gegenüber und bemerkten einleitend: „Papst" Cyprian möge für seinen Schritt als Standesperson seine Gründe gehabt haben. Die römischen Kleriker fühlten sich indessen durch das Wort und Gebot Jesu gebunden und in der Verantwortung gegen ihre Gemeinde zum unbedingten Ausharren verpflichtet (ep. 8, 1)[4]. Daher stehe die römische Kirche fest und unerschütterlich im Glauben, wenn auch einige, in erster Linie Standespersonen, abgefallen seien (8, 2).

Mit anzüglichen im Blick auf Cyprian gewählten Bibelstellen entwerfen die Römer im ersten Kapitel dieses Schreibens das Bild eines in seiner Amtsführung untadeligen Bischofs. Sie interpretieren damit den vorangegangenen Bericht vom Tode ihres eigenen Bischofs. Damit nennen sie nicht nur die Konsequenzen, die das Vorbild Fabians für sie selbst hat, sondern sie machen sein Erbe zugleich für die Karthager verbindlich.

Die Römer äußern nicht nur Bedenken an der Handlungsweise Cyprians und Mißtrauen gegenüber der Lauterkeit seiner Motive. Sie geben den Karthagern auch das herausfordernde Beispiel, daß ein Klerus gänzlich an die Stelle seines Bischofs treten kann. Der Verfasser des Schreibens identifiziert den Klerus, in dessen Namen er schreibt, einfach mit dem Bischof und nimmt in Anspruch, daß der Klerus vice pastoris die Herde zu weiden

[1] Epp. 8 und 36.
[2] Vgl. *A. v. Harnack*, Weizsäcker-Festschrift 21.
[3] Vgl. *E. Caspar*, Papsttum I 16 ff., 58 ff.
[4] Vgl. *v. Campenhausen*, Lat. Kirchenväter 41.

habe. Für ihn ist das römische Kollegium der Kleriker der Bischof. In dem Bild des guten Hirten hält der Brief den Karthagern die bischöflichen Pflichten und Aufgaben vor, die ein Klerus zu übernehmen hat, der ohne Bischof ist. Ob der Bischof nun gestorben ist oder sich seiner Pflichten auf andere Weise entzogen hat, spielt dabei keine Rolle. Die Sorge um den Zustand der Gemeinde geht über jede andere Rücksicht (ep. 8, 2) und schreibt es auch anderen Gemeinden vor, daß der Klerus gegebenenfalls an die Stelle seines pflichtvergessenen Bischofs treten muß.

Ein endgültiges Urteil über den fremden Bischof wollen die Römer allerdings nicht fällen, sondern es in der Schwebe lassen. Und doch legen sie den Karthagern mit diesem Beispiel eines in Fragen der strengen Kirchenzucht unbeirrbaren und in den Nöten der Verfolgung standhaften Klerus nahe, die Konsequenzen zu ziehen und sich um Cyprian einfach nicht mehr zu kümmern, als sei er ein Gefallener. Durch den Tod Fabians fühlen sie sich dazu ermächtigt und im Zusammenhang mit dem Bericht seines Martyriums erheben sie Forderungen. Die römische Gemeinde steht fest im Glauben, und in Karthago soll man sich ein Beispiel daran nehmen. Nicht nur in den Diakonen und Presbytern, sondern besonders in den karthagischen Konfessoren suchen die römischen Kleriker hier noch ihre Partner.

„Hoc facere debetis" schreiben die Römer dem karthagischen Klerus vor, indem sie auf ihr eigenes Beispiel verweisen: Die Gefallenen sollen zwar aus der Gemeinde ausscheiden (ep. 8, 2), doch sie sollen beständig ermahnt werden, damit sie Buße tun, und vielleicht von Gott, der allein Verzeihung gewähren kann, diese erlangen. Auch soll ihnen ein Anreiz und Hilfe gegeben werden, daß sie bei anderer Gelegenheit ihren Abfall durch ein offenes Bekenntnis wieder gutmachen. Den bußfertigen Gefallenen soll man, wenn sie schwer erkrankt sind, zu Hilfe kommen, das heißt die Kommunion gewähren. Andere Vorschriften beziehen sich auf die Witwen, Bettlägerige, Gefangene, Verbannte, Katechumenen und solche, die zu bestatten waren.

Die Römer erwarteten von den Karthagern nicht nur, daß sie sich die Schreiben zu Herzen nehmen und die Anliegen der römischen Gemeinde zu ihren eigenen machen. Sie forderten die Karthager auf, für die weiteste Verbreitung ihrer Briefsendung in Afrika zu sorgen. Damit war nicht nur der Bericht vom Tode Fabians, sondern gerade auch der Anhang (ep. 8) gemeint, in dem die anzüglichen Bemerkungen auf den Bischof Cyprian standen. Auch davon sollten alle in Kenntnis gesetzt werden.

C) Die Antworten Cyprians

Obwohl die beiden Schreiben, der Brief über Fabian und das angehängte Schreiben (ep. 8), für den Klerus von Karthago bestimmt waren, sind sie bald urschriftlich in die Hände Cyprians gelangt. Überbringer der Sendung aus Rom war der karthagische Subdiakon Crementius, ein Vertrauter Cyprians. Er fühlte sich vermutlich durch die Haltung der Römer selbst verletzt. Jedenfalls eilte er mit den Briefen unverzüglich zum Versteck seines Bischofs, ohne in Karthago Station zu machen.

Der Bischof geriet durch die ablehnende Haltung der Römer in schwere Bedrängnis. Von Tag zu Tag wuchsen die Widerstände gegen ihn in seiner karthagischen Gemeinde. Seine alten Gegner stachelten die Konfessoren gegen Cyprian auf und ermunterten den Klerus, dem Bischof den Gehorsam zu verweigern. In ihrer Hand wäre das Schreiben der Römer eine gefährliche Waffe gegen den Bischof gewesen. Schlimm genug war es schon, wenn einiges von seinem Inhalt bekannt wurde. Doch auch die beleidigende Haltung der Römer und ihre bevormundende Einmischung in die Vorgänge in der karthagischen Gemeinde konnte er nicht hinnehmen.

Cyprian bewies in dieser Situation eine bewundernswürdige Überlegenheit und großes politisches Geschick. Obwohl er in der schwächsten Position war, bestimmte er in der Folgezeit die Entwicklung, indem er immer wieder die Initiative ergriff und seinen Gegnern in Karthago ebenso wie den Römern zuvorkam. Bei jedem Schritt, den der Bischof unternahm, erwog er die Folgen und plante im voraus, was er als nächstes zu unternehmen habe. Jede sich bietende Gelegenheit wußte er zu seinen Gunsten auszunutzen.

Der Bericht von dem Martyrium Fabians und das daran anschließende Schreiben der Kleriker haben Cyprian zusammenhängend vorgelegen. Der Bischof mußte in jedem Fall für den Bericht über den Tod seines römischen Kollegen danken. Hätte er das Schreiben abgewiesen, weil es an den Klerus von Karthago adressiert war oder überhaupt als Rundschreiben nur eine ganz allgemeine Adresse aufwies, hätte er in einer sehr wichtigen Angelegenheit den Anspruch preisgegeben, als Bischof von Karthago vor allen anderen zuständig zu sein. Hier aber mußte er seine Rechte als das Oberhaupt und als allein zuständiger Vertreter seines Klerus gegenüber den Römern wahren. Denn in dem Anhang (ep. 8) wurden gerade diese Rechte in anzüglicher Weise in Frage gestellt.

Cyprian bestätigte den Eingang des Schreibens, obwohl er in der Adresse gar nicht genannt war. Er beglückwünschte die Römer zum ehrenvollen Heimgang ihres Bischofs und gratulierte ihnen obendrein dazu, daß ihnen der umfangreiche Bericht über Fabian so gut gelungen sei. Den für ihn peinlichen Anhang (ep. 8) behandelte er dann als ein gesondertes Schreiben, unabhängig von seinem Zusammenhang mit dem Bericht vom Tode Fabians. Er beurteilte den Brief nach den Maßstäben einer selbständigen epistula und konnte so feststellen, daß Verfasser- und Adressenangaben fehlten. Obendrein bemängelte er die Handschrift, den Inhalt und sogar das Papier. Alles mache auf ihn einen so merkwürdigen Eindruck, daß er Zweifel daran habe, daß die Meinung des römischen Klerus hier tat-sächlich unverfälscht wiedergegeben werde. Mit der Aufforderung, dazu Stellung zu nehmen, schickte Cyprian den Brief postwendend an die Römer zurück.

Obwohl in dem Brief Cyprians (ep. 9) deutlich die Verärgerung des Bi-schofs zu spüren ist, hat er seine Antwort doch sehr kühl berechnet. Eine Stellungnahme der Römer würde in jedem Fall seine Anerkennung als Verhandlungspartner bedeuten. Die Römer konnten den Bischof nicht stillschweigend übergehen. Doch sie wählten einen für Cyprian nicht min-der vorteilhaften Weg und ließen die peinliche Angelegenheit einfach auf sich beruhen. Alles deutet darauf hin, daß Cyprian beide Möglichkeiten im voraus erwogen hat und bereits bei Abfassung seines Briefes ein späte-res ausführliches Rechtfertigungsschreiben geplant war. Doch bevor er sich an ein solches Schreiben nach Rom machte, vergingen Monate, in denen er überhaupt nicht an die verfahrene Situation und sein Verhältnis zu den Römern rührte. Cyprian konzentrierte sich in der Zwischenzeit ganz auf die eigene Gemeinde, in der Hoffnung, seine Autorität aus eigener Kraft durchzusetzen.

D) Die Verhältnisse in Karthago im Frühjahr 250

a) Die Anordnungen Cyprians

Aus dieser Zeit sind dreizehn Schreiben überliefert, die der Bischof nach Karthago richtete[1]. In diesen erfahren wir Näheres über die Gründe, die Cyprian zur Flucht bewogen haben, sowie über die Situation in Karthago, über den wachsenden Widerstand gegen den Bischof in seiner Gemeinde und schließlich über die Maßnahmen die Cyprian dagegen unternahm.

Ständig gingen Boten zwischen Karthago und dem Versteck des Bischofs hin und her. In Karthago stützte Cyprian sich hauptsächlich auf die Kle-riker Rogatianus[2] und Tertullus[3], der gelegentlich selbst seinen Bischof im Versteck aufsuchte.

Wenn Cyprian richtig informiert war, hatte seine Flucht tatsächlich die erwartete Entspannung der Lage in seiner Stadt gebracht. Zwar hatte es in der ersten Verfolgungswelle Verhaftungen und Verbannungsurteile ge-geben. Auch waren einige Bekenner, die den Strapazen der Untersu-chungshaft nicht mehr gewachsen waren, gestorben[4]. Der Bischof gab An-weisung, ihr Todesdatum aufzubewahren, da sie wie Märtyrer zu ehren seien[5].

---

[1] Epp. 5–7, 10–19.   [2] Epp. 6, 7, 13, (3, 41).
[3] Epp. 12, 2 u. 14, 1.   [4] Vgl. ep. 10 Mappalicus.
[5] Ep. 12, 2.

Doch das Volk hatte sich nach seiner Abreise wieder beruhigt, so daß der Bischof an seine Kleriker schreiben konnte, sie sollten daraus Nutzen ziehen, daß ihre Anwesenheit in Karthago kein böses Blut erregte. Der kirchliche Apparat war intakt geblieben. Es galt vor allem, jedes Aufsehen zu vermeiden. Die Bekenner in den Gefängnissen sollte man nicht wie Volkshelden mit einem Massenbesuch ehren und feiern, sondern die Besucher sollten sich abwechseln[6]; vor allem die Diakone und Presbyter hätten darauf zu achten, daß die Versorgung klappte. Für die größte Gefahr hielt Cyprian immer noch das Volk von Karthago, das nur darauf wartete, gegen die Christen loszustürmen. Für die Behörden fand der Bischof kein hartes Wort. Im Gegenteil schärfte er seiner Gemeinde ein, sich nur ja an die richterlichen Urteile zu halten. Im Falle der Verbannung etwa sollten die Christen sich beugen und nicht schon nach kurzer Zeit wieder nach Karthago zurückkehren. Natürlich nahm Cyprian die Behörden auch nicht in Schutz. Gelegentlich deutete er sogar die Rolle des Prokonsuls im Prozeß gegen Mappalicus als die des Repräsentanten der bösen Mächte[7]. Doch bediente er sich damit eines Topos der Märtyrertheologie[8], der keine näheren Auskünfte über das Verhalten der staatlichen Behörden in Karthago beinhaltete.

Immer wieder schärfte Cyprian seiner Gemeinde ein, nach Möglichkeit jedes Aufsehen in der Öffentlichkeit zu vermeiden und in Ruhe und Ordnung den kirchlichen Aufgaben nachzugehen. Es steht zu vermuten, daß die römischen Behörden Karthagos in dieser Zeit nur in unumgänglichen Fällen zugegriffen haben[9], jedenfalls zielen die Ermahnungen des Bischofs an seine Gemeinde in diesen Briefen darauf ab, die Behörden nicht zum Vorgehen gegen die Christen zu zwingen, weil die Öffentlichkeit auf sie aufmerksam geworden sei[10]. Die Öffentlichkeit war für Cyprian die Bevölkerung Karthagos, die er auch selbst durch seine Rückkehr nicht erneut provozieren wollte.

Der Bischof hatte seine Flucht nicht lange vorbereiten können, sondern war mit seinem Diakon Victor und einigen Vertrauten recht eilig aus Karthago aufgebrochen. Als Vorsorge erwies sich indessen eine Maßnahme, die er hinsichtlich seines Vermögens und der Kirchenkasse getroffen hatte. Wie die Vereinskassen der collegia illicita, waren die kirchlichen Gelder jederzeit dem Zugriff des Staates ausgesetzt und in jeder rechtlichen Be-

---

[6] Vgl. ep. 5, 2.　　　　　　[7] Ep. 10.
[8] Vgl. *v. Campenhausen*, Die Idee des Martyriums 133 f., 152 f., 156.
[9] Sie dürften sich darauf beschränkt haben, die Einhaltung der Opferfristen zu überwachen. Von sich aus tätig wurden sie offenbar nur bei Verweigerung des Opfers bzw. bei Nichteinhaltung der Fristen, vgl. de laps. 3. Zur Sache s. eingehend *Ch. Saumage*, La persécution, 1 ff.
[10] Vgl. beispielsweise ep. 5, 2.

ziehung weitgehend ungeschützt[11]. Daher war es notwendig, die Beträge der gemeinsamen Kasse möglichst gering zu halten. Aus ihr wurden die laufenden Kosten bestritten: die Zuwendungen an den Bischof, den Klerus und die Armen, etwaige Bestattungskosten etc.[12]. Darüber hinaus sammelten einzelne Gemeinden größere Geldbeträge an, über die sie bei besonderen Anlässen verfügen konnten. Diese Gelder kamen nicht nur aus regelmäßigen Beiträgen und gelegentlichen Spenden zusammen. Es war üblich, daß ein Vermögender, der sich bekehrte, der Gemeinde einen ansehnlichen Betrag zur Verfügung stellte. Damit konnte er beweisen, wie ernst es ihm mit dem Christentum war. Abgesehen von Cyprian selbst[13] ist das bekannteste Beispiel hierfür der Reeder Marcion, der ein großes Vermögen in die Kasse der römischen Gemeinde einbrachte[14]. Dies geschah um die Mitte des 2. Jahrhunderts. Zu Cyprians Zeiten wurden allein in Rom bereits 1500 Personen aus der gemeinsamen Kasse versorgt[15]. Darüber hinaus gewährte die römische Gemeinde anderen im Aufbau begriffenen und noch leistungsschwachen Kirchengemeinden sogar bis nach Arabien Entwicklungshilfe[16]. Von Cyprian erfahren wir, wie die Karthager und vielleicht auch andere Gemeinden ihre Gelder und insbesondere Rücklagen, die zumal in Verfolgungszeiten gefährdet waren, sicherten.

Der Bischof hatte erhebliche Summen an eine größere Zahl von Klerikern zu treuen Händen verteilt[17]. Damit war dieses Geld dem staatlichen Zugriff, soweit wie irgend möglich, entzogen. Natürlich konnte es gesche-

---

[11] Vgl. dazu *H. Gülzow*, Christentum u. Sklaverei 98 f., 144 u. ö. mit weiterer Literatur.

[12] Vgl. die nahezu vollständigen Belege bei *v. Harnack*, Mission 177 ff. 209 ff.; *W. Schwer*, Art. Armenpflege, RAC I (1950) 695 ff.

[13] Vgl. *H. Kraft*, Kirchenväter 362: Nach den Angaben des Hieronymus hat Cyprian anläßlich seiner Taufe sein Vermögen „den Armen geschenkt", d. h. der Kirche zugeeignet. Gelegentlich des Martyriums spricht Pontius von Gärten, die Cyprian bei Beginn seines Glaubens verkauft, später aber durch Gottes Gnade zurückerhalten habe. Man wird die Nachricht am besten so verstehen, daß Cyprian bei Beginn der Verfolgung seinen Besitz formal aus dem Kirchenvermögen herausgelöst und in sein Privat- bzw. Familieneigentum zurückgenommen hat, um die dem Gemeindeeigentum drohende Konfiskation zu verhindern.

[14] Tert. de praescr. 30; adv. Marc. IV, 4, 3. Die Angabe 20 000 Sesterzen ist nicht unbedingt wörtlich zu nehmen. Sie soll nur besagen, daß es sehr viel Geld war.

[15] Euseb, h. e. VI, 43, 11.

[16] Euseb, h. e. VII, 5, 2 zeigt, wie man schon damals mit „Entwicklungshilfe" Politik gemacht hat. Dionys von Alexandrien meldet nach Rom, daß der Orient die Neuerungen des Novatus fallengelassen habe: „Ganz Syrien und Arabien, wohin ihr immer Unterstützungen schickt und eben jetzt geschickt habt, Mesopotamien, Pontus und Bithynien, kurz, alle frohlocken überall in Eintracht und Brüderlichkeit, Gott verherrlichend!

[17] Ep. 5, 1.

hen, daß der eine oder andere von staatlicher Konfiskation betroffen wurde, wie es Cyprian selbst mit seinem Besitz später erging. Das Prinzip bewährte sich dennoch. Der Bischof gab nun in der Verfolgungssituation die Rücklagen der Gemeindekasse, das heißt, die an die Kleriker verteilten Gelder, zur Unterstützung derer frei, die sich in Not befanden[18].

Viel Geld stammte damals aus Cyprians eigenem beträchtlichen Vermögen. Vor seiner Abreise aus Karthago hatte er noch einen namhaften Betrag aus eigenen Mitteln dem hochbetagten Presbyter Rogatianus zu dessen Verfügung für Witwen, Kranke, Arme und bedürftige Zugereiste überantwortet[19]. Und sehr bald hat er dann eine weitere Summe durch den Akoluthen Naricus von seinem Versteck aus Rogatianus überbringen lassen. Natürlich spielten diese Gelder auch im Ringen um die Autorität des Bischofs und den Gehorsam seiner Gemeinde eine Rolle. So wagten es seine Gegner erst, als es ihnen gelungen war, die kirchlichen Unterstützungsgelder zu beaufsichtigen, Cyprian in aller Form öffentlich vor der Gemeinde endgültig den Gehorsam aufzukündigen. Cyprians Anweisungen für Geldzuwendungen wurden nicht mehr beachtet. Wer Unterstützung haben wollte, mußte gegen den Bischof stehen. Viele haben sich danach gerichtet. Führer der Opposition gegen Cyprian war Novatus, der den angesehenen Felicissimus zum Diakon machte und ihm die Verantwortung für die Gemeindegelder in die Hände spielte[20].

Doch dieses Ereignis steht erst am Ende des Jahres der schweren Auseinandersetzungen Cyprians mit seinen Gegner in Karthago. Im Januar des Jahres 250 hatte der Bischof Karthago in der Hoffnung verlassen, daß er sehr bald wieder zurückkehren könnte. In dieser Zeit empfahl er seiner Gemeinde noch den Felicissimus als Vorbild eines stets friedlichen und besonnenen Bruders[21]. Doch schon damals machte der Bischof sich größte Sorgen um den ständig wachsenden Widerstand gegen ihn und die Kritik an seiner Verhaltensweise, die seine alten Gegner schürten.

In jedem der dreizehn Briefe, die Cyprian im Frühjahr 250 nach Karthago schrieb, erscheinen die Fronten von Mal zu Mal verhärtet. Es war nur noch eine Frage der Zeit, daß sich die Gegner des Bischofs im karthagischen Klerus durchsetzen würden.

b) Der Streit um die Behandlung der Gefallenen

Der Streit ging schon bald nicht mehr nur um die Person Cyprians, sondern um seine Autorität als Bischof. Diese stand vor allem in der damals so aktuellen Frage auf dem Spiel, wie man sich zu denjenigen Gemeindegliedern stellen sollte, die aus Angst dem Terror nachgegeben hatten und

---

[18] Vgl. auch ep. 16, 1.
[20] Vgl. epp. 41, 42, 43, 52, 2.
[19] Vgl. ep. 6, 4 und ep. 7.
[21] Vgl. ep. 6, 4.

dem staatlichen Opferzwang in der einen oder anderen Form nachgekommen waren. Die Verfolgungsmaßnahmen des Kaisers Decius gingen von der Erfahrung aus, daß es für die Christen, die einmal zum Opfer gebracht waren, unerbittlich kein Zurück und keine Vergebung der Kirche mehr gab[22].

Nach altkirchlicher Vorstellung waren sie abtrünnig geworden. Ihr Fall berührte insofern die wichtigsten bischöflichen Kompetenzen: die Buß- und Vergebungsgewalt, insbesondere die Ausdehnung dieser Gewalt auf die Sünde des Abfalls. Seit ungefähr einem Menschenalter waren nämlich die Bischöfe dazu übergegangen, die bisher von der Buße ausgenommenen Todsünden ebenfalls dem Bußverfahren zu unterwerfen[23].

Dem Herkommen nach war die Bußvollmacht, soweit sie in der Kirche beansprucht wurde, weithin in die Zuständigkeit der Charismatiker gefallen und in ihrer Nachfolge von den Märtyrern wahrgenommen worden[24]. Die Märtyrer oder — nach der sich zu Cyprians Zeiten gerade durchsetzenden Terminologie — die „Bekenner", also die Leute, die vor Gericht ein christliches Bekenntnis abgelegt hatten, galten allgemein als Heilige, die der Heilige Geist zu ihrem ruhmvollen Widerstand befähigt hatte[25]. Ihre Autorität und ihr Ansehen gründete sich auf ihren Mut, ihren größeren Rigorismus, ihre bessere Sittlichkeit gegenüber aller Laxheit und Schwachheit. Ihre Vollmacht erwuchs aus ihrem Bekenntnis. Ihre Entscheidungen wurden als wunderbare Zeugnisse des inspirierenden Gottesgeistes geachtet. Herkömmlich wurden sie als die entscheidende Instanz für die in den Verfolgungen Gefallenen und Vergebung suchenden Büßer angerufen[26]. Die Strenge und Verantwortlichkeit ihres Urteils verbürgten dessen Richtigkeit und Gültigkeit. Wie früher bei anderen Verfolgungen suchten die Gefallenen in der karthagischen Gemeinde bei ihnen Hilfe und Verzeihung. Doch spätestens jetzt erwies sich, daß die überkommene Handhabung der Bußvollmacht unzureichend war, die bisher nur ganz gelegentlich und spontan in wenigen besonderen Fällen in Anspruch genommen worden war.

Das konsequente staatliche Vorgehen, das jetzt alle Christen im Reich betraf, machte den Abfall zu einem Problem von bisher nicht gekanntem

---

[22] Hierzu und zum Folgenden vgl. *v. Campenhausen*, Lat. Kirchenväter 42 f.; *Kraft*, Kirchenväter 374.

[23] Im gleichen Zusammenhang wurde auch die Absetzbarkeit eines Bischofs diskutiert. Vgl. dazu *K. Beyschlag*, Kallist u. Hippolyt, ThZ 20 (1964) 123 mit weiterer Literatur. Zu dieser Frage in der Theologie Cyprians vgl. *H. v. Campenhausen*, Kirchl. Amt 299 u. ö.

[24] Vgl. *H. Kraft*, Zur Entstehung des altchristlichen Märtyrertitels, in: Res Publica, Festschrift für Kurt Dietrich Schmidt (1961) 64—75.

[25] *V. Campenhausen*, Lat. Kirchenväter 43.

[26] Vgl. dazu *v. Campenhausen*, Kirchliches Amt und Geistliche Vollmacht 241 u. ö.

Ausmaß. „Gleich bei den ersten Worten des drohenden Feindes verriet ein großer Teil der Brüder seinen Glauben; sie wurden nicht durch den wilden Zugriff der Verfolgung geworfen, sondern warfen sich selbst freiwillig zu Boden."[27] Die Zahl der vom christlichen Bekenntnis Abgefallenen war so groß geworden, daß durch die Häufigkeit der Absage das Bewußtsein dieser Verfehlung abstumpfte[28]. Lautstark verlangten viele Abtrünnige jetzt nach Vergebung und Wiederaufnahme in die Gemeinde.

Daß ein gewisses Entgegenkommen unvermeidlich sein würde, war nahezu allen an der Gemeindeleitung maßgeblich Beteiligten klar. Doch die Frage bedurfte unbedingt einer allgemeinen und institutionellen Regelung, die mit der herkömmlichen Handhabung nicht zu erreichen war. Insofern war dem Streit zwischen Cyprian und seinen Gegnern ein Problem vorgegeben, das sich der Kirche im Verlauf ihrer historischen Entwicklung jetzt unvermeidlich stellen mußte. Es ging um die Frage, ob die Bußgewalt charismatischer oder institutioneller Natur war, das heißt, ob sie dem Bischof oder den Konfessoren zukam[29].

Schon die letzten der dreizehn Briefe, die Cyprian in den Monaten zwischen seinem ersten Brief und dem Rechtfertigungsschreiben an die Römer nach Karthago gerichtet hat, zeigen, zu welchen Besonderheiten die Verknüpfung dieser Frage mit den persönlichen Streitereien und kirchenpolitischen Auseinandersetzungen um die Führungsmacht in Karthago führte. Man kämpfte mit gegenüber dem Herkommen vertauschten Rollen. Die Wortführer unter den Konfessoren waren ohne weiteres der Versuchung erlegen, die ihnen von den hilfesuchenden Büßern angetragene Rolle des unfehlbaren Richters anzunehmen und sich durch eine billige Milde ohne eingehende Prüfung beliebt zu machen[30]. Aus der echten, evangelischen Vergebungsbereitschaft ihrer Mitbekenner wußten die Anführer der Gruppe der Konfessoren, die sich zugleich entschieden gegen Cyprian gestellt hatten, ebenso Kapital zu schlagen, wie aus dem naiven, wichtigtuerischen Geltungsdrang oder der frommen Ahnungslosigkeit anderer Konfessoren. Die Verantwortlichen waren bereit, jedem Gefallenen die Rekonziliation zu gewähren, wenn er sie sich nur von den Konfessoren zusprechen lassen wollte. Sie institutionalisierten ihre alten Vorrecht sogar und bestellten für ihr charismatisches Amt einen „Bekenner vom Dienst", der im Namen aller Konfessoren Friedensbriefe ausstellte, und diese Vollmacht leitete er daraus ab, daß ihm von seinem Amtsvorgänger dieses Amt übertragen worden sei[31].

---

[27] Cyprian, de laps. 7. [28] Vgl. v. Campenhausen, Lat. Kirchenväter 42.
[29] Vgl. auch Kraft, Kirchenväter 374.
[30] Vgl. auch v. Campenhausen, Lat. Kirchenväter 42; Kraft, Kirchenväter 374.
[31] Nicht der von Cyprian den Bekennern so dringend als Schrittmacher (metator; ep. 6, 4 Hartel, 484, 11) empfohlene hochbetagte Presbyter und Konfessor Rogatianus, sondern der Gegner des Bischofs, der Bekenner Lucianus,

Dagegen vermochte sich Cyprian nur sehr schwer durchzusetzen. Er, dessen ausweichendes Verhalten angesichts der Todesgefahr gerade durch die Standhaftigkeit der Konfessoren in Frage gestellt war, mußte um Zucht und Ordnung kämpfen. Nicht zufällig begründete er gerade in dieser Zeit Entscheidungen, die er in seiner bischöflichen Vollmacht traf, ebenfalls charismatisch. Wiederholt führte er für die Richtigkeit seiner Entscheidungen an, daß sie durch göttliche Eingebung im Traum oder durch Visionen offenbart wurden[32].

Vor allem aber nutzte er in der Auseinandersetzung mit den Bekennern in Karthago ebenso wie in seinem Werben um die Anerkennung durch die römischen Bekenner gerade diejenigen Argumente zu seinen Gunsten, die die Konfessoren gegen die Inanspruchnahme der Bußgewalt durch den Episkopat herkömmlich für sich anführen konnten: den größeren Rigorismus, die bessere Sittlichkeit, den jeder Ehre werten Kampf um die Beachtung der Zucht und der Gebote des Herrn.

E) Das Rechtfertigungsschreiben Cyprians

Etwa ein Vierteljahr war seit der Flucht Cyprians und dem ersten Briefwechsel mit den Römern vergangen, als beide Seiten gleichzeitig das Schweigen brachen und die Korrespondenz wieder aufnahmen. Cyprian hatte sich, wie die ersten der dreizehn Briefe aus der Zwischenzeit zeigen, zunächst über die Kritik an seiner Flucht hinweggesetzt und war zunächst darauf bedacht, seiner Gemeinde mit organisatorischen Maßnahmen und Anordnungen für ihr Verhalten gegenüber den Behörden und der Bevölkerung zu helfen. Dagegen vermochten seine Gegner wenig auszurichten. Doch sehr bald forderten sie den Bischof durch ihr unverantwortliches Verhalten gegenüber den Gefallenen zum Kampf heraus, dem Cyprian unmöglich ausweichen konnte.

Dabei war der Bischof in eine schlimme Position gedrängt. Seine Flucht ließ ihn am allerwenigsten geeignet erscheinen, über den Frieden der Gefallenen verantwortlich zu entscheiden und die durchaus noch nicht un-

---

gab den Ton an. (vgl. ep. 21, 22, 27) Neben Paulus beruft Lucianus sich ep. 22, 2 namentlich noch auf 16 weitere Märtyrer. Vgl. außerdem ep. 27, 1 u. 4 den jungen Aurelius u. ep. 21, 4 u. 22, 3 Saturninus.

[32] Vgl. beispielsweise ep. 11 u. 16, 4 (auch 7, 1). Überhaupt werden Cyprian die göttlichen „Eingebungen" sehr nach Wunsch zuteil. Vgl. H. v. Campenhausen, Kirchl. Amt 297 Anm. 3 u. 300. Mit Recht warnt A. v. Harnack, Cyprian als Enthusiast, ZNW 3 (1902) 190 davor, Cyprian deswegen einfach als „heuchlerischen Pfaffen" hinzustellen. Zweifel an den geistlichen Wundererfahrungen wurden freilich schon im Altertum angemeldet. Vgl. R. Reitzenstein, Die Nachrichten über den Tod Cyprians (1913) 64 f.

strittig und allgemein geregelte Bußgewalt als bischöfliche Kompetenz durchzusetzen. In dieser Frage aber, in einer vernünftigen Beurteilung seines persönlichen Verhaltens und seiner Wahrnehmung bischöflicher Verantwortung, hatten seine Gegner das Schicksal der karthagischen Gemeinde aufs Spiel gesetzt[1].

Für die Römer als Außenstehende bot sich die Auseinandersetzung in Karthago in erster Linie als ein Streit um strenge Maßnahmen oder größtes Entgegenkommen und Laxheit gegenüber den Abgefallenen dar. Es ist für die Lage in der afrikanischen Gemeinde kennzeichnend, daß sie gerade zum gleichen Zeitpunkt die Korrespondenz mit den Karthagern wieder aufnahmen, um in aller Schärfe die dortigen Zustände zu kritisieren[2], an dem auch Cyprian sich wieder nach Rom wandte.

In Karthago drohte Cyprian die Leitung seiner Gemeinde aus den Händen zu gleiten[3]. Karthagische Kleriker wagten in aller Offenheit, die Autorität ihres Bischofs anzufechten und dies auch in Briefen an Cyprian selbst zum Ausdruck zu bringen[4]. Dagegen hatten sich die Anhänger Cyprians nicht durchsetzen können. Die seit je gegen den Bischof gerichteten Kreise in der karthagischen Gemeinde[5] waren auf dem besten Wege, absolut die Oberhand zu gewinnen. Auf die Ermahnungen und Vorhaltungen des Bischofs reagierte man einfach nicht mehr. In dieser Situation konnte Cyprian nichts unversucht lassen, Hilfe und Anerkennung von außen, bei anderen Gemeinden zu suchen. Herkömmlich spielte dabei die römische Gemeinde eine ganz entscheidende Rolle. Und die Bereinigung seines Verhältnisses zu den Römern war nun erst recht nach dem Vorgang des ersten Briefwechsels für Cyprian wegen der wachsenden Widerstände in der Gemeinde immer dringlicher geworden.

Der Bischof hat sein Rechtfertigungsschreiben, das er nun im Juli nach Rom richtete, sehr gewissenhaft vorbereitet. Er hatte die Mahnungen, die die Römer den Kathagern mit ep. 8 auf den Weg gegeben hatten, durchaus nicht unbeachtet gelassen. Obwohl er das Schreiben postwendend zu-

---

[1] Auch dieser Vorgang war in mancher Hinsicht vorgegeben. Denn die altkirchliche Theologie bis auf Cyprian kannte kein absolutes Amtsdenken, keine abstrakten Fähigkeiten und losgelösten Privilegien, die dem Amtsträger um seiner Stellung und seiner selbst willen zukamen, sondern alles Amtliche stand noch im unmittelbaren, erfahrbaren Zusammenhang des heiligen Lebens der Gemeinde und ihrer mannigfachen Bedürfnisse (v. Campenhausen, Kirchl. Amt 295). Insofern betrafen auch von vornherein die Auseinandersetzungen um die Person des Bischofs sein Amt und umgekehrt das Ringen um die bischöfliche Autorität seine Person.

[2] Es liegt nahe, den äußeren Anlaß für diesen Brief im Bekanntwerden des Briefwechsels zwischen Celerinus und Lucianus zu suchen, wovon Cyprian erst nach ep. 20 Kenntnis erhielt. [3] Vgl. epp. 14, 3; 15, 1 etc.; 16; 17, 3.

[4] Vgl. beispielsweise ep. 16, 3. [5] Vgl. ep. 16, 2 (auch 1 Ende).

rückgesandt hatte, beweisen die dreizehn Briefe, daß Cyprian während der ganzen Zeit gerade auch an seine Rechtfertigung vor den Römern gedacht hat. So legte er in den Briefen epp. 10—19 ausdrücklich auf die Dinge in seinen Ermahnungen größtes Gewicht, die auch die Römer dem karthagischen Klerus in ihrem Schreiben (ep. 8) einschärfen wollten. Aber auch die Briefe 5—7 sind in diesem Zusammenhang zu sehen. Die Römer hatten dem Klerus von Karthago nahelegen wollen, selbst an die Stelle des Bischofs zu treten und die Zucht der Gemeinde in die eigene Verantwortung zu nehmen. In seinem ersten Schreiben (ep. 5) übertrug Cyprian seinem Klerus offiziell seine Stellvertretung und die Sorgepflicht für die Gemeinde. Im nächsten Schreiben (ep. 6) wandte er sich, ganz im Sinne der Römer, an die Bekenner in den Gefängnissen Karthagos. Und schließlich rechtfertigt Cyprian dann (ep. 7) gegenüber seinem Klerus, daß er noch nicht zurückgekehrt sei. Ähnlich wie die Römer (in ep. 8) sprach er von seinen Mitpresbytern[6], die nun wie er selbst als Vorgesetzte[7] für die Leitung der Gemeinde verantwortlich seien. Verbindlichkeit für seine Ratschläge, Ermahnungen und Anordnungen suchte er nicht nur in Hinweisen auf die Schrift und die Verordnungen der Apostel, sondern — und darin ging er über die Römer hinaus — auch in prophetischen Träumen und göttlicher Eingebung[8].

Cyprian hatte alle Briefe aufbewahrt und schickte sie abschriftlich als Beilage zu seinem großen Rechtfertigungsschreiben an die Römer. Damit konnte er nun den Nachweis führen, daß er sich auch nach der Flucht um nichts anderes gemüht habe, als was die Römer in ihrem Schreiben von den Karthagern gefordert hatten. Das Rechtfertigungsschreiben selbst knüpft unmittelbar an den vorhergehenden Brief (ep. 9) des Bischofs an. Darin hatte Cyprian im Blick auf die Berichterstattung von dem Tode Fabians gegenüber den Römern nachdrücklich seine Bereitschaft und die Notwendigkeit hervorgehoben, Gerüchte und unsichere Nachrichten durch Zeugnisse zu beseitigen, die unmißverständlich durch ihren Absender gesichert sind und amtlichen Charakter haben. Diese Bereitschaft forderte er nun von den Römern für sich selbst; denn sie haben nach seiner Meinung falschen Berichten Glauben geschenkt und sind Gerüchten gefolgt. Daher könne nur das Wort des Bischofs selbst Klarheit schaffen. Anschließend legt Cyprian dann die genannten Gründe dar, die ihn seinerzeit zur Flucht bewogen hatten. Nach dem Gebot des Herrn habe er nicht aus

---

[6] Ep. 7 (*Hartel*, 485, 11). Vgl. sonst auch ep. 1 u. 48, 1; dazu *H. Janssen*, Kultur und Sprache 78 ff. Zur Vorgeschichte des Begriffes, der bei Tertullian fehlt, *v. Campenhausen*, Kirchl. Amt 130 Anm. 1 u. 302 Anm. 2.

[7] Ep. 16,3 (*Hartel*, 519, 10); ep. 19, 2 (*Hartel*, 526, 5 u. ö.); den gleichen Titel hatten die Römer für sich in Anspruch genommen ep. 8, 1 (*Hartel*, 486, 6).

[8] Ep. 11; 16, 4 (7, 4).

Feigheit, sondern um die aufgeregte heidnische Plebs zu besänftigen und die Ruhe der Brüder nicht durch seine Anwesenheit zu gefährden, die Stadt verlassen. Doch „nur leiblich, aber nicht im Geiste abwesend" habe er gewissenhaft seine Amtspflichten erfüllt. Als Beweis dafür führt der Bischof dann das Bündel der 13 beigelegten Briefe an, die er kurz charakterisiert. In Kap. 3 kennzeichnet er seine Situation noch genauer. Der Bischof führt eindringlich Klage über die Märtyrer und Konfessoren seiner Gemeinde. Seine Ausführungen gipfeln in der Feststellung, daß er sich in seinem entschiedenen Vorgehen gegen sie durch das Schreiben des römischen Klerus (ep. 8, deren Annahme er vorher verweigert hatte) bestärkt gesehen habe: „ich glaubte auch auf eurer Ansicht bestehen zu müssen, damit wir in unserem Vorgehen, das einheitlich und in allem übereinstimmend sein sollte, nicht in irgendeinem Punkt voneinander abweichen."[9]

Auch der Schluß des Briefes zeigt, wieviel dem Bischof daran gelegen ist, die Römer umzustimmen und sie zu seinen Bundesgenossen zu machen. Er schließt mit dem Versprechen, daß er nach seiner Rückkehr die Angelegenheit der Gefallenen, nicht ohne ein Einvernehmen mit Rom (communicatio etiam vobiscum consilio) herbeigeführt zu haben, ordnen werde.

Für die Römer konnte dieses Schreiben sehr viel bedeuten. Der Bischof von Karthago, dem kirchlichen Mittelpunkt von mindestens 150 afrikanischen Gemeinden[10], verantwortet sich vor Rom. Nachdem Cyprian mit ep. 9 die Annahme von ep. 8 brüsk zurückgewiesen hat, gönnt er den Römern mit ep. 20 nun den Triumph einer Rechtfertigung gegen die persönlichen Angriffe dieses Briefes. Darüber hinaus empfiehlt der Bischof sich mit dem eindeutigen Nachweis der gewissenhaften Befolgung der von den Römern in ihrem Brief erhobenen zahlreichen Forderungen. Nur Nuancen stehen dem entgegen, daß die Römer diesen Brief als ein Präjudiz für das zukünftige Verhältnis beider Gemeinden beanspruchen könnten: necessarium duxi has ad vos litteras facere sagt Cyprian in der Einleitung, von einer Pflicht ist nicht die Rede. Auch das abschließende Angebot einvernehmlicher Regelungen für die Zukunft (communicatio etiam vobiscum consilio) legt ihn letztlich nicht im Sinne einer Abhängigkeit fest. Dabei ist für die ganze Angelegenheit bezeichnend, daß der karthagische Klerus, geschweige denn die Konfessoren, die in den beiden folgenden Briefen der Römer angeschrieben und streng ermahnt wurden, gar nicht daran dachten, auf diese Schreiben überhaupt einzugehen.

[9] Ep. 20, 3 (*Hartel*, 528, 28 – 529, 2).
[10] Näheres dazu s. *H. v. Soden*, Die Prosopographie des afrikanischen Episkopats (1909) pass.

F) Der zweite Versuch der Römer, auf die Karthager in der Gefallenenfrage einzuwirken

a) Ein Brief an den Klerus von Karthago

Das Rechtfertigungsschreiben Cyprians kreuzte sich mit einer Sendung der Römer. Bereits ep. 8 hatten sie ihre Einstellung in der Gefallenenfrage eindeutig zum Ausdruck gebracht. Doch mit diesem Brief waren die Römer nicht zum Zuge gekommen, da Cyprian ihn „abgefangen" und seiner Gemeinde vorenthalten hatte. Nun wandten sie sich erneut an den karthagischen Klerus; Cyprian wurde einfach übergangen. Der Brief, den wohl wieder Novatian im Auftrag seines Klerus verfaßt hatte, verurteilte nun in scharfer Form die unverantwortliche Verfahrensweise der karthagischen Konfessoren gegenüber den Gefallenen; ihre Wiederaufnahme, selbst die der libellatici, wurde grundsätzlich abgelehnt. Das Schreiben stimmte weitgehend mit den Anordnungen des Bischofs von Karthago überein und wollte Eigenmächtigkeiten laxer Konfessoren in der Kirche ebensowenig gelten lassen wie Cyprian selbst.

b) Ein Schreiben an die Konfessoren in Karthago

Die Römer müssen recht beunruhigende Nachrichten über die Verhältnisse in Karthago erhalten haben; denn sie richteten gleich noch ein besonderes Schreiben an die karthagischen Bekenner. In diesem Brief nahmen die Konfessoren selbst das Wort, um ihren Schicksalsgefährten in Karthago die strenge Auffassung Roms in der Gefallenenfrage einzuschärfen. Sie wollten offenbar der Einstellung ihrer Gemeinde dadurch besonderen Nachdruck verleihen, daß sie die karthagischen Konfessoren als die in erster Linie Verantwortlichen eigens ansprachen. Der Brief, der uns ebenfalls verloren ist, stimmte mit dem Schreiben an den Klerus von Karthago im Inhalt durchaus überein.

In der Adresse fehlte der Name des Lucianus. Namentlich genannt waren die Bekenner Saturninus und Aurelius, die, wie wir in anderem Zusammenhang von Cyprian erfahren, selbst keine Friedensbriefe ausgeteilt haben[1]. Wahrscheinlich haben die Römer Lucianus bewußt übergangen, obwohl er das erklärte Haupt der karthagischen Bekennerpartei und zu-

---

[1] Saturninus hatte zwar das Schreiben des Celerinus an Lucianus unterstützt, vgl. ep. 21, 4 u. 22, 3, wird jedoch von Cyprian ep. 27, 1 im Gegensatz zu Lucianus gelobt. Vgl. auch 27, 4. Ep. 27, 1 schimpft Cyprian darüber, daß Lucianus gegen den Willen des jungen Aurelius in dessen Namen Friedensbriefe ausgestellt habe. Vgl. auch 27, 4. (Vgl. *Hartel*, 541, 13 u. 544, 12). Vielleicht auch ep. 57 (*Hartel*, 650, 10) und ep. 67 (*Hartel*, 735, 4).

ständig für alle Anfragen und Bittgesuche war. Er dürfte ihnen bereits durch den Briefwechsel mit Celerinus und durch seine Aktionen gegen Cyprian suspekt geworden sein. Jedenfalls deutet das Fehlen seines Namens in der Adresse des Briefes an die Bekenner darauf hin, daß die Römer bewußt Politik getrieben und eine Richtung in der karthagischen Gemeinde gegen die andere unterstützt haben.

G) Cyprian erzwingt eine Entscheidung

a) Ein das Rechtfertigungsschreiben (ep. 20) ergänzender Brief des Bischofs an den römischen Klerus

Ohne den Erfolg seines Rechtfertigungsschreibens (ep. 20) abzuwarten, ließ der Bischof bald noch einen ergänzenden Brief (ep. 27) nach Rom folgen. Er war inzwischen an Informationen gelangt, mit denen er seinem Rechtfertigungsschreiben weit mehr Nachdruck geben und die Römer zu einer Anerkennung seiner Handlungsweise zwingen konnte.

Dem Bischof kam sehr zustatten, daß ihm seine Anhänger Abschriften eines Briefwechsels zugespielt hatten, der zwar schon einige Zeit zurücklag, dem Bischof jedoch gewichtige Beweise in die Hände gab, an denen auch die Römer nicht vorübergehen konnten.

Von Rom aus hatte sich der aus Karthago gebürtige Bekenner Celerinus nach Ostern (7. April 250) an Lucianus gewandt, um Friedensbriefe für zwei ihm nahestehende Christinnen zu erbitten, die nicht den Mut gehabt hatten, ihren Glauben öffentlich zu bekennen. Celerinus hatte schon als junger Mann Karthago verlassen und in Rom bereits zu Anfang der Verfolgung ein ruhmvolles Bekenntnis abgelegt. Hier führte er bald auch die Gruppe der Christen an, die, aus Karthago verbannt, in Rom Zuflucht gefunden hatten. Sie waren im Hause der Schwestern Numeria und Candida untergekommen und von diesen in aufopfernder Weise betreut worden. Nach zwei Monaten war jedoch die Hausgemeinschaft zerbrochen, als Numeria und Candida nicht den Mut aufbrachten, ein Bekenntnis vor den Behörden abzulegen. Dies geschah nicht lange vor Ostern (7. April 250).

Ihr Fall war vor der römischen Gemeinde verhandelt worden. Die Vorsteher hatten entschieden, vorläufig abzuwarten, bis ein neuer Bischof in Rom eingesetzt wäre. Celerinus wollte sich damit jedoch nicht zufrieden geben. Dabei spielte nicht nur die Dankbarkeit für die Hingabe der beiden Römerinnen eine Rolle, mit der sie die Verbannten aufgenommen und sich obendrein den Anfeindungen der Nachbarschaft ausgesetzt hatten. Celerinus mußte auch bemüht sein zu rechtfertigen, daß die Verbannten auch weiterhin im Hause der beiden Gefallenen wohnten und sich verpflegen ließen². Um diesen Zustand der Hausgemeinschaft erträglicher zu machen und auf dem Wege über Friedensbriefe wenigstens eine gewisse Vorentscheidung über das Verhalten der beiden Hausherrinnen herbeizuführen, hatte sich Celerinus nach Karthago gewandt.

Hier war Lucianus als der Bekenner „vom Amt" zuständig. Mit dem wiederholten Hinweis, daß er selbst wie die Verbannten, denen hier geholfen wurde, aus der Gemeinde Karthagos stamme, legte Celerinus Lucianus nahe, daß er sich auch im Falle der beiden römischen Schwestern für zuständig erklären möchte, obwohl diese beiden nie zur Gemeinde Karthagos gehört hatten.

Lucianus fühlte sich sehr geschmeichelt und entsprach der Bitte des Celerinus durchaus (ep. 22). Er führte in seinem Brief den Nachweis, daß er ermächtigt sei, im Namen und auf Anordnung aller Bekenner Karthagos Friedensbriefe zu erteilen, berief sich auf eine Amtsvollmacht, die er von dem karthagischen Märtyrer Paulus erhalten habe, und entschied in dieser Vollmacht, daß Numeria und Candida der Frieden zu geben sei, wenn ihr Fall vor den Bischof käme und sie ihr Vergehen bekennen würden. Noch über diesen Personenkreis, den Celerinus ihm ans Herz gelegt hatte, hinaus beanspruchte Lucian Zuständigkeit auch für Christen in Rom und empfahl den Römern, daß sie sich der karhtagischen Regelung anschließen möchten.

Diesen Briefwechsel leiteten die Anhänger Cyprians ihrem Bischof zu, und er benutzte die Abschriften sogleich für einen erneuten Vorstoß bei den Römern. Dabei kamen ihm inzwischen obendrein die strengen Briefe der Römer an den karthagischen Klerus und die Bekenner gelegen, die sich mit seinem letzten Brief (ep. 20) gekreuzt hatten. Von diesen Briefen besaß er ebenfalls Abschriften.

Cyprian wurde in diesen Schreiben zwar immer noch von den Römern übergangen. Doch auch in ep. 27 setzte der Bischof sich einfach darüber

---

² Zu den bereits S. 55 f. gegebenen näheren Erläuterungen sei hier noch eine Bemerkung Cyprians aus dem 13. Brief hinzugefügt, die sich sehr wahrscheinlich auf die Hausgemeinschaft der karthagischen Bekenner mit den Schwestern in Rom bezog. ep. 13, 5 (Hartel, 507, 20 f.): „Wie verabscheuenswürdig muß euch des weiteren erscheinen, daß einige, wie wir zum größten Kummer und Schmerz für unsere Seele erfahren haben, sogar die Tempel Gottes (1.Kor. 3, 16) und ihre nach dem Bekenntnis noch mehr geheiligten und verherrlichten Glieder durch ihr unsittliches und schimpfliches Zu-Bett-Gehen beflecken, indem sie mit Frauen in enger Gemeinschaft zusammenhausen! Denn wenn sich auch ihr Gewissen rein weiß von Unzucht, so ist schon darin ein schweres Vergehen zu erblicken, daß andere ihr Ärgernis erregendes Treiben sich zum Beispiel nehmen und dabei zu Fall kommen." Die Tatsache der Hausgemeinschaft war also allein schon schlimm genug, und nun zählten die beiden Schwestern sogar noch zu den Gefallenen, weil sie keinen Mut zum Bekenntnis hatten.

hinweg. Er verlor über diese Frage kein Wort, sondern unterstellte den Römern einfach, daß sie mit ihrem Schreiben nur das eine Ziel verfolgt hätten, den Bischof von Karthago zu unterstützen. In diesem Sinne dankte und würdigte Cyprian nicht nur den Brief an den Klerus, sondern auch das Schreiben an die Konfessoren von Karthago.

Nun hatte Cyprian bereits im vorangegangenen Schreiben (ep. 20) deutlich gemacht, daß die Konfessoren Karthagos nicht der angemessene Gesprächspartner seien, da sie ohne die strenge Hand ihres Bischofs im Begriff stünden, das Evangelium zu mißachten. Der Bischof war sogar so weit gegangen, sich von seinem Klerus zu distanzieren, und hatte mit Klagen nicht gespart, um den Römern die Notwendigkeit seiner Anerkennung vor Augen zu führen.

Mit ep. 27 konnte Cyprian nun in der Person des Konfessors Lucianus beweisen, daß die in ep. 20 noch recht allgemein vorgetragenen Klagen und Anschuldigungen tatsächlich zutrafen und die Römer selbst angingen. Obwohl man sich in Rom leicht über den Schriftwechsel zwischen Celerinus und Lucianus bei Celerinus selbst hätte genau informieren können und eine entsprechende Aufforderung Cyprians demnach ausgereicht hätte, legte der Bischof die Briefe doch abschriftlich vor. Damit wurde die ganze Angelegenheit hochoffiziell. Die Römer konnten den Vorgang nicht mehr totschweigen und einfach übergehen, sondern waren zu einer Stellungnahme gezwungen. Das Vergehen der Numeria und der Candida fiel eindeutig in den Zuständigkeitsbereich der römischen Gemeinde, und ihr Klerus hatte in einer ordentlichen Verhandlung ihren Fall ja auch längst entschieden. Der Brief des Lucianus bedeutete eine Einmischung in römische Verhältnisse, in die Kompetenzen des Klerus und der Bekenner. Im Zusammenhang mit dem Anschreiben Cyprians, der gerade diesen Eindruck in seinem Brief noch verstärkt hatte, war der Brief eine Herausforderung an die Römer, der sie nicht ausweichen konnten.

Cyprian war mit ep. 20 und 27 jeweils einer Antwort der Römer auf seine eigenen Schreiben zuvorgekommen und konnte daher den Zeitpunkt einer endgültigen Entscheidung für oder gegen seine Person solange hinauszögern, bis er soviel Material vorgelegt hatte, daß über das Ergebnis kaum mehr Zweifel bestehen konnten. Mit ep. 27 hatte er jetzt die Voraussetzungen geschaffen, daß die Römer ein Urteil über das Verhalten der karthagischen Bekenner nicht mehr unabhängig von einer Entscheidung für oder gegen ihn als Bischof von Karthago fällen konnten.

Lucianus hatte sich mit ep. 22 offenkundig über die Forderungen der Römer hinweggesetzt und sogar entgegen dem Beschluß der römischen Gemeindevorsteher hinsichtlich der beiden abgefallenen Christinnen ein Präjudiz für die Verhandlung vor dem Bischof schaffen wollen. Infolgedessen konnte Cyprian sicher sein, daß die Römer das Verhalten der Bekenner in Karthago scharf verurteilen und seine Bemühungen um Zucht und Ordnung mit einer Rehabilitierung seines Verhaltens würdigen würden.

b) Ein weiterer Brief Cyprians an die römischen Konfessoren (ep. 28)

Wie sehr Cyprian sein Vorgehen berechnete, beweist, daß er gleichzeitig noch ein besonderes Schreiben an die römischen Bekenner richtete, in dem er einen ganz anderen Ton anschlug (ep. 28). Demütig und bescheiden für sich selbst lobte er mit großem Pathos und feierlicher Sprache ihre Standhaftigkeit und ihre strenge Haltung gegenüber den Gefallenen. Unverhohlen umwarb er die römischen Bekenner und zählte dabei offensichtlich auf ihr einfältiges und von Eitelkeiten nicht freies Gemüt. Mit großem Geschick machte er sie sich zu geneigten Lesern. Er steigerte das Lob für ihre Taten mit Argumenten, die, auf sein eigenes Verhalten angewendet, ihn selbst in nichts den Konfessoren nachstehen ließen und obendrein eine tiefe Kluft zwischen den römischen und karthagischen Bekennern aufreißen mußten. Der Gedanke, auf den er die Konfessoren dabei hinwies, war, daß sie mit ihrer strengen Haltung, mit den Geboten, an die sie sich hielten und die sie den Gläubigen einschärften, ein Bekenntnis zu den Befehlen des Auferstandenen ablegten. Dahinter verblaßte in dem Brief das Bekenntnis vor dem heidnischen Richter völlig. Das Lob Cyprians gipfelte in dem Gedanken, daß die römischen Konfessoren schon zu Lebzeiten den Märtyrern gleich und ihrer Ehren teilhaftig seien, weil sie für die disciplina dominica eingetreten seien. Ließen die Römer sich diesen Ruhm gefallen, den Cyprian ihnen so großartig nachsagte, wie es bisher keiner getan hatte, dann konnten sie gar nicht umhin, auch Cyprian zuzugestehen, daß ihm ebenfalls die Krone gebührte.

Schon in seinem Rechtfertigungsschreiben (ep. 20) und dem ergänzenden Brief an den römischen Klerus ist die Absicht des Bischofs klar erkennbar, die er in diesem Brief den Konfessoren geschickt in den Mund legte. Die römischen Bekenner sollten ihm bescheinigen, was die Karthager verweigerten: Cyprian darf als Bischof die Rechte aller Ämter auf sich vereinigen; auch die Vorrechte der Märtyrer zählen dazu[3]. Dies taten die römischen Konfessoren dann auch ganz bereitwillig in ihrer Antwort ep. 31.

---

[3] In anderem Zusammenhang zum gleichen Ergebnis kommt *H. v. Campenhausen*, Kirchl. Amt 299, wenn er ausführt, daß Cyprian alle geistlichen Forderungen und Ansprüche beim Amtsträger zu versammeln suchte etc.

H) Die Anerkennung Cyprians durch die Römer

a) Die Lage in Rom

Das römische Kollegium der Presbyter und Diakone ging der von Cyprian geforderten Entscheidung nicht aus dem Weg. Es nahm die Schreiben des karthagischen Bischofs zum Anlaß, die eigene Haltung in der Gefallenenfrage und den bisher eingeschlagenen Weg der Kirchenpolitik zu überprüfen. Darüber verging einige Zeit. Man konnte sich nicht dazu entschließen, dem Bischof gleich zu antworten. Denn die von Cyprian vorgetragenen Probleme standen ohnehin in Rom selbst zur erneuten Beratung und Entscheidung an. Zwar hatten die Römer bereits zu Beginn des Jahres, wie ep. 8 beweist, früher als alle anderen Kirchen in weiser Voraussicht Grundsätze für die Behandlung der Gefallenen beschlossen. Doch schon die Vorkommnisse im Falle von Numeria und Candida, die uns nur bekannt geworden sind, weil sie dem Bischof die Gelegenheit boten, den Römern Vorhaltungen zu machen, zeigen, wie sehr die Kirche eine allgemeine Regelung entbehrte und gerade Rom zu besonderer Verantwortung herausgefordert war. Allein schon die Verbannungsurteile und Emigrationen machten es unmöglich, das Problem auf der Ebene der Ortsgemeinden wenigstens vorübergehend zu bewältigen.

Auch waren Karthago und sein Bischof Cyprian für Rom damals kein Einzelfall. Die gleiche Sorge um die Behandlung der Gefallenen verpflichtete die Römer beispielsweise, zu der Entwicklung der Verhältnisse in der Kirche von Sizilien Stellung zu nehmen[1].

In dieser Situation strebten die Römer eine Übereinkunft auf möglichst breiter Basis an. Sie hielten trotz der Beschränkungen, die ihnen die Verfolgungssituation auferlegte, große Versammlungen ab, die synodenähnlichen Charakter hatten, wenn nicht gar als Synode zu bezeichnen waren.

Zwar befanden sich immer noch wichtige Autoritäten des Klerus im Gefängnis, doch hatte man mit ihnen den besten Kontakt und konnte ohne weiteres auch ihren Meinungen bei den Beratungen Ausdruck verleihen[2].

Zusammengekommen waren neben dem römischen Presbyter- und wohl auch Diakonenkollegium führende Häupter der umliegenden Kirchen, Bischöfe aus der unmittelbaren Umgebung Roms sowie aus fernergelegenen Provinzen. Auch die Christen waren hinzugezogen worden, die, aus ihren Städten verbannt, in Rom Zuflucht gefunden hatten. Von den Karthagern, die hierfür in Frage kamen, kennen wir eine ganze Reihe namentlich[3]. Ihr Sprecher dürfte der junge Celerinus gewesen sein.

---

[1] Vgl. ep. 30, 5 (Hartel, 553, 3).   [2] Vgl. ep. 55, 5.

[3] Die meisten Namen werden im Briefwechsel zwischen Celerinus (ep. 21) und Lucianus (ep. 22) genannt. Die Überlieferung der Namen ist in einigen

b) Die römische Synode

Im römischen Klerus besaß der gebildete Presbyter Novatian eine Schlüsselstellung. Er war als der führende Theologe der römischen Gemeinde tonangebend und für das Kollegium federführend. Novatian unterstützten zu dieser Zeit die maßgeblichen Persönlichkeiten der römischen Gemeinde, darunter vor allem auch diejenigen Mitglieder des Kirchenkollegiums, die das ganze Jahr im Gefängnis verbringen mußten. Zu ihnen gehörten die Presbyter Moyses, Maximus, Nicostratus und Rufinus. Sie genossen weit über die Grenzen Roms hinaus großes Ansehen. Nicht zufällig hatte Cyprian sich in seinem besonderen Brief namentlich an diese gewandt, weil er auf ihren Einfluß in der römischen Gemeinde zählte. Im Mittelpunkt der Beratungen stand die Gefallenenfrage sowie Fragen, die mit der ausstehenden Bischofswahl zusammenhingen[4].

In der Gefallenenfrage gingen die Meinungen der Anwesenden erheblich auseinander. Die Gruppe der aus Karthago Verbannten hatte bereits gegen einen Beschluß der Vorsteher der römischen Gemeinde opponiert, daß, solange kein Bischof gewählt sei, die Gefallenen abzuwarten und sich zu bescheiden hätten. Ihre Meinung hatte Lucianus in seinem Brief an Celerinus zum Ausdruck gebracht, indem er Amt und Recht beanspruchte, Friedensbriefe zu erteilen, die anzuerkennen auch der spätere Bischof nicht umhin könne. Dabei hatte er den alten Rechten der Konfessoren die weiteste Auslegung gegeben und im Sinn einer generellen Absolution allen Gefallenen den Frieden der Kirche angeboten.

Die Karthager treten für uns vielleicht nur zufällig durch den überlieferten Briefwechsel zwischen Celerinus und Lucianus aus der Anonymität einer größeren Gruppe hervor. Novatian und seine Anhänger, die eine recht strenge Haltung einnahmen, mußten zur Mäßigung mahnen und standen doch bereits damals gegen eine breite Front im eigenen Klerus, die ebenfalls geneigt war, den Gefallenen sehr weit entgegenzukommen. Die exponierten Vertreter des römischen Kollegiums, die diese Haltung einnahmen, treten erst im Zusammenhang der späteren Bischofswahl für uns namentlich in Erscheinung. Es waren vor allem Cornelius und sein Anhang.

Es gab lange theologische Auseinandersetzungen, die jedoch zu keinem einschneidenden Ergebnis führten. Schon damals war die strenge Haltung Novatians und seiner gleichgesinnten Brüder, zu denen vor allem die Konfessoren zählten, großen Anfeindungen und Belastungen ausgesetzt. Der

---

Fällen unsicher. Zu der karthagischen Gruppe gehören: Severianus, Statius, Macarius. Calpurnius (alle 21, 4 bzw. 22, 3); Montanus (21, 1); Saturninus (21, 4; 22, 3; 27, 1) ist wohl schon wieder in Karthago. Vgl. außerdem Maria, Cornelia, Emerita (alle 21, 4); Dativa, Donata, Spesima (22, 3).

[4] Vgl. ep. 30, 8 und 30, 5.

Presbyter mußte enttäuscht feststellen, daß sich zu diesem Zeitpunkt für einen festen Beschluß in der Gefallenenfrage keine große Mehrheit finden ließ[5]. Einer endgültigen Regelung ging man aus dem Wege. Die Gruppe derer, die einem sehr großzügigen Entgegenkommen und weitherziger Fürsorge für die Gefallenen das Wort redeten, wurde mit dem Argument abgewiesen, daß vor Einsetzung eines neuen Bischofs keine Neuerungen eingeführt werden dürften. Angesichts der großen Meinungsverschiedenheiten erschien es als Mittelweg, einstweilen die Sache derer, die einen längeren Aufschub ertragen konnten, unentschieden zu lassen und nur solchen, bei denen wegen dringender Todesgefahr ein Aufschub unmöglich war, also erst dann, wenn nach menschlichem Ermessen keine Hoffnung auf Genesung mehr bestand, vorsichtig und behutsam zu Hilfe zukommen. Damit war lediglich die bisher geübte Handhabung der römischen Gemeinde gebilligt und für die Zeit der Sedisvakanz weiterhin als verbindlich erklärt worden. Deutlich wurden hier die Karthager und alle anderen, auch die Vertreter im römischen Klerus, die ihre Haltung teilten, zurückgewiesen. Die Regelung stimmt völlig mit dem Urteil überein, das die römischen Vorsteher zum Ärger ihrer karthagischen Brüder im Falle der Numeria und Candida schon früher gefällt hatten. Eine gewisse Verschärfung bedeutet allerdings der zweite Teil der Bestimmungen. Im 8. Brief hatten die Römer noch ganz allgemein empfohlen, im Krankheitsfall den bußfertigen Gefallenen die Kommunion zu gewähren. Jetzt sollte nur die Buße der Sterbenskranken Beachtung finden[6].

Das Ergebnis dieser Zusammenkünfte trug den unterschiedlichen Meinungen Rechnung. Novatian und seine Anhänger, zu denen besonders die angesehenen Bekenner zu zählen sind, hatten durchsetzen können, daß die alte Strenge nicht unter dem Druck der Verhältnisse aufgegeben wurde. Der Gegenpartei war es gelungen, eine endgültige Entscheidung oder auch nur eine Empfehlung zur Strenge für den späteren Bischof zu hintertreiben. Man hatte die ganze Angelegenheit einfach vertagt. Damit aber wurde die ausstehende Bischofswahl in gefährlicher Weise vorbelastet. Der wiederholte Hinweis darauf, daß alle Beteiligten abwarten sollten und keine Neuerungen eingeführt werden dürften, bis ein Bischof gewählt sei, bedeutete, daß man in der Person dieses neu zu wählenden Mannes die Gefallenenfrage zur Entscheidung bringen mußte. Diese Frage, in der die Synode keine Einigkeit erzielen konnte, war damit unumgänglich Gegenstand der ausstehenden Bischofswahl geworden und mußte auf dem Weg der Abstimmung über eine Person ausgetragen werden.

Die Zeit bis zu dieser Wahl, die erst im Frühjahr 251 erfolgte, und die Ereignisse, die sie weiter vorbereiteten, versinken für uns wieder ins Dun-

---

[5] Vgl. ep. 30, 5 (*Hartel*, 553, 16 f.).
[6] Diese Verschärfung muß nicht unbedingt Inhalt des gemeinsamen Beschlusses gewesen sein. Es liegt nahe, hier eine Interpretation Novatians anzunehmen.

kel. Erst das spätere Ergebnis der Wahl offenbart, daß die Zeit gegen Novatian arbeitete, und daß er auf der Synode die Möglichkeit vergeben hatte, einmal den Bischofsstuhl der römischen Gemeinde zu besteigen. Novatian und seine Anhänger haben es damals unterlassen, eine endgültige Entscheidung in der Gefallenenfrage zu erzwingen. Sie hätte zweifellos den Frieden der Brüder untereinander, die Geschlossenheit des Klerus und die Einheit der ganzen römischen Gemeinde zerbrochen[7]. Die Verhältnisse in Karthago mögen dem römischen Klerus als warnendes Beispiel gegolten haben.

c) Die Antwort des römischen Klerus an Bischof Cyprian

In einem großen Gemeindeschreiben (ep. 30) an den Bischof von Karthago fand das Ergebnis der langen Beratungen in Rom seinen Niederschlag. Im letzten Kapitel dieses Briefes wurde Cyprian von den voraufgegangenen Verhandlungen und Entscheidungen in Kenntnis gesetzt. Von dem Ringen um die hier als Mittelweg bezeichnete Regelung ist im übrigen Brief freilich wenig zu spüren. Er bereitet die Einsicht in die Notwendigkeit der hier mitgeteilten offiziellen Entscheidungen auch nicht vor. Angesichts der auseinandergehenden Meinungen im römischen Klerus und den übrigen Kirchen, mit denen man sich ins Benehmen gesetzt hatte, überrascht die Eindeutigkeit des Schreibens an den Bischof. Obwohl er im Namen seiner ganzen Gemeinde schrieb, konnte Novatian nach außen hin doch seine eigene strenge Auffassung in der Gefallenenfrage durchsetzen, sie als Meinung der römischen Kirche vortragen und damit in Karthago Kirchenpolitik machen.

Insofern ist der Brief auch als Zeugnis der Theologie Novatians zu werten. Er enthält zweifellos die wichtigsten Argumente, die der Presbyter in den voraufgegangenen Verhandlungen in Rom dargelegt hat. Novatian ging in diesem Antwortschreiben weit über den konkreten Anlaß des Briefes, nämlich die Sendungen des karthagischen Bischofs und die Entscheidung der Römer, fortan für Cyprian Partei zu ergreifen, hinaus.

Weit mehr als beispielsweise sein Gegenüber Cyprian in Karthago ließ Novatian sich dabei in der Deutung des politischen Geschehens von dogmatischen Überlegungen leiten. Cyprian ließ sich in der Regel immer erst durch die Tagespolitik zu weiterführenden theologischen Überlegungen herausfordern, um sie als Argumente für das Fehlverhalten anderer und zur Begründung seiner eigenen Position zu benutzen. Erst danach, als Ergebnis langer Auseinandersetzungen, fanden sie dann regelmäßig ihren Niederschlag in den Abhandlungen des Bischofs. Dagegen suchte Nova-

---

[7] Diese Gefahr hatte Novatian deutlich vor Augen. Vgl. ep. 30, 6: „sonst haben sie (die Gefallenen bzw. die, die sich mit ihrem Verlangen identifizieren) uns am Ende noch eine innere Verfolgung entfacht und zu dem vollen Maß ihrer Sünden kommt noch ihre Unruhe hinzu."

tian stets von seinen dogmatischen Einsichten auszugehen. Dadurch war er persönlich schon recht frühzeitig auf seinen Standpunkt in allen Auseinandersetzungen festgelegt und hatte später nicht annähernd die politische Bewegungsfreiheit des karthagischen Bischofs.

In taktvoller Weise würdigt Novatian in der Einleitung zu ep. 30 das Bemühen Cyprians um Anerkennung bei den Römern. Aus der Bedrängnis des karthagischen Bischofs schlägt er kein Kapital für seine Kirche und den römischen Episkopat. Er pocht nicht auf ein Richteramt — non tam iudices —, sondern hebt das Bemühen um völlige Übereinstimmung in den wichtigsten Entscheidungen hervor.

> „Obwohl, wer ein gutes Gewissen hat, wer sich auf die Kraft der evangelischen Zucht stützt und nach den himmlischen Satzungen ein wahrhafter Zeuge für sich geworden ist, sich in der Regel damit zufrieden gibt, daß Gott allein der Richter ist, und von anderer Seite weder Lobessprüche erwartet noch Anklagen fürchtet, so sind doch solche doppelten Lobes wert, die ihre Handlungen doch auch von ihren Brüdern gebilligt sehen wollen, obgleich sie wissen, daß das Gewissen nur dem Richterspruch Gottes unterworfen ist. Daß Du, Bruder Cyprian dies tust, ist kein Wunder . . ."[8]

Dann folgt indirekt die längst fällige Entschuldigung der Römer für ihre ep. 8. Auch die daraufhin mit ep. 9 erfolgte formelle Zurückweisung des Briefes billigt Novatian stillschweigend. Er nimmt nicht Wort für Wort die in ep. 8 vorgetragenen offenen und versteckten Angriffe gegen Cyprian zurück und entschuldigt sich dafür. Novatian bereinigt die Angelegenheit einfach, indem er Cyprian Bescheidenheit nachsagt, sein beharrliches Auftreten würdigt[9] und ihm mit lobender Zustimmung unterstellt: „Du wolltest uns nicht so sehr zu Richtern als vielmehr zu Teilnehmern Deiner Entschlüsse machen, damit wir in Deinen Taten, während

---

[8] Ep. 30, 1 (*Hartel*, 549, 4—10): „Quamquam bene sibi conscius animus et evangelicae disciplinae vigore subnixus et verus sibi in decretis caelestibus testis effectus soleat se solo Deo iudice esse contentus nec alterius aut laudes petere aut accusationes pertimescere, tamen geminata sunt laude condigni qui cum conscientiam sciant Deo soli debere se iudici, actus tamen suos desiderant etiam ab ipsis suis fratribus conprobari . . ." Vgl. dazu *v. Harnack*, Weizsäcker-Festschrift 31; *Koch* ZKG (1939) 87. Eine eingehende Erörterung der verschieden Übersetzungen (Auch *Bayard, d'Alès, Andersen*) nimmt vor *B. Melin*, Studia in Corpus Cyprianeum 73 f. Er legt Wert auf eine Übereinstimmung mit de spect. c. 3: „Ein jeder überlege nur mit sich selbst . . . und er wird niemals etwas Ungeziemendes tun; denn größeres Gewicht wird das Gewissen haben, das keinem anderen als sich selbst unterworfen wird sein. (vgl. Ambros. in ps. 38, 13 [CSEL LXIV 193, 15 ff.]). Diese Parallele hatte schon *Koch*, aaO erkannt und richtig als eine „Abwechselung des im Eingang von ep. 30 ausgesprochenen Gedankens" erläutert. H. J. Vogt, Coetus Sanctorum 128 f. geht an der Intention dieser Stelle vorüber. Er sieht hier den Grundsatz uneingeschränkter Gewissensfreiheit angelegt, hebt hervor, daß dieser mit kirchlicher Gesinnung unvereinbar sei und schließlich zum novatianischen Schisma geführt habe.

[9] Verecundia et ingentia industria.

10*

wir sie billigen, mit Dir Ruhm gewinnen und Miterben Deiner guten Entschlüsse werden können, weil wir sie bestätigt haben . . ."[10]

Damit geht Novatian sofort zum Thema seines Briefes über. Als alte Tradition und besondere Tugend der römischen Kirche wird die alte Strenge und Bußdisziplin hervorgehoben und feierlich bekräftigt. Wer sich ihr anvertraut, gibt das Steuerruder nicht aus der Hand, wird mit dem Schiff des kirchlichen Heiles nicht an den Klippen zerschellen. Rom ist seinem Erbe des Glaubens und dem erworbenen Lob treu. Diese Kirche ist noch heute, was sie zur Zeit des Paulus gewesen ist und wofür sie ausdrücklich vom Apostel gelobt wurde, das sichere Schiff in den Wogen der Welt mit dem festen Ruder der Kirchenzucht[11]. Wie sie ihre Verantwortung wahrnimmt und die Disziplin gegenüber den Gefallenen ausübt, wird im dritten Kapitel ausgeführt. Und daß die Konfessoren dieselben Grundsätze vertreten, besagt das vierte[12].

Im fünften Kapitel gibt Novatian dann noch einmal eine eindeutige Ehrenerklärung für Cyprian ab: „An dieser Stelle ist es unsere Pflicht, dir großen und reichlichen Dank zu sagen — wir statten ihn hiermit ab —, weil du die Finsternis des Kerkers der Gefangenen mit deinen Briefen erleuchtet hast . . ." Der Sieg der Konfessoren entspringt aus ihrem Glauben und der göttlichen Gnade; „aber sie sind, wenn sie die Märtyrerkrone erlangen, dennoch einigermaßen deine Schuldner". Cyprian ist nun nicht

---

[10] Ep. 30, 1 (*Hartel*, 549, 11—15). Zu der ungewöhnlichen Formulierung quia adfirmatores „Bestätiger" = „weil wir sie bestätigt haben" vgl. Tert. adv. Marc. IV 7: „Romulus ascensus sui in caelum habuit Proculum adfirmatorem."

[11] Ep. 30, 2 (*Hartel*, 550, 10): „quia fides vestra praedicatur in toto mundo" Röm 1, 8.

[12] Diese beiden Kapitel entsprechen formal und inhaltlich dem 2. Kapitel in Cyprians ep. 20. Hier hatte der Bischof auf seine Bemühungen um die Kirchenzucht hingewiesen und zum Beweis seine Korrespondenz mit der Gemeinde und den Bekennern Karthagos beigelegt. Ganz ähnlich führt Novatian in dem 3. und 4. Kapitel seiner ep. 30 nun die vorangegangene Korrespondenz Roms mit dem Klerus und den Bekennern Karthagos als Beweis dafür an, daß seine Gemeinde dem Grundsatz der Strenge treu geblieben sei. Dabei ist die Ausführlichkeit auffällig, mit der Novatian den wesentlichen Inhalt der Briefe noch einmal angibt. Cyprian war bereits im Besitz der betreffenden Schreiben, was Novatian auch ausdrücklich (ep. 30, 4) betont. Obendrein hatte Cyprian selbst die Übereinstimmung der darin zum Ausdruck gebrachten Haltung mit seiner eigenen Überzeugung betont und mit Abschriften einiger Briefe an die Karthager nachgewiesen. Dennoch wiederholt Novatian den Inhalt der Briefe ganz ausführlich. Damit wird erreicht, daß auch alle anderen, die diesen an Cyprian gerichteten Brief lesen (vgl. z. B. ep. 55, 5), die unbeirrbare Haltung Roms und seine volle Übereinstimmung mit den Forderungen Cyprians erkennen. Das heißt insbesondere für die Gemeinde Karthagos, daß Rom nachträglich den Bischof Cyprian als den rechtmäßigen Empfänger der ursprünglich an den Klerus gerichteten Briefe anerkennt und die wesentlichen Gedanken der zurückliegenden Korrespondenz noch einmal ausdrücklich und unter Bezugnahme auf die vorangegangenen Briefe an die Adresse Cyprians richtet.

mehr der feige Flüchtling, sondern hat mitgewirkt zum herrlichen Kranz des Martyriums.

Darauf wendet der Presbyter sich wieder der Gefallenenfrage zu. Novatian betont den grundsätzlichen Consensus des römischen Klerus mit Cyprian, erläutert die Schwierigkeit in der eigenen Gemeinde und betont die Notwendigkeit eines festen Beschlusses. Rom steht auf dem Standpunkt, daß die Angelegenheit, sobald der Friede der Kirche wieder hergestellt ist, vor alle Standhaftgebliebenen, auch die Laien, zu bringen ist. Inzwischen soll man den Bitten der Gefallenen nicht nachgeben.

Novatian will es nicht damit bewenden lassen, daß Rom und Karthago sich gegenseitiger Übereinstimmung versichern: „Mit einer und derselben Gesinnung, mit den gleichen Gebeten und Tränen laßt also uns selbst, die wir bisher dem Zusammensturz dieser Zeit entgangen, ebenso wie jene, die in das gegenwärtige Verderben hineingeraten sind, die göttliche Majestät anflehen und für den Namen der Kirche um Frieden ersuchen! Laßt uns in gegenseitigen Gebeten einander hegen (foveamus), bewachen (custodiamus) und bewaffnen (armemus)!"[13]

In diesem Sinn entwirft Novatian dann ein großes Fürbittengebet (c. 6).

Das vorletzte Kapitel geht noch einmal hart mit den Gefallenen ins Gericht: Derselbe, der da gesagt hat: „Alle diese Schuld habe ich dir erlassen, weil du mich gebeten hast"[14], hat auch gesprochen: „Wer mich verleugnet vor den Menschen, den will ich auch verleugnen vor meinem Vater und vor seinen Engeln."[15] Gott ist zwar gnädig, aber zugleich „praeceptorum suorum exactor et quidem diligens"; er ruft zwar zum Gastmahl, aber er wirft auch den, der kein hochzeitliches Kleid anhat, aus der Versammlung der Heiligen hinaus[16]. Er hat den Himmel bereitet, aber auch die Hölle; er hat Erquickung zubereitet, aber auch die öde und ewige Finsternis immerwährender Nacht.

An diese herben Worte, die keine Mißverständnisse über die grundsätzliche Haltung Novatians und der damals noch führenden Kreise im römischen Klerus zulassen, schließt der Presbyter dann die Mitteilung über den Mittelweg, auf den man sich in Rom nach langen Beratungen festgelegt hatte[17].

d) Das Anerkennungsschreiben der römischen Bekenner an Cyprian (ep. 31)

Der Erfolg, den Cyprian im Bemühen um seine Anerkennung und Unterstützung durch die Römer mit dem großen Schreiben des römischen Klerus (ep. 30) errang, wurde durch eine Antwort der römischen Bekenner

---

[13] Ep. 30, 6 (*Hartel*, 554, 1 f.).   [14] Matth. 18, 32.
[15] Matth. 10, 33, vgl. Luk. 12, 9.   [16] Vgl. Matth. 22, 12.
[17] Die Anerkennung Cyprians bekräftigt noch der Schlußgruß, in dem der Bischof gloriosus episcopus genannt wird, vgl. auch ep. 31, 5.

an den Bischof (ep. 28) noch ergänzt. Auch hier ging die Rechnung Cyprians auf. Die Bekenner waren seinen schmeichelhaften Lobeshymnen erlegen und beschritten nur zu bereitwillig den ihnen von Cyprian in ep. 28 vorgezeichneten Weg.

Cyprian hatte diesen Brief mit dem Wunsch geschrieben, daß die römischen Konfessoren die gleichen Maßstäbe bei der Beurteilung seines eigenen Verhaltens anlegen möchten, mit denen er ihr Lob begründete. Nicht die Standhaftigkeit im Martyrium hatte er hervorgehoben, sondern das Eintreten für strenge Disziplin in der Behandlung der Gefallenen und die Beharrlichkeit im Kampf um Zucht und Ordnung. Diesen Ruhm nahmen die römischen Bekenner gerne für sich in Anspruch. Nachdem sich ihre Gemeinde ohnehin für Cyprian entschieden hatte, erklärten sie sich auch mit dem Bischof solidarisch. Sie zollten ihm nicht nur Anerkennung und stimmten seinem Verhalten zu, sondern gaben ihm jede Ehre. Keinem Konfessor sollte er in den Ehrenrechten nachstehen. Noch vor wenigen Monaten war Cyprian in Rom als feiger Flüchtling beargwöhnt, nun feiern ihn die Römer als einen, der die Märtyrerkrone verdient hat. Seine Not gereichte dem Bischof nun zur Tugend. Gezwungenermaßen hatte er in der Gefallenenfrage eine unerbittlich strenge Haltung eingenommen. Diese Strenge wurde ihm nun als Tugend ausgelegt.

I) Das Erinnerungsschreiben Cyprians an die Römer (ep. 35) und die Reaktion des Bischofs auf ep. 30 und 31

Dieser Brief entstand, bevor die Anerkennungsschreiben aus Rom Cyprian erreichten. Die Römer hatten sich mit ihren Antworten an den Bischof Zeit gelassen. Inzwischen wurde die Lage in Karthago immer bedrohlicher. Als Cyprian mit ep. 27 und 28 bei den Römern den entscheidenden Vorstoß um seine Anerkennung unternahm, hatte die Opposition gegen ihn schon einen sehr mächtigen Einfluß. Nicht nur in Karthago, sondern auch in den umliegenden afrikanischen Kirchenprovinzen begegnete der Bischof Kritik und Ablehnung. Vor allem in der eigenen Gemeinde wagten es nicht wenige, ihm ganz offen den Gehorsam zu verweigern. Cyprian hatte es tief getroffen, daß sein eigener Klerus seine Autorität und seine Wahrnehmung bischöflicher Rechte öffentlich anzweifelte und damit selbst die Getreuen in der Gemeinde übertönen konnte.

Zu allem erlaubten es sich nun die Gefallenen selbst, im Namen der Kirche einen Brief an ihn zu schreiben und ganz unmögliche Forderungen und Ansprüche geltend zu machen. Cyprian drohte, die Geduld zu verlieren[1]. In den Briefen aus dieser Zeit appellierte er nicht mehr nur an das Verantwortungsbewußtsein seiner Gemeinde noch warb er um Ver-

---

[1] Vgl. ep. 35 Ende.

ständnis für seine Lage und um die Einsicht seiner Gegner, sondern erteilte strenge Maßregeln. In diese Zeit fallen die ersten Ausschlüsse aus der Gemeinde. Sie trafen Personen, die trotz wiederholter Verwarnung mit den Gefallenen Gemeinschaft hielten[2].

Entsprechende Schritte kündigte der Bischof auch für die Zukunft an[3]. Jeder, der den Bischof nicht im Bemühen um Zucht und Ordnung gehorsam unterstützen und seine Entscheidungen hinsichtlich der Gefallenen befolgen wollte, lief in Zukunft Gefahr, ausgeschlossen zu werden. Einer ganzen Reihe von Klerikern, die wie ihr Bischof selbst aus Karthago geflohen waren und sich noch nicht entschließen konnten, nach Karthago zurückzukehren, ließ Cyprian einstweilen die monatlichen Zuwendungen aus der Gemeindekasse streichen. Darüber, daß sie den Termin ihrer Rückreise von dem Zeitpunkt seiner eigenen Rückkehr nach Karthago hätten abhängig machen können, setzt er sich einfach hinweg. Er stellte sich auf den Standpunkt, ihr Fall sollte gänzlich unberührt bis zu seiner Anwesenheit in Karthago zurückgestellt werden und dann im Einvernehmen mit den Amtsgenossen und der ganzen Gemeinde gründlich untersucht und entschieden werden[4]. Zwar bemühte sich Cyprian, die Gruppe der Getreuen im eigenen Klerus durch neue Berufungen und Ordinationen zu stärken[5]. Doch alle Einzelaktionen des Bischofs — insbesondere auch die unablässigen Geldzuwendungen aus der privaten Schatulle — konnten seine Gegner doch hoffen lassen, endgültig die Oberhand über die ganze Gemeinde zu gewinnen, solange niemand sonst dem Bischof zu Hilfe kam.

Cyprian war in der schwersten Krise seiner Amtszeit. Nie wieder war der Bischof so sehr auf fremde Hilfe angewiesen. Die afrikanischen Amtsgenossen hatten hier versagt und zumeist eine abwartende Haltung eingenommen. Weder auf ihre noch auf die Loyalität des eigenen Klerus konnte Cyprian sich verlassen.

Schließlich belastete die bisher ablehnende Haltung der Römer die Position des Bischofs gegenüber dem eignen Klerus in unerträglicher Weise. Seit Anfang des Jahres hatte Cyprian bereits vier Briefe nach Rom geschrieben, ohne jemals eine Antwort zu erhalten. Seine hartnäckigen Bemühungen um Anerkennung und Hilfe waren scheinbar ohne Erfolg geblieben, denn immer noch stand die Stellungnahme der Römer zu ep. 27 aus.

---

[2] Ep. 34, 1. Der Beschluß, zu dem der karthagische Klerus allein offenbar nicht mehr die Kraft hatte, ist durch Amtsgenossen Cyprians, die sich gerade in Karthago aufhielten, zustande gekommen. Cyprian bestätigt den Vorgang. Dann fordert er den Klerus auf, sich in Zukunft nach seinen Maßregeln zu richten und nicht vor harten Maßnahmen zurückzuschrecken. Auch die Nachbarbischöfe sollten von diesem Schreiben unterrichtet werden.
[3] Vgl. ep. 35.   [4] Ep. 34, 4.
[5] Ep. 29, vgl. epp. 38, 39, 40.

Alles in allem hatte Cyprian also unternommen, was in seiner Macht stand, um seine Position zu festigen und die Römer umzustimmen. Mit ep. 9 hatte er die Römer brüsk abgewiesen. Nach Monaten hatte er dann sein großes Rechtfertigungsschreiben (ep. 20) aufgesetzt und Rom mit Zugeständnissen geehrt, die sich an der Grenze von Gehorsamserklärungen bewegten. Dann hatte er einen ergänzenden Brief (ep. 27) folgen lassen, der einer offenen Herausforderung gleichkam und die Römer zu einer Entscheidung zu seinen Gunsten zwingen mußte, da ihre eigenen innergemeindlichen Interessen auf dem Spiel standen. Obendrein hatte er sich noch in ausgesprochen bescheidenem und ehrerbietigem Ton mit einem besonderen Brief (ep. 28) an die römischen Konfessoren gewandt, die zugleich auch die maßgeblichen Autoritäten im Klerus waren, und hatte sie mit Lobeshymnen gelockt, ihm beizustehen.

In all diesen Briefen konnte gar nicht der Verdacht aufkommen, daß es ihm um seine eigene Person, seinen Ruf und seine Macht ging, sondern daß das Schicksal seiner Gemeinde auf dem Spiel stand. Nicht er, sondern seine Gegner hatten dafür gesorgt, daß von seinem persönlichen Schicksal und der Durchsetzung seiner Autorität die Rettung seiner Kirche und ihr Weg durch die Zeit der Verfolgung abhing. Doch alles hatte nichts genützt. Noch ein letztes Mal, es war mittlerweile der fünfte Brief in der gleichen Angelegenheit, führte er den Römern die Dringlichkeit seines Anliegens mit einem Schreiben vor Augen, das deutlich machen sollte, daß er nun mit seiner Geduld am Ende sei.

Zu diesem Schreiben bot sich Gelegenheit, als die Gefallenen ihm einen herausfordernden — auch allen römischen Vorstellungen widersprechenden — Brief schrieben. Einige Gefallene waren den Einflüsterungen der Bekennerpartei gefolgt und hatten den Standpunkt vertreten, daß ihnen der Kirchenfrieden gewährt sei, weil der inzwischen als Märtyrer umgekommene Bekenner Paulus allen den Frieden gegeben habe. Im Namen der Kirche wollten sie dies Cyprian anzeigen und ihre Zugehörigkeit zur Kirchengemeinschaft dokumentieren. Von diesem Brief und seiner Entgegnung ließ der Bischof wieder Abschriften anfertigen. Dazu legte er noch eine Kopie seines Schreibens an den eigenen Klerus und schickte alles mit einem kurzen Anschreiben an die Römer. Mit diesem fünften Schreiben machte er aus seiner Not, die ihn bereits viermal veranlaßt hatte, sich an die Römer zu wenden, eine Tugend. „Es ist eine Forderung der gemeinsamen Liebe und der Vernunft, teuerste Brüder, nichts von den Vorgängen bei uns eurer Kenntnis vorzuenthalten, damit wir bezüglich einer gedeihlichen Verwaltung der Kirche nach einem einheitlichen Plan verfahren."[6]

Wie in den voraufgegangenen Schreiben setzte der Bischof sich über die

---

[6] Ep. 35 (*Hartel*, 571, 9).

Mißachtung seitens der Römer einfach hinweg. Eine endgültige Antwort ihrerseits machte er mit dem Hinweis dringlich, daß er die Aufsässigkeiten gegen seine bischöflichen Weisungen nicht länger hinnehmen wollte. In aller Schärfe betonte er, daß für ihn der Zeitpunkt gekommen sei, an dem er sich nicht mehr mit Mahnungen und Ratschlägen begnügen wolle, sondern zu strengen Maßnahmen greifen werde. Einen Beweis seiner Entschlossenheit lieferte er den Römern mit dem abschriftlich beigefügten Schreiben an den karthagischen Klerus (ep. 34)[7].

Das eigentliche Anliegen des Bischofs gegenüber den Römern aber kam in der Antwort auf den unverschämten Brief der Gefallenen zur Sprache. Es war der Anspruch auf die offizielle kirchliche Korrespondenz. In dem ersten römischen Schreiben (ep. 8), in dem das Verhalten Cyprians in herausfordernder Weise gerügt worden war, hatten die Verfasser für sich in Anspruch genommen, für die tota ecclesia Romana zu sprechen und über alle, die den Namen des Herrn anrufen, zu wachen. Mit ep. 9 hatte Cyprian dieses Schreiben mit der Begründung zurückgeschickt, daß es nicht an ihn gerichtet sei und nicht angegeben sei, von wem es überhaupt stamme. Da die Römer nicht daran dachten, daraufhin den Brief mit seinen unverhohlenen Anspielungen zurückzunehmen, sondern weiterhin brieflich nur mit dem Klerus von Karthago, nicht aber mit dem Bischof, verkehrten, war das Bemühen Cyprians um Anerkennung und Hilfe wesentlich darauf gerichtet, daß ohne ihn niemand im Namen der Kirche Karthagos sprechen könne und alle Briefe an die Kirche Karthagos ihm zuständen.

Ausdrücklich hatte er die römische Korrespondenz mit dem Klerus von Karthago für sich in Anspruch genommen und selbst beantwortet. Doch auch darauf waren die Römer nicht eingegangen. Die entscheidende ep. 27 des Bischofs war noch immer ohne Antwort geblieben.

Als nun sogar einige Gefallene aus der eigenen karthagischen Gemeinde ihm „im Namen der Kirche" einen Brief schrieben, nahm Cyprian dies zum Anlaß, sein bischöfliches Recht in der Antwort so grundsätzlich zu begründen, daß nicht nur die Gefallenen, sondern nun auch die Römer angesprochen waren. Cyprian wiederholte hier vor den Augen der Römer den Vorgang von ep. 8 und ep. 9, mit dem die Auseinandersetzung begonnen hatte, wobei er diesmal ausdrücklich eine eingehende Begründung seines Anspruchs auf die offizielle kirchliche Korrespondenz gab, die in ep. 9 seinerzeit noch unterblieben war. Mit dem Hinweis darauf, daß ohne

---

[7] In diesem Brief bestätigt der Bischof die ersten Ausschließungsurteile und fordert im Zusammenhang einer ernsten Ermahnung an seinen Klerus entsprechende Schritte für die Zukunft. Schließlich veranlaßte er mit diesem Schreiben, daß eine Reihe von Klerikern, die aus Karthago geflohen waren und noch nicht zurückkehren wollten, einstweilen aus der Liste derer gestrichen wurden, die aus der Gemeindekasse ihren Unterhalt bezogen. S. u. S. 121.

den Bischof niemand im Namen der Kirche Briefe schreiben und entgegennehmen könne, ging er auch diesmal in seiner Antwort überhaupt nicht
auf den Inhalt des Schreibens ein, sondern ließ es ohne Anrede an die
Gefallenen zurückgehen, weil auch sie keinen verantwortlichen Absender
angegeben hatten[8].

Indem der Bischof die Römer mit der Sendung, dessen Anschreiben ep.
35 war, zu Zeugen dieses Vorganges machte, griff er noch einmal die seit
ep. 8 und 9 immer noch offene Formfrage auf und begründete hier nachträglich seine Zuständigkeit mit theologischen Argumenten.

Dabei berief er sich (ep. 33, 1) zum erstenmal überhaupt auf das
Schlüsselwort Mt 16, 18 f. und bezog es — gestützt auf den Sukzessions-
gedanken — auf den Episkopat: Mt 16, 18 f. ist das Stiftungswort des
Bischofsamtes und damit der Verfassung und heiligen Ordnung der Kirche. Mit diesem Wort wurde seinerzeit Petrus vom Herrn zum ersten Bischof gemacht. Von ihm an läuft durch den Wechsel der Zeiten und die
kontinuierliche Nachfolge im Amt die Bischofsweihe, so daß die Kirche auf
den Bischöfen gegründet ist und jede kirchliche Handlung durch sie als
Vorgesetzte geleitet wird. Als Wort der Heiligen Schrift ist Mt 16, 18 f.
göttliches Gesetz, an dem sich alle vergehen, die den Bischof mißachten
und sich seinen Anordnungen nicht beugen. Diese exegetische Anwendung
der Stelle auf den Episkopat bedeutete einen wesentlichen Fortschritt im
theologischen Denken Cyprians. Tiefgründiger als in allen bisherigen
Äußerungen wurden hier die Autorität des Bischofs und die beanspruchten
Rechte begründet.

Der Brief ist ein gutes Beispiel dafür, wie sehr die theologischen Überlegungen Cyprians durch seine persönliche Lage und sein Verantwortungsbewußtsein für den Weg seiner Kirche bedingt wurden. Erst durch
die politische Situation ließ sich der Bischof dazu herausfordern, die theologische Bedeutung seines Amtes grundsätzlich zu überdenken, die er
dann später in seinem Tractat „de unitate ecclesiae" in ausgereifter Form
ausführlich darlegte. Doch zunächst hätte es der Sendung von ep. 35 mit
ihren abschriftlichen Beilagen nach Rom gar nicht mehr bedurft. Cyprian
konnte allerdings noch nicht wissen, daß bereits seine ep. 27 und 28 den
gewünschten Erfolg gehabt hatten und das große Gemeindeschreiben des
römischen Klerus (ep. 30) und der Brief der römischen Bekenner schon an
ihn unterwegs waren.

---

[8] Daß Cyprian in seiner ep. 33 bewußt auf eine Adresse verzichtete, hat seinen Grund nicht darin, daß die lapsi „keine für eine Briefadresse geeignete
Größe" waren, wie *H. v. Campenhausen*, Kirchl. Amt 302 Anm. 5 unter Berufung auf *v. Soden*, Briefsammlung 14 f. ausführt. Der Bischof läßt die Superscriptio weg, weil sie auch in dem Brief der Gefallenen, auf den er hier antwortet, gefehlt hat. Der Form nach ist der Brief der Gefallenen insofern eine
Parallele zur ep. 8 der Römer, und daran will der Bischof sie auch erinnern.

In allem brachten diese gewichtigen Anerkennungsschreiben, die bald nach ep. 35 endlich in Karthago eintrafen, für Cyprian die entscheidende Hilfe in der schweren Krise seiner Amtsführung. Sie bedeuteten nicht mehr nur eine wichtige Rückendeckung des Bischofs für sein strenges Vorgehen in der Angelegenheit der Gefallenen, sondern schufen auch eine neue Ausgangsposition gegenüber seiner Gemeinde.

Cyprian machte den an ihn gerichteten Gemeindebrief des römischen Klerus zu einem ökumenischen Rundschreiben[9] und sorgte dafür, daß das eigene Schreiben an den Klerus in Rom (ep. 27) und die römischen Antworten (ep. 30 und 31) sogleich die weiteste Verbreitung erfuhren. Dies betrieb er mit peinlicher Gewissenhaftigkeit, indem er selbst Abschriften anfertigen ließ und diese seiner Gemeinde zur Kenntnis übergab mit der Auflage, daß sie ihrerseits alle durchreisenden Bischöfe, Presbyter und Diakone anregte, Abschriften mit nach Hause zu nehmen. Damit handelte er durchaus im Sinne der Römer, die die Briefe gerade daraufhin angelegt hatten.

Es gelang Cyprian, die bisher weitgehend durch die Kritik an seiner Person und Haltung bestimmten Auseinandersetzungen auf eine theologische Ebene zu ziehen. Viel entschiedener, als es vorher der Fall war, rückte er das Bischofsamt in den Mittelpunkt. Über persönliche Anfeindungen beklagte er sich in den folgenden Briefen kaum noch. An die Stelle der Auseinandersetzungen um seine Person trat nun endgültig das Ringen um die bischöflichen Kompetenzen der Buß- und Vergebungsgewalt. Damit war ein wesentlicher Schritt zum späteren Sieg über die Bekennerpartei getan, deren Position mit dieser Verlagerung der Auseinandersetzungen entscheidend geschwächt war.

K) Der zweite Brief Novatians an den Bischof von Karthago (ep. 36)

Nachdem Cyprian die beiden großen Anerkennungsschreiben aus Rom erhalten hatte, ging sein Interesse an der Korrespondenz mit dem römischen Klerus schlagartig zurück. Ein Brief, in dem Cyprian vermutlich für ep. 30 und 31 gedankt hatte, enthielt nur wenige erwähnenswerte Infor-

---

[9] Zur Frage der Verbreitung vgl. v. Soden, Briefsammlung 17 a. Vgl. auch die Erläuterung Cyprians zu diesem Brief ep. 55, 5 (Hartel, 627, 10—11): quae litterae per totum mundum missae sunt et in notitiam ecclesiis omnibus et universis fratribus perlatae sunt. Daß dies Cyprian und nicht die Römer besorgte, beweist ep. 32 mit den genauen Anweisungen für die weitere Verbreitung. Bezeichnenderweise fehlt ep. 32 als einziges Schreiben des Bischofs an seinen Klerus in der sonst vollständigen Sammlung von Abschriften, die er den Römern überreicht hatte. Da ep. 30 keine ausdrückliche Aufforderung für eine weitere Verbreitung enthielt, wie sie etwa ep. 8 Ende steht, war eine entsprechende Vollzugsmeldung auch unangebracht.

146

mationen. Er war so wenig von allgemeinem Interesse, daß ihn weder die Römer noch Cyprian selbst aufbewahrten oder gar auf dem Wege der abschriftlichen Weitergabe veröffentlichten[1]. Dagegen war man in Rom über den voraufgegangenen Brief Cyprians (ep. 35 mit den Anlagen ep. 33 und 34) beunruhigt. Man befürchtete, daß der Bischof, nun gestützt auf die römischen Schreiben, die dort angekündigten harten Maßnahmen noch unerbittlicher durchführen und die Kirche Karthagos noch größeren Schaden nehmen könnte.

Im Nachgang zu ep. 30 beauftragte der Klerus daher wieder Novatian mit der Abfassung eines Schreibens an Cyprian, das ihn zur Mäßigung und Besonnenheit anhalten sollte (ep. 30). Der Presbyter stimmte auch diesen Brief darauf ab, daß er in der Gemeinde Karthagos bekannt würde[2]. Zunächst beschäftigte er sich in den ersten beiden Kapiteln ganz ausführlich mit dem Brief der Gefallenen, die ihren Platz in der Kirche bei Cyprian hatten einklagen wollen.

Er verteidigte dabei die Position des Bischofs und begründete, warum ihre Forderungen mit aller Entschiedenheit abgewiesen werden müßten. Damit holte er nach, was Cyprian in seinem Rückschreiben an die Gefallenen unterlassen hatte, um dann im dritten und vierten Kapitel den Bischof zu ermahnen, daß er sich das eigene Verhalten nicht durch die Waffen des Gegners und sein herausforderndes Auftreten vorschreiben lassen dürfe: Um der Liebe willen solle er nicht die Geduld verlieren, sondern bis zuletzt demütig um das Heil der Gefallenen besorgt sein. Er solle nichts unversucht lassen, sie mit der medicina veritatis auf den rechten Weg zu bringen, damit sie durch ihre Unterwürfigkeit Gottes Gnade auf sich herabriefen und durch die gebührende Ehrerbietung gegen die Priester Gottes die Barmherzigkeit für sich gewönnen.

Im gleichen Zusammenhang lobte Novatian die karthagische Gemeinde (novimus Carthaginiensis ecclesiae fidem, novimus institutionem, novimus humilitatem), um freilich damit wieder nur entsprechend der großen Gliederung seines Schreibens einen Tadel über den Unfrieden einzuleiten. Durch kluge Anspielungen darauf, daß die dortigen Verhältnisse und die eigentlichen Unruhestifter in Rom bekannt seien, suchte er die Verführten von diesen zu trennen.

Wie schon ep. 30 war auch dieser Brief ein Meisterwerk des römischen Presbyters. Er lobte Cyprian für Dinge, die er in Wirklichkeit unterlassen hatte, holte selbst das Unterlassene nach und ermahnte den Bischof schließlich, seine seelsorgerlichen Pflichten nicht zu vernachlässigen. Das Lob sicherte dem Brief die weiteste Verbreitung und damit den direkten Zugang zur Gemeinde. Es verpflichtete Cyprian aber zugleich auf den

---

[1] Vgl. v. Soden, Briefsammlung 20.
[2] Der Brief beginnt mit „tu Cypriane", geht dann zu „vos" über.

von Novatian geforderten Weg der Besonnenheit und Zurückhaltung. Die Verbreitung des Schreibens in der karthagischen Gemeinde legte den Bischof sogar darauf fest.

In der Sache hatte sich nichts geändert. Die mit Rom übereinstimmende strenge Haltung Cyprians wurde erneut öffentlich betont. Die Gefallenen erhielten ihre Antwort. Novatian betrieb, wie schon mit seinem ersten Schreiben an Cyprian, auch mit diesem Brief regelrecht Kirchenpolitik. Sein Vorgehen kam einer Einmischung in die inneren Angelegenheiten der karthagischen Gemeinde gleich. Cyprian war sie freilich willkommen. Er nahm sie hin, da der Brief der römischen Bundesgenossen wiederum ganz klar seine eigene Position stärkte. Erbeten hatte er sie nicht und vermutlich deswegen auf den Brief auch nicht geantwortet, geschweige denn in einem späteren Schreiben für ihn gedankt.

L) Der zweite Brief des Bischofs an die Konfessoren in Rom (ep. 37)

Nach dem zweiten großen Hirtenbrief des römischen Klerus (ep. 37) an Cyprian hat es dann eine längere Pause in der Korrespondenz zwischen beiden Gemeinden gegeben. Die späte Jahreszeit, es war inzwischen Herbst geworden, erforderte schon eine besondere Gelegenheit, um eine Briefsendung zwischen beiden Städten zu befördern[1]. Obendrein waren alle Angelegenheiten, die Cyprian und den römischen Klerus gemeinsam betrafen, eindeutig geklärt.

Cyprian konnte nach Erhalt der großen römischen Gemeindeschreiben seine ganze Aufmerksamkeit den Vorgängen in der eigenen Gemeinde widmen. Erst als im Frühjahr 251 der jugendliche Bekenner Celerinus aus Rom in seine Heimatstadt Karthago zurückkehrte, ergab es sich, daß der Bischof noch einmal an die Konfessoren in Rom schrieb. Celerinus war in Rom als Wortführer der in die Hauptstadt verschlagenen karthagischen Christen aufgetreten und hatte dabei durchaus nicht immer im Sinne Cyprians gehandelt. Nach der Ankunft in Karthago suchte er jedoch sogleich seinen Bischof in dessen Versteck auf. Er empfahl sich Cyprian mit überschwenglichen Grüßen der römischen Konfessoren. Durch ihn ließen die Römer noch einmal versichern, daß sie den karthagischen Bischof in hohen Ehren hielten und ihm in Liebe sehr verbunden seien. Cyprian ging darauf ein. Er ließ sich diesen Gruß gefallen. Die zweifelhafte Rolle, die Celerinus bei dem Briefwechsel mit dem erklärten Gegner Cyprians, dem Wortführer der Bekenner in Karthago, Lucianus, gespielt hatte, trug

---

[1] Vergleichbar in der Jahreszeit ist der Brief Firmilians an Cyprian aus dem Jahre 256 s. dort die Bemerkungen zu den Beförderungsbedingungen ep. 75, 5 (*Hartel*, 812, 30 ff.).

der Bischof dem jungen Konfessor nicht nach. Er empfing ihn mit offenen Armen[2], machte ihn bald zum Lektor[3] mit der besseren Gehaltsklasse eines Presbyters[4] und stellte dem jungen Mann eine erfolgreiche kirchliche Karriere in Aussicht. Doch zunächst nahm er Celerinus beim Wort[5] und schrieb an die römischen Konfessoren, was man ihm ausgerichtet habe, und daß er seinerseits den römischen Bekennern die größte Verehrung entgegenbringe.

Mit diesem Brief (ep. 37) löste Cyprian auch gleich eine Briefschuld ein, denn er hatte sich bisher auf das große Schreiben der römischen Bekenner (ep. 31), das zusammen mit dem Brief des Klerus (ep. 30) für ihn die Anerkennung der Römer brachte, nicht gerührt. Etwas gemessener, aber doch durchaus im Stil der übrigen überschwenglichen Schreiben an Konfessoren dankte Cyprian. Er pries die Standhaftigkeit und Treue der Bekenner, die mittlerweile ein Jahr im Gefängnis verbracht haben. In knappen und prägnanten Formulierungen faßte der Bischof am Ende des Briefes dann noch einmal die Kriterien zusammen, die er für ein wahres Martyrium und damit zur Ehre der Konfessoren gelten lassen wollte. Sie gipfeln in dem Satz: „Wahrhaftig habt ihr als Zeugen des Evangeliums und wahrlich als Märtyrer Christi, gestützt auf seine Wurzeln und in starkem Gefüge auf Fels gegründet, die Zucht mit der Tapferkeit verbunden; ihr habt die übrigen zur Furcht Gottes erweckt und mit eurem Martyrium ein Vorbild aufgestellt."[6]

So kennzeichnete der Bischof das Verdienst der Bekenner, das ihnen die göttliche Gnade gewiß sein läßt und ihrem Gebet verheißt, daß es „von des Herren Güte alles erlangt, was es erbittet". In diesem Sinne forderte Cyprian sie auf, ihn in ihre Fürbitte und ihr Gebet einzuschließen und seiner zu gedenken. Der Bischof ehrte die Konfessoren als einen besonderen Stand und gestand den Römern zu, was er den karthagischen Konfessoren absprach. Dabei ist freilich nicht zu übersehen, daß die Verdienste, die er ihnen anrechnet und die ihre besondere Stellung ausmachen, Tugenden sind, die er selbst für sich in den Auseinandersetzungen mit den Bekennern Karthagos beanspruchte und letztlich auch in Friedenszeiten von jedem Christen forderte[7]. Der Maßstab, den Cyprian hier anlegt, wurzelt im Tugendkatalog der Römer, den er mit Hilfe prophetischer Traditionen christlich interpretierte. Dabei mußte der Ruhm, den er den römischen Bekennern enthusiastisch zusagte, auf ihn selbst zurückfallen.

---

[2] Vgl. ep. 37, 1.
[3] Vgl. die Anzeige seiner Ernennung ep. 39. Zu ep. 39, 1 vgl. Hippolyt, Trad. apost. 9 „de confessoribus" (ed. Botte 28).
[4] Ep. 39, 5 (*Hartel*, 584 25 ff.).   [5] Ep. 37, 1.
[6] Ep. 37, 4 (*Hartel*, 579, 8—11).
[7] Vgl. dazu *v. Campenhausen*, Die Idee des Martyriums in der alten Kirche 137.

M) Das Ende der Korrespondenz zwischen den Gemeinden
zur Zeit der römischen Sedisvakanz und der Abwesenheit
Cyprians von seiner karthagischen Gemeinde

a) Karthago

Mit dem nachzüglichen Schreiben Cyprians an die römischen Konfessoren (ep. 37), das nur noch in ganz losem Zusammenhang zu den vorhergehenden Briefen stand, war der Briefwechsel zwischen beiden Gemeinden einstweilen beendet. Er wurde erst später wieder aufgenommen
durch einen Brief des in Rom zum Bischof gewählten Cornelius; dieser
beklagte sich bei Cyprian darüber, daß afrikanische Bischöfe bzw. Gemeinden ihre Post nicht an ihn als den römischen Bischof, sondern an den
Klerus in Rom adressierten, und er gab Cyprian dafür die Schuld. Ganz
ähnlich hatte auch der Briefwechsel zur Zeit der römischen Sedisvakanz
begonnen, nur daß Cyprian damals der Übergangene war, der nun im
umgekehrten Fall die Verantwortung für den Beschluß der afrikanischen
Bischöfe übernahm[1].

Die entscheidende Wende in der Korrespondenz zwischen den Gemeinden zur Zeit der decischen Verfolgung hatte das erste große Gemeindeschreiben (ep. 30) der Römer an Bischof Cyprian gebracht. Alles Erdenk-
liche hatte dieser mit fünf Briefen nach Rom vorher unternommen, damit
sie ihn anerkennen möchten. Als Cyprian dann das Schreiben erhielt,
setzte er alles daran, daß der Brief die weiteste Verbreitung erhielt und in
den Besitz jeder afrikanischen Gemeinde gelangte[2]. Auch später noch
sprach er von diesem Brief als von einem ökumenischen Rundschreiben[3].

Um die Korrespondenz mit den Römern kümmerte er sich dagegen in
Zukunft nur noch ganz am Rande. Zwar schrieb er (nach ep. 30) noch
einmal an den römischen Klerus[4], doch enthielt der Brief nur überflüssige
Nachrichten, und das teilte Novatian dem Bischof auch mit. Wahrscheinlich hatte dieser Brief überhaupt nur zum Ziel, was er bewirkt hat:
Die Römer betrachteten das Schreiben als eine Routineangelegenheit,
brachten es mit den vorhergehenden zahlreichen Schreiben des Bischofs in
Verbindung und nahmen damit dem gesamten bisherigen Briefwechsel
den Charakter des Außerordentlichen.

Zu weiteren Briefsendungen sah Cyprian daraufhin keinen Anlaß. Auf
das Schreiben der römischen Konfessoren (ep. 31) ging er nicht mehr ein.
Und auch das zweite große Gemeindeschreiben des römischen Klerus ep.
36) beantwortete er nicht. Die Römer hatten in diesem Brief — beunruhigt
durch die letzte Sendung Cyprians (ep. 35), die sich mit ihrem ersten großen Hirtenbrief gekreuzt hatte — versucht, mit Ermahnungen zur Be-

---

[1] Cyprian ep. 48, 1.2, s. o. S. 112.   [2] Vgl. Cyprian ep. 32.
[3] Cyprian ep. 55, 5.   [4] S. o. S. 104 ff.

sonnenheit und Versöhnlichkeit zu helfen. Doch die weitere Entwicklung zeigt, daß die Situation in Karthago weit schlimmer war, als es sich die Römer vorstellten. Gestärkt durch die uneingeschränkte Zustimmung Roms ging Cyprian nun systematisch daran, seine Gemeinde, die ihm entglitten war, wiederzugewinnen. Der Bischof rüstete sich zu der Machtprobe, auf die es seine Gegner angelegt hatten. Dabei kamen ihm jetzt auch seine Amtskollegen, offenbar ermuntert durch den Sinneswandel der Römer, namentlich zu Hilfe[5]. Der Bischof gab seine geduldig abwartende Haltung auf, beschränkte sich nicht mehr auf Ermahnungen und gelegentliche Geldzuwendungen, sondern griff aktiv in das Geschehen in Karthago ein. An eine Rückkehr zu seiner Gemeinde war zwar vorerst noch nicht zu denken, obwohl der Bischof Verfolgungsmaßnahmen nicht mehr fürchtete und längst alle Kleriker wieder nach Karthago zurückbeordert hatte[6]. Der Widerstand in der eigenen Kirche und der Einfluß der Gegner war aber doch so groß, daß der Erfolg seines persönlichen Auftretens ganz ungewiß war[7]. Cyprian fürchtete den offenen Aufruhr und bangte um das Leben seiner Gemeinde.

So führte er die Auseinandersetzungen mit seinen Gegnern von seinem Zufluchtsort aus. Zug um Zug ging er daran, die vakanten Gemeindeämter mit Vertrauensleuten neu zu besetzen[8], ohne erst das Votum seines Klerus einzuholen[9]. Nicht lange vorher waren die ersten beiden Ausschließungsurteile und die Streichung weiterer unfolgsamer Presbyter von der Lohnliste erfolgt[10]. Die Gegner des Bischofs hatten derweil ihrerseits mit der Ernennung des eigentlich angesehenen Felicissimus zum Diakon geantwortet und ihm die Aufsicht über die Gemeindekasse zugespielt[11].

---

[5] Ep. 41; vgl. vorher nur ep. 34, 1.   [6] Vgl. ep. 34, 4.

[7] Vgl. Cyprians Begründung ep. 43, 4.

[8] Früher waren es schon Optatus (Subdiakon) und Saturus (Lektor) gewesen (ep. 29); mit Celerinus wurde auch Aurelius zum Lektor bestellt (ep. 39 auch 38); besondere Hoffnungen setzte Cyprian auch auf Numicidius, den er zum Presbyter bestellte und ihm gleich ein Bischofsamt in Aussicht stellte (Ep. 40, *Hartel*, 586, 9 ff.). Gegen Koch ZNW 17 (1916) 78 deutet diese Stelle richtig *Müller-Campenhausen*, Kirchengeschichte I, 1 3. Aufl. (1941) 323. Unrichtig ist die Darstellung *v. Campenhausens*, Lat. Kirchenväter 44, daß die Ernennungen erst eine Reaktion Cyprians auf die Erhebung des Felicissimus zum Diakon waren.

[9] Vgl. zur Frage der Ordination zuletzt *H. v. Campenhausen*, Kirchl. Amt 298.

[10] Vgl. ep. 34, 1 und 4.

[11] Betrieben hat diese Erhebung Novatus (vgl. ep. 52, 2, *Hartel*, 618, 11 ff.), der später auch bei der Erhebung Novatians in Rom eine Rolle gespielt hat (ep. 52, 2, *Hartel*, 618, 13 ff.). Geweiht hat ihn gegen Cyprians Willen ein Bischof, vgl. dazu *Fechtrup*, Cyprian I, 110, 4, *K. Müller*, Bußinstitution in Karthago unter Cyprian, ZKG 16 (1896) 212. Gegen Müllers spätere Datierung der Weihe spricht, daß Felicissimus nur als Diakon in der Lage war, die Gemeindekasse zu kontrollieren s. ep. 41, 1, 2.

Zum offenen Konflikt kam es, als Handwerker um einen Zuschuß aus der Gemeindekasse beim Bischof angefragt hatten, den sie zur Wiederaufnahme und zur Ausübung ihres Gewerbes benötigten. Als Cyprian diesen Zuschuß bewilligte und gleichzeitig Auftrag gab, die Personalien dieser Leute, ihre Verhältnisse und Würdigkeit unter dem Gesichtspunkt festzustellen, ob sie für die Übernahme in den kirchlichen Verwaltungsdienst geeignet seien, kam es zum offenen Widerstand. Felicissimus verhinderte die Auszahlung der Gelder und die Ausführung der übrigen Aufträge[12]. Doch auch für diesen Fall war Cyprian inzwischen gerüstet dank der Hilfe seiner Amtsgenossen. Für die Mission, in Karthago nach dem Rechten zu sehen, das Geld an die Handwerker zu verteilen und auch sonst alles Notwendige zu veranlassen, hatte er die Bischöfe Caldonius und Herculanus gewonnen. In Karthago hatte er sie an den gerade erst zum Presbyter geweihten Numicidius[13] und an den greisen Rogatianus gewiesen, der vom Bischof bei seiner Abreise mit weitgehenden Vollmachten ausgestattet worden war[14]. Damit, daß Felicissimus seinem Bischof den Gehorsam verweigerte und sich der von ihm eingesetzten Kommission der Bischöfe und Presbyter widersetzte, war das Schisma vollzogen[15]. Der Aufforderung des Felicissimus an die karthagische Gemeinde, ihm Folge zu leisten und nicht dem Bischof und seinen Gesandten, gehorchte nur der kleinere Teil des Klerus und der Spendenempfänger.

Cyprian war froh darüber, daß Felicissimus sich selbst ins Unrecht gesetzt hatte und daß die meisten Brüder sich lieber mit seinen Abgesandten einverstanden erklärt hatten, „indem sie bei der Mutterkirche verblieben und ihre Spenden aus der Hand des Bischofs in Empfang nahmen"[16]. Mit der Gewißheit, daß auch die übrigen sich besinnen und es ebenso machen würden, gab Cyprian seinen Bischofskollegen Vollmacht, Felicissimus und gegebenenfalls einige seiner Anhänger zu exkommunizieren[17]. Dies geschah dann auch, und nach dieser Vorentscheidung kehrte Cyprian bald zu seiner Gemeinde zurück. Sogleich, wahr-

---

[12] Ep. 41, 1, 2.

[13] Bezeichnend ist, daß Cyprian sich gleich auf ihn, den er eben erst zum Presbyter geweiht hat, stützte. Wie sehr er gerade auf Numicidius setzte, zeigt, daß er ihm gleich bei der Bestellung zum Presbyter ein Bischofsamt in Afrika in Aussicht gestellt hatte.

[14] Vgl. ep. 7. Seitdem war von Rogatianus nicht mehr die Rede. S. o. S. 118.

[15] Vgl. ep. 41, 2; 43, 1.   [16] Ep. 41, 2.

[17] Eine ganz verwickelte Geschichte hat *Ritschl*, Cyprian 60 ff. aus ep. 42 herausgelesen, die *K. Müller*, ZKG 16 (1896) 213 f. kritisch untersucht hat. Richtig deutet er ep. 41, 2 u. Ende (*Hartel*, 588, 16 ff.) dahingehend, daß die Kommission vom Bischof Auftrag und Vollmacht erhalten hatte, je nachdem Augendus auszuschließen oder auch nicht und im Notfall noch weitere Namen auf die Liste der Ausgeschlossenen zu setzen, damit diese Leute vor Klerus und Gemeinde als von Cyprian selbst ausgeschlossen erscheinen sollten.

scheinlich noch in den ersten Apriltagen des Jahres 251, gelang es Cyprian dann, eine Bischofssynode um sich zu versammeln. Sie brachte Cyprian den entscheidenden Sieg[18].

b) Rom

In Rom hatte sich die politische Lage im Frühjahr 251 für die Christen einigermaßen günstig entwickelt. Die Verfolgung war vorläufig beendet[19]. Kaiser Decius war in den Krieg gezogen, und seine Gegner in Rom nutzten seine Abwesenheit, einen Gegenkaiser auszurufen[20]. Ermuntert durch diese Ereignisse, zu denen wahrscheinlich auch die Freilassung der Konfessoren gehörte, wählten die Christen nun endlich im März, wenige Tage vor dem Frühjahrskonzil in Karthago, einen Nachfolger für Bischof Fabian.

An der Wahl verantwortlich beteiligt war der gleiche Personenkreis, der sich schon bei den synodalen Beratungen zusammengefunden hatte, die der Abfassung des ersten großen Hirtenbriefes (ep. 30) an Cyprian vorausgegangen waren: die italienischen Bischöfe und der römische Klerus.

Die Meinungsverschiedenheiten dieses Gremiums waren schon damals in der Gefallenenfrage offen zutage getreten. Es war Novatian und den entscheidenden Autoritäten des Klerus, die ihn stützten, nicht gelungen, einen festen Beschluß in dieser Angelegenheit durchzusetzen. Statt dessen hatte man sich um des Friedens willen auf die bislang geübte Praxis als Mittelweg geeinigt, nur den Sterbenskranken zu Hilfe zu kommen[21], im übrigen aber die ganze Angelegenheit vertragt, um sie erst nach der Wahl des neuen Bischofs endgültig zu behandeln.

Damit bahnte sich eine Krise für die römische Kirche an, die bei der Bischofswahl offen zutage treten mußte. Denn der Vertagungsbeschluß hatte unweigerlich zur Folge, daß mit der Person des zu wählenden Mannes auch eine Entscheidung in der Gefallenenfrage gesucht werden würde.

Von dieser Entscheidung hing für die Römer sehr viel ab. Denn unüberhörbar trat in Novatian ein Mann auf, der die alte Frage Hippolyts, wieweit die Wiederaufnahme von sündigen Christen nach getaner Buße die Heiligkeit der Kirche in Frage stelle, wieder aufgeworfen hatte. Und wie

[18] Vgl. dazu ausführlich *Koch*, Cyprianische Untersuchungen 124 ff. u. ö.; *H. v. Campenhausen*, Lat. Kirchenväter 44; *Kraft*, Kirchenväter 375.
[19] Vgl. *J. Vogt*, Art. Christenverfolgung I, RAC 2 (1954) 1186.
[20] Vgl. *A. Alföldi*, CAH XII (1961) VI 1, S. 167; *L. Fronza*, Studi sull' Imperatore Decio II: Problemi di politica interna Annali Triestini, Sez. Ia, 23 (1953) 311–333; *K. Groß*, Art. Decius, RAC 3 (1957) 611 ff.
[21] Die Verschärfung ep. 30, 8 (55, 5) gegenüber ep. 8, 3 dürfte auf das Konto Novatians gehen, s. o. S. 135.

sein Vorgänger, der Presbyter Hippolyt[22], nahm Novatian hier eine sehr strenge Haltung ein.

In der Kirche Karthagos war diese Frage seit der Ausscheidung der Montanisten verstummt. Man kämpfte nur noch um Kompetenzen. Das war in Rom anders. Hier standen Kirchenbegriff gegen Kirchnbegriff, die urchristliche Heilskirche gegen die erstehende Sakraments- und Priesterkirche[23].

Die Rückkehr der Gemeinde Hippolyts zur katholischen Kirche und ihrem Bischof[24] hatte diese Frage wieder in die Kirche zurückgebracht. Doch nun schon eine Generation später in der Zeit, in der die römische Gemeinde ihren Bischof entbehren mußte, brachen die alten Gegensätze angesichts der Allgemeinheit der Verfehlungen erneut auf. Hippolyt hatte für die Kirche als die „heilige Gemeinde der in Gerechtigkeit Lebenden" gekämpft[25]. Und in seiner Nachfolge hatte Novatian in aller Eindeutigkeit schon als Presbyter unter Bischof Fabian, der ihn angeblich gegen erheblichen Widerstand zu sich in den Klerus berufen hatte, seine Gemeinde gelehrt, daß die Heiligkeit der Kirche unantastbar sei, daß Gott über die Makellosigkeit und Unversehrtheit seiner Kirche wache, daß er mit den Gottlosen ins Gericht gehe, die Heuchler entlarve und diejenigen, die vom Glauben abfielen und Christus verleugneten, ausspeie[26].

Die Briefe, die Novatian in seiner Eigenschaft als der mit den auswärtigen Angelegenheiten beauftragte Presbyter zur Zeit der Sedisvakanz an Cyprian schrieb, machen deutlich, daß er auch unter dem Eindruck der Verfolgung, in der soviele schwach geworden waren, nicht bereit war, seine dogmatischen Grundsätze aufzugeben. Für die Gefallenen hatte er nur die Empfehlung, daß sie sich selbst der Milde und Barmherzigkeit Gottes anheimstellen sollten[27]. Der Wiederaufnahme der Büßer in alleräußerster Todesgefahr hatte er nur widerwillig als einem Notbehelf zugestimmt.

In der Konsequenz seiner Gedanken lag es aber, die alte Strenge auch wieder gegen Fleischessünder anzuwenden und der Sünde des Abfalls keinesfalls mit Milde und Nachsicht zu begegnen.

Novatian hatte sich also aus dogmatischen Gründen schon sehr frühzeitig auf eine strenge Haltung gegenüber den Gefallenen festgelegt. Ihn unterstützten dabei ganz im Gegensatz zu den Verhältnissen in Karthago die römischen Konfessoren. Unter ihnen befanden sich die maßgeblichen

[22] Vgl. *H. Kraft*, Kirchenväter 241.
[23] Vgl. *H. Koch*, Art. Novatianus, RE VII, 1 (1936) 1143.
[24] S. dazu *E. Caspar*, Papsttum I, 44 f.
[25] Hippolyt, Refutatio 9, 12, 22 f.; vgl. auch Comm. in Dan. 1, 17: Die mit dem Heiligen Geist bekleidete Kirche unterliegt dem Teufel nicht mehr.
[26] Novatian, de trin. T. 170—172 (*Weyer*, 189—191); vgl. auch seine „richtige Interpretation von improbos foras exspuit" Anm. 104. Zur Abfassungszeit von de trin. vgl. zuletzt ders. S. 14.
[27] Ep. 36, 1/3, dazu *Weyer*, Novatianus 10.

154

Autoritäten des Klerus, insbesondere der angesehene Moyses, der als der wohl rangälteste Presbyter zur Zeit der Sedisvakanz die meisten Vollmachten seiner Gemeinde auf sich vereinigte und diese trotz seiner Gefangenschaft auch wahrnahm.

Doch die römische Kirche entschied sich bei der Bischofswahl gegen Novatian und die Konfessoren, wie es sich schon in den Verhandlungen vor der Abfassung von ep. 30 angekündigt hatte.

16 italienische Bischöfe und die Mehrheit im römischen Klerus erhoben im März 251 einen Presbyter namens Cornelius zum Bischof[28]. Nicht Novatian, der mit seinen glänzenden Fähigkeiten seiner Gemeinde zur Zeit der Sedisvakanz als Sachwalter der unangefochtenen Autorität des römischen Episkopates, als der für alle auswärtigen Angelegenheiten zuständige Presbyter, gedient hatte, wurde die Führung der Kirche anvertraut, sondern einem Mann, der sich in der Verwaltung ausgezeichnet hatte, der sich treu durch alle kirchlichen Ämter hochgedient und in allen innergemeindlichen Angelegenheiten bewährt hatte[29]. Um die Nöte der Gefallenen hatte er sich persönlich in einem Maße gekümmert, daß seine Gegner zu dem Vorwurf Anlaß sahen, er habe mit ihnen in unverantwortlicher Weise Gemeinschaft gehalten[30]. Diesen Vorwurf freilich widerlegt die Tatsache, daß Cornelius als Bischof in der Gefallenenfrage wohl dem Beschluß des karthagischen Frühjahrskonzils beigetreten ist, die allgemeine Wiederaufnahme aller Büßer, die sich bewährt hatten, jedoch auch später noch im Gegensatz zu den Afrikanern abgelehnt hat[31].

Novatian verweigerte wie vormals Hippolyt dem neuen Bischof den Gehorsam. Eine Minderheit erhob ihn selbst zum Gegenbischof, dem zunächst auch die konservativen Konfessoren folgten.

Mit Cornelius gab die römische Kirche einem Mann der Praxis, der Verwaltung und der Diakonie den Vorzug vor ihrem ersten großen lateinischen Theologen und Lehrer; nach der persönlichen Seite war es ein Sieg untadeliger Mittelmäßigkeit gegen die rasch emporgestiegene Begabung. Es zeigte sich, daß die persönlichen Fähigkeiten und Qualitäten des einzelnen wenig zählten gegenüber der entscheidenden Frage, wie er sich dem Entwicklungsgesetz seiner Kirche einfügte[32]. Die Zukunft gehörte

[28] Ep. 55, 24 u. 8–12. Zum Vorgang s. *E. Caspar*, Papsttum I, 66 f.; *H. Koch*, Cathedra Petri (1930) 145, 1.
[29] Cyprian ep. 55, 8. Zur Charakterisierung Novatians vgl. bes. *H. Koch*, Art. Novatianus, RE XVII, 1 (1936) 1138–1156; *E. Caspar*, Papsttum I, 65 ff; zuletzt *Weyer* in seiner Einleitung zu Novatians Schrift De Trinitate.
[30] Vgl. die Verteidigung gegen diesen Vorwurf durch Cyprian ep. 55, (11) 12.
[31] Vgl. *E. Caspar*, Papsttum I, 67 f. mit den Belegen; *Müller-Campenhausen*, Kirchengeschichte I, 1 3. Aufl. (1901) 261. Erst Bischof Xystus (Sixtus) II (256 bis 258) schloß sich, wie es scheint, dem Vorgang Afrikas an.
[32] Vgl. *E. Caspar*, Papsttum I 69.

dem Manne, der wie schon Kallist der großen Masse der Gläubigen[33], die sich berufen fühlten, die Zugehörigkeit zur Kirche und damit dieser selbst den Fortbestand inmitten der feindlichen Gesellschaft ermöglichen wollte.

Es war „ein Sieg der menschlichen Schwäche über das ursprüngliche Hochziel, der vielen Berufenen über die wenigen Auserwählten"[34].

Die Stimmen derer, die sich gegen Novatian und die Konfessoren gewandt haben, sind in einem Wort Kaiser Konstantins, das er während des Konzils von Nicäa dem novatianischen Bischof von Konstantinopel zugerufen haben soll, zusammengefaßt: „Lege eine Leiter an, Acesius, und steige allein in den Himmel!"[35]

---

[33] Zahlreiche Parallelen in der Polemik zwischen Kallist-Hippolyt und Cornelius-Novatian etc. weist nach *K. Beyschlag*, Kallist und Hippolyt, ThZ 20 (1964) 103—124.

[34] *H. Koch*, Art. Novatianus, RE XVII, 1 (1936) 1144.

[35] Socrat. h. e. I, 10; zur späteren Geschichte der novatianischen Kirchen vgl. bes. *v. Harnack*, Art. Novatian, RE für protestant Theol. u. Kirche 14 (1904) 240 ff.

LITERATURVERZEICHNIS[1]

d'Alès, A., Novatian, Étude sur la théologie romaine au milieu du IIIe siècle Paris (1925).

Alföldi, A., Zu den Christenverfolgungen in der Mitte des 3. Jahrhunderts, Klio. Beiträge zur alten Geschichte, 31 (1938) 323–348.

Altaner, B.—Stuiber, B., Patrologie, 7. Aufl. Wien (1966).

Altendorf, E., Einheit und Heiligkeit der Kirche (1932).

Amann, E., Novatien et Novatianisme, in Dictionnaire de théologie catholique, XI, 1 Paris (1931) 816–849.

Ammundsen, V., Novatianus og Novatianismen, Copenhagen (1901).

Andersen, J. O., Novatian, Copenhagen (1901).

Arns, E. P., Contribucao de Sâo Cipriano para a renovacâo pastoral, REBras 18 (1958) 914–932.

Babl, J., De epistularum latinarum formulis, Programm des Kgl. alten Gymnasiums zu Bamberg (1893).

Bakhuizen van den Brink, J. N., Cyprianus van Carthago 258–14 sept. – 1958 (MAAL N. S. 21, 9) Amsterdam 1958.

–, Cyprianus, Bisschop van Carthago, KE 14 (1958) 138–155.

–, Caecilii Cypriani episcopi Carthaginiensis martyris scripta quaedam 2. Aufl. (Scriptores christiani primaevi I) Den Haag (1961).

Barbero, G., Seneca e la conversione di S. Cipriano, RiStCl 10 (1962) 16–23.

Bardenhewer, D., Geschichte der altkirchlichen Literatur II (1914) (Nachdruck 1962).

Bayard, L., Saint Cyprien, Correspondance I/II 2. Aufl. Paris (1961/62).

Beck, A., Römisches Recht bei Tertullian und Cyprian (1930).

Benson, E. W., Cyprian, His life, his Times, his Works, New York – London (1897).

Bertrand, L., Les martyrs africains Marseille (1930).

Bévenot, M., St. Cyprian. The Lapsed. The Unity of the Catholic Church. Transl. and annot. (ACW25) Lond. (1957).

–, St. Cyprian: a Multi-Centenary, Month 20 (1958) 159–166.

Beyschlag, K., Kallist und Hippolyt, ThZ 20 (1964) 103–124.

Bruns, C. G., Fontes iuris Romani antiqui I: Leges et negotia, 7. Aufl. (O. Gradewitz) (1904).

–, Die Unterschriften in den römischen Rechtsurkunden, Abh. Berlin, phil.-hist. Klass. 1 (1877) 41–138.

---

[1] Bei ausländischen Arbeiten ist in der Regel der Erscheinungsort mitgenannt, während er bei deutschen fortgelassen ist.

Bullat, N., St. Cyprian and the Roman Primacy, Reality 12 (1964) 17–34.

Camelot, Th., S. Cyprien et la primauté, Istina 4 (1957).

Campenhausen, H. v., Die Idee des Martyriums in der alten Kirche (1936) 2. Aufl. (1964).

–, Lateinische Kirchenväter (1960).

–, Kirchliches Amt und geistliche Vollmacht in den ersten drei Jahrhunderten, Beiträge zur historischen Theologie 14, 2. Aufl. (1963).

Capmany-Casamitjana, J., „Miles Christi" en la Espiritualidad de San Cipriano (Colectánea San Paciano, seria teologica I) Barcelona (1956).

–, San Cipriano de Cartago, maestro y pastor en la persecución, EE 33 (1959) 275–302.

Caspar, E., Primatus Petri. Eine philologisch-historische Untersuchung über die Ursprünge der Primatslehre (1927).

–, Geschichte des Papsttums von den Anfängen bis zur Höhe der Weltherrschaft. Bd. 1. Römische Kirche und Imperium Romanum (1930).

Caspari, K. P., Quellen zur Geschichte des Taufsymbols und der Glaubensregel Bd. III Christiania (1875).

Clarke, G. W., The Secular Profession of St. Cyprian of Carthage Latomus 24 (1965) 633–638.

Colson, J., L'épiscopat catholique. Collégialité et primauté dans les trois premiers siècles de l'Eglise („Unam Sanctam", 43) Paris (1963).

Coman, J. G., La personalité de S. Cyprien (en romain), StBuc II (1959) 267–296.

Daly, C. B., Absolution and Satisfaction in St. Cyprian's theology of Penance. In: Studia Patristica II (cf. 7) 202–207.

Deißmann, A., Licht vom Osten. Das Neue Testament und die neuentdeckten Texte der hellenistisch-römischen Welt. 4. Aufl. (1923).

Demoustier, A., Épiscopat et union à Rome selon Saint Cyprien, RechSR 52 (1964) 337–369.

Dölger, F. J., Die Taufe des Novatian. Die Beurteilung der klinischen Taufe im Fieber nach Kirchenrecht und Pastoral des christlichen Altertums, Antike und Christentum, 2 (1930) 258–267.

–, Zum Oikiskos des Novatian. Klausnerhäuschen oder Versteck? Antike und Christentum 6 (1941/50) 61–64.

Dziatzko, .K, Untersuchungen über ausgewählte Kapitel des antiken Buchwesens (1900).

–, Artikel „Antike Briefe" RE III 836–843.

Engelbrecht, R., Das Titelwesen bei den spätlateinischen Epistolographen (1893).

Eynde, D. van den, L'inscription sépulcrale de Novatien, Revue d'histoire ecclésiastique 33 Louvain (1937) 792–794.

Fechtrup, B., Der heilige Cyprian I. Cyprians Leben (1878).

Ferrua, A., Antichità Cristiana. „Nouatiano beatissimo martyri", in La Civiltà cattolica, 95, 4 Rom (1944) 232–239.

Fortim, B., Problèmes de Succession épiscopale au milieu du IIIᵉ siècle-Laval 19 (1963) 49–61.

158

Gmelin, U., Auctoritas. Römischer Princeps und päpstlicher Primat, Geistige Grundlagen römischer Kirchenpolitik 1 (1937).

Gómez, J. M. S., Cipriano y el Primado juridico de Roma sobre la Iglesia católica Diss. Rom 1958.

Greenslade, S. L., Early Latin Theology. Selections from Tertullian Cyprian, Ambrose and Jerome. Transl. and ed. by S. L. Greenslade. Philadelphia (1956).

Gross, H., (E. Liesering) Artikel Decius, RAC III (1957) 611–629.

Grotz, J., Die Entwicklung des Bußstufenwesens in der vornicänischen Kirche (1955).

Gülzow, H., Kallist von Rom, Ein Beitrag zur Soziologie der römischen Gemeinde ZNW 58 (1967) 102–121.

–, Christentum und Sklaverei in den ersten drei Jahrhunderten (1969).

Haendler, G., Die drei großen nordafrikanischen Kirchenväter über Mt 16, 18s., ThLZ 81 (1956) 361–364.

Harnack, A. v., Die Briefe des römischen Klerus aus der Zeit der Sedisvacanz im Jahre 250, in: Theologische Abhandlungen, Carl von Weizäcker zu seinem siebzigsten Geburtstage, (1892) 1–36.

–, Über verlorene Briefe und Aktenstücke, die sich aus der cyprianischen Briefsammlung ermitteln lassen, in: TU NF VIII 2 (1902).

–, Cyprian als Enthusiast, ZNW 3 (1902) 177–191.

–, Die Chronolgie der altchristlichen Literatur bis Eusebius, 2. Bd.

–, Die Chronologie der Literatur von Irenaeus bis Eusebius; in: Geschichte der altchristlichen Literatur bis Eusebius, zweiter Teil, Die Chronologie 2. Bd. (1904).

Hartel, G., S. Thasci Caecili Cypriani opera omnia, in: CSEL III I–III, Wien (1868–1871).

Haußleiter, J., Der Aufbau der altchristlichen Literatur. Eine kritische Untersuchung nebst Studien zu Cyprian, Victorinus und Augustin. Gött. Gel. Anz. (1898) 337–379; separat Berlin (1889).

Hübner, S., Cyprian von Karthago, Briefe aus dem Exil. Eingeführt und übersetzt. (1965).

–, Kirchenbuße und Exkommunikation bei Cyprian ZkTh 84 (1962) 171–215.

Janssen, H., Kultur und Sprache. Zur Geschichte der alten Kirche im Spiegel der Sprachentwicklung von Tertullian bis Cyprian (1938).

Jourjon, M., Cyprien de Carthage (Eglise d' hier et d'aujourdhui) Paris (1957).

Klein, G., Die hermeneutische Struktur des Kirchengedankens bei Cyprian ZKG 68 (1957) 48–68.

Koch, H., Cyprian und der römische Primat, TU 25 (1910) 1–173.

–, Cyprianische Untersuchungen, in: Arbeiten zur Kirchengeschichte 4 (1926).

–, Cathedra Petri, Neue Untersuchungen über die Anfänge der Primatslehre (1930).

–, Zu Novatians ep. 30, ZNW 34 (1935) 303–306.

–, Artikel Novatian, RE XVII (1936) 1138–1156 Il martire Novaziano, in Religio 13 (1937); und 14 (1938) 192–314.

Köhler, W., Omnis ecclesia Petri propinqua. Versuch einer religionsgeschichtlichen Deutung, Sitzber. der Heidelberger Akad. d. Wiss. Phil-hist. Klasse (37/38) 3 (1938).

Koep, L., Antikes Kaisertum und Christusbekenntnis im Widerspruch, JAC 4 (1961) 58–76.

Koskenniemi, H., Studien zur Idee und Phraseologie des griechischen Briefes bis 400 n. Chr. Helsinki 1956 (Suomalaisen Tideakatemian Toimituksia, Annales Academiae Scientiarum Fennicae; SARJA-Ser. B Nide-Tom 102, 2).

Kraft, H., Kaiser Konstantins religiöse Entwicklung, Beiträge zur historischen Theologie 20 (1955).

–, Zur Entstehung des altkirchlichen Märtyrertitels, in: Ecclesia und Res Publica (Festschrift für K. D. Schmidt) (1961) 64–75.

–, Die Kirchenväter bis zum Konzil von Nicäa (1966).

Kübler, E., Artikel Subscriptio, RE 4 A 1 (1931) 490–501.

Langen, J., Die Kirchentrennung Novatians, in Geschichte der römischen Kirche bis zum Pontifikate Leo's I. (1881) 289–314.

Lesonsky, M. A., Traditional Thought Processes in Saint Cyprian's Letters (1 Bul 33 (1956) 16 s. 19.

Liesering, E., Untersuchungen zur Christenverfolgung des Kaisers Decius, Diss. Würzburg (1933).

Ludwig, J., Der heilige Märtyrerbischof Cyprian von Karthago (1951).

Melin, B., Studia in Corpus Cyprianeum, Upsala (1946).

Miodonski, A., Anonymus adversus aleatores und die Briefe Cypr. 8, 21–24. (1889).

Mohlberg, L. K., Novatian, in Encyclopedia Britannica 16 London (1960) 570–571.

–, Historisch-kritische Bemerkung zum Ursprung der sogenannten „Memoria Apostolorum" an der Appischen Straße, Colligere Fragmenta, Festschr. für Alban Dodd zum 70. Geburtstag, Beuron (1952) 52–74.

Mohrmann, Chr., siehe Schrijnen.

Monceaux, P., Saint Cyprian (210–258), Pour le dix-septième centenaire de sa mort, Nova Vet 33 (1958) 249–261 = Abdruck aus: Moncreaux, P., La vraie légende dorée, Paris (1928).

Mongelli, G., La Chiesa di Cartagine contra Roma durante l'episcopato di S. Cipriano (249–258), MF 59 (1959) 104–201.

Morawitzky, L., Die Kaiseridee in den echten und unechten Märtyrerakten der Christenverfolgung des Decius, Diss. Breslau (1909).

Müller, K., Die Bußinstitution in Karthago unter Cyprian, ZKG 16 (1895) 1–44 u. 187–219.

Nelke, L., Die Chronologie der Korrespondenz Cyprians und die pseudocyprianischen Schriften ad Novatianum und de rebaptismate (1902).

Olsson, B., Papyrusbriefe aus der frühesten Römerzeit, Upsala (1925).

Palmquist, A., Cyprianus och primatfragan, NyKT 28 (1959) 152–172.

Peter, H., Der Brief in der römischen Literatur, Abh. Sächs. Ak. d. Wiss., Hist.-phil. Klasse 20 (1901).

Pincherle, A., Sulle origini del cristianesimo in Sicilia, Kokalos 10/11 Palermo (1964/65) 547–564.

160

Poschmann, B., Die Sichtbarkeit der Kirche nach der Lehre des hl. Cyprian, Forschungen zur christl. Literatur- und Dogmengeschichte 8 (1908).

–, Paenitentia secunda. Theophaneia. Beiträge zur Religions- und Kirchengeschichte des Altertums 1 (1940).

Quacquarelli, A., La retorica antica al bivio (L. Ad Nigrinum e l' Ad Donatum), Roma (1956).

RE, Paulys Real-Encyclopädie der classischen Altertumswissenschaft, Neue Bearb., hrsg. v. G. Wissowa und W. Kroll, 1–, Stuttgart 1894.

Reitzenstein, R., Die Nachrichten über den Tod Cyprians (1913).

Riepl, W., Das Nachrichtenwesen des Altertums (1913).

Ritschl, O., Cyprian von Karthago und die Verfassung der Kirche (1885).

Roller, O., Das Formular der Paulinischen Briefe; Ein Beitrag zur Lehre vom antiken Briefe, in: Beiträge zur Wissenschaft vom Alten und Neuen Testament, 4. Folge Heft 6, (1933).

Saumage, Ch., La persécution de Dèce en Afrique, d' après la correspondance de S. Cyprien, Byzan 32 (1962) 1–29 (auch BSNAF (1957) 23–42).

Schanz-Hosius, Geschichte der römischen Literatur bis zum Gesetzgebungswerk des Kaisers Justinian, 3. Teil. Die Zeit von Hadrian 117 bis auf Constantin 324, Handbuch der Altertumswissenschaft 8,3. 3. Aufl. (1922) Nachdruck (1959).

Schrijnen, J. u. Mohrmann, Chr., Studien zur Syntax der Briefe des hl. Cyprian I–II, Latinitas Christianorum Primaeva, 5–6 I (1936).

Schubart, W., Einführung in die Papyruskunde (1918).

–, Griechische Palaeographie (1929).

Schwer, W., Art. Armenpflege, RAC 1 (1950) 689–698.

Senjko, P., Licnostj sv. Kipriana, Episkopa Kartagenskogo po ego tvorenijam (Persönlichkeit des Hl. Cyprians, Bischofs von Karthago, nach seinen Werken) Leningrad (1960) An der Geistlichen Akademie im Manuskript).

Soden, H. v., Die cyprianische Briefsammlung, Geschichte über Entstehung und Überlieferung, TU NF X 3 (1904).

–, Die Prosopographie des afrikanischen Episkopats zur Zeit Cyprians, TU (1909).

–, Urkunden zur Entstehungsgeschichte des Donatismus, Kleine Texte 122, 2. Aufl. H. v. Campenhausen 1950.

Stramondo, G., Cyprianus. De moralitate. II. Catania (1956).

Stuiber, A., Art. Cyprian 3 (1957) 463–466 siehe Altaner, B.

Thani Nayagam, X. S., The Carthaginian clergy. A short documental chronology of St. Cyprian's life and writings, together with a Study of the Carthaginian clergy during the period 248–258. Wembley: Tamil literature Soc. (1960).

Thraede, K., Grundzüge griechisch-römischer Brieftopik. Zetemata 48 (1970).

Torm, F., En Kritisk Fremstilling af Novatianus' Liv og Forfattervirksomhed, Copenhagen 1901.

Vogt, H. J., Coetus Sanctorum. Der Kirchenbegriff des Novatian und die Geschichte seiner Sonderkirche (1968) (= Theophaneia, 20).

Watson, E. W., The Style and Language of St. Cyprian Studia Biblica IV (1896).

Weiss, Fr., Die priesterliche Persönlichkeit Cyprians von Karthago, SKZ 126 (1958).

Weyer, H., Novatianus, De Trinitate, Über den dreifaltigen Gott. Text und Übersetzung mit Einleitung und Kommentar (1962).

Wickert, U., Sacramentum Unitatis, Ein Beitrag zum Verständnis der Kirche bei Cyprian, BZNW 41 (1971).

Wiles, M. F., The Theological Legacy of St. Cyprian, J Eccl H 14 (1963) 139 –149.

Witkowski, St., Epistulae privatae graecae, quae in papyris aetatis Lagidarum servantur 2. Aufl. (1911).

Wohleb, L., Cyprian und die Irrtumslosigkeit der Roma ecclesia particularis, Römische Quartalschrift für christliche Altertumskunde und für Kirchengeschichte 37 (1929).

Zahn, Th., Weltverkehr und Kirche während der drei ersten Jahrhunderte (1877).

Zavgorodnij, A., „Cerkovnaja Zizn" v. Kartagene po tworenijan sv. Kypriana Kartagenskogo (Das kirchliche Leben in Karthago nach den Schriften des hl. Cyprian von Karthago) Diss. Geistl. Akademie Leningrad 1963.

Ziemann, F., De epistularum graecarum formulis sollemnibus quaestiones selectae, Diss. Phil. Halle 1910.

Nicht aufgeführt, jedoch stets verglichen und teilweise benutzt, sind die in Frage kommenden Übersetzungen aus der Bibliothek der Kirchenväter.

Die biblischen Bücher wurden mit den üblichen Siglen bezeichnet. In Verbindung mit dem Namen eines Kirchenschriftstellers bedeuten diese Siglen entweder Homilien oder Kommentare zu den betreffenden Büchern. Die anderen Schriften der antiken Autoren wurden in der üblichen Weise mit einem (abgekürzten) Stichwort des Titels bezeichnet. Zugrundegelegt wurden für diese Schriften die Abkürzungen im Lexikon der Alten Welt (Stuttgart 1965). Maßgebend für alle übrigen Abkürzungen war das Verzeichnis der Bibliographia Patristica, Internationale patristische Bibliographie, hrsg. v. W. Schneemelcher (Berlin 1959 ff.).

REGISTER

Register zum cyprianischen Briefkorpus

Epistula
1   126[6]
1,2   10[49]
2   107[6]
3   107[6], 118[2]
4   107[6]
5   4, 10, 12, 10[50], 11[50], 65, 66[29], 107[6], 118[1], 126
5,2   119[6.10]
6   3[13], 6[19], 10, 12, 10[50], 11[50], 24, 65, 66[30], 79, 108, 118[1.2], 126
6,4   121[19.21], 123[31]
7   10, 10[50], 11[50], 12, 65, 66[29], 107[6], 118[1.2], 121[19], 126, 151[14]
7,1   124[32]
7,4   126[8]
8   5 f., 7[33], 8, 10 f., 13, 22, 23[19.22], 25–51, 52[3], 54, 55[18], 59[2], 60, 66 ff., 70[11], 80[5], 85, 88 f., 95 f., 103, 107[6], 108, 112[6], 115[1], 117, 125 f., 135, 137, 143 f.
8,1   28, 29[46], 30, 126[7]
8,1.2 115
8,2   42[91], 53[1], 116
8,2 f. 66[32], 67[36]
8,3   41[87 f.], 43[94], 45, 49, 66[30 f.], 152[21]
9   6[26], 7 ff., 10[50], 15[69], 21[10], 22, 24, 30[50], 31[53], 34, 40, 46, 51 f., 59, 78[16], 82[3], 85, 87 f., 116 f., 118, 126, 137, 142 ff.
9,1 f. 9, 10[46], 29
9,1   8[39], 20, 22[17], 22[18], 24, 29[45 f.], 42, 51, 60, 79, 96[38], 113[8]
9,2   9 ff., 29[45 f.], 37, 46, 48, 50, 60[4], 95[35]
10   3[13], 10, 11[50], 12, 13[58], 24[37], 65 f., 79, 108, 118[1.4], 119[7], 126
10,4   12

Epistula
11   3[13], 10, 11[50], 12, 13[58], 65, 66[32], 107[6], 118[1], 124[32], 126
12   10, 11[50], 12, 13[58], 22[17], 53[4], 66[29], 107[6], 118[1], 126
12,2   12[53], 118[3.5]
13   10, 11[50], 12, 65, 66[31], 118[1 f.], 126
13,1   67[41]
13,2   24[31]
13,5   130[2]
14   10, 11[50], 12, 13[58], 65, 66[29], 107[6], 118[1], 126
14,3   58[8], 125[3]
15   3[13], 4[14], 10 ff., 13[58], 14, 65, 66[34], 67[38], 118[1], 126
15,1   67[41], 125[3]
15,3 f. 58[9]
16   3[13], 4[14], 10 ff., 13[58], 14, 65, 66[35], 67[38.41], 107[6], 118[1], 125[3], 126
16,1   121[18]
16,2 f. 125[4 f.]
16,2   111[4]
16,3   56[23], 126[7]
16,4   124[32], 126[8]
17   3[13], 4[14], 6[26], 10 ff., 13[58], 14, 65, 67[36 f.], 107[6], 118[1], 126
17,3   125[3]
18   4[13 f.], 6[26], 11, 13[58], 14, 30[49], 59[2], 65, 67[37 f.], 82[3], 118[1], 126
19   4[13 f.], 6[26], 10 f., 13[58], 14, 30[49], 59[2], 66, 67[37 f.], 107[6], 118[1], 126
19,2   73[21], 126[7]
20   3 f., 6[19], 6[26], 7, 9[43], 10 ff., 14 f., 31[52], 35 f., 51, 52[3], 58–68, 69[1], 74, 76 f., 78[16], 82[3], 84[17], 88 f., 108, 124 f., 132, 138[12], 142
20,1   29[41], 34[65], 35[68], 60[5]
20,1 f. 68[43]

Epistula

20,2	11[50], 64[24], 66[32]
20,3	8[39], 9 f., 13, 28 f., 39[82], 46, 48, 50, 52[6], 66[27], 68[42], 77[7], 127[9]
21	4 ff., 12 ff., 23[19], 23[22], 47, 51[1], 52–57, 70[11], 72[13 f.], 73[21], 74[44], 75[49], 76 f., 124[31], 133[3]
21,1	56[1]
21,1 ff.	134[3]
21,2	12, 55
21,3	9, 53[1], 58[7 f.]
21,4	54[11], 55[22], 73[16], 75[47], 128[1], 134[3]
22	4 ff., 12[54], 13 f., 29, 51[1], 53[1], 56 ff., 72[13 f.], 73, 74[44], 75[49], 76 f., 124[31], 130 f., 133[3]
22,1	53[6], 56[1]
22,2	12, 22[17], 56[2], 78
22,3	13[55], 33[62], 45, 54[9], 55[22], 75[48], 128[1], 134[3]
23	4 ff., 13 f., 72[14], 76 f., 85[25]
23,3	73[21]
24	4 ff., 13 f., 51[1], 76 f.
25	4, 6[26], 11[50], 13 f., 30[50], 76 f., 107[6]
26	4, 6[26], 13 f., 76 f., 107[6]
27	4 f., 7 f., 13 ff., 52[3], 53[1], 66[28], 69, 71[4], 73, 74[45], 75 ff., 82, 86, 88 f., 90[14], 99, 124[31], 129 f., 140 ff.
27,1	10, 13, 56[2], 58[8 f.], 72[94] 73[17 f.], 74[42], 77 f., 128[1], 134[3]
27,2	4, 85[25]
27,3	18[15], 54[13], 78
27,4	3, 10, 13, 30[50], 48, 68[1], 69[4], 70 f., 72[6.12], 78[16], 79[1], 99[1], 102[8], 128[1]
28	6[19], 7, 13, 15, 24[32], 52[3], 71[4], 72[8], 76, 77[8], 79 ff., 86, 88 f., 99 f., 101[8], 106 ff., 132 f., 140, 142, 144
28,1	79[2], 80[5 f.], 109
28,2	48[104], 71, 79[2], 80[8], 81[10 f.], 82[15]
29	3[9 f.], 4, 6[26], 8, 14, 23[26], 30[50], 76[2.5] 82, 107[6], 141[5], 150[8]
30	4[14], 6[19], 7, 14[64], 15[60.65.69], 16, 21[10], 23[19.24], 35[68 f.], 48, 49[109], 50[112], 51[1], 52[5], 71[4], 72[8], 82[2], 88–99, 89[12 f.], 90[14], 100, 101[5.8], 102, 105 f., 133 f.,

Epistula

	136 ff., 139[12], 144 ff., 145[9], 148 f., 152, 154
30,1	8[44], 9, 105[4], 107[6], 114[9], 137[8], 138[10]
30,1 f.	48[103]
30,2	22[18], 24[33], 138[11]
30,3	45[99], 69 f., 75[49]
30,3 f.	48[104], 70[10]
30,4	70[13], 71[3 f.], 72[7]
30,5	13, 43[93], 79[2], 90[14], 93, 133[1], 134[4], 135[5]
30,6	136[7], 139[13]
30,8	15, 93 f., 102, 134[4]
31	6 f., 14[64], 15[65 f.], 16, 23[22], 27[34], 28[34], 49, 51[1], 70[11], 71[1.4], 72[9], 80[4], 82[2], 88, 99–104, 101[8], 102[8], 105[3], 106, 132, 139 f., 145, 148
31,1	15[68], 100[2], 107[6], 139[17]
31,8	73[22]
32	3, 5, 6[19], 15[65 f.], 23[26], 27[34], 107[6], 145[9]
33	4, 5[18], 14, 82–88, 107, 144[8], 146
33,1	64[20], 84[16.19], 87, 144
33,1 f.	85[21 f.]
34	3[9], 5[18], 16, 107[6], 143, 146
34,1	141[2], 150[5]
34,4	73[21], 141[4], 156[6]
35	3[9], 4, 5[18], 7, 8[39], 14[64], 15[69], 41[86], 47[102], 48[105], 52[3], 78[16], 86 ff., 106, 108, 141[3], 142[6], 144, 146, 149
35,1	76
36	5[18], 7, 16, 23[19], 23[24], 24[33], 49[109], 51[1], 85, 89, 100, 106 f., 115[1], 145 ff.
36,1	8[39], 82[4], 86[28], 153[27]
36,2	106[3], 109
36,3	107[5]
36,4	15 f., 44, 104[2], 105
37	6[19], 7, 15[69], 16, 72[8], 105[3], 108 f., 147 ff.
37,1	54[14], 148[2.5]
37,2	72[11]
37,4	148[6]
38	16, 49[109], 73[19], 141[5], 150[8]
38,8	152[21]
39	12[53], 16, 49[109], 141[5], 148[3], 150[8]
39,2	53[6]

Epistula

39,2 f.	53[7 f.]
39,3	53[2.5]
39,4	74[42]
39,4 f.	54[15]
39,5	54[10], 148[4]
40	11[50], 16, 49[109], 141[5], 150[8]
41	5[18], 16, 118[2], 121[20], 150[5], 150[11]
41,1.2	151[12.15 f.]
42	5[18], 16, 51[1], 121[20], 151[17]
43	16, 49[109], 84[16], 121[20]
43,1	151[15]
43,4	150[7]
44	107[6]
45	107[6]
45,3	7[31]
46	99[1]
47	107[6]
48	47[102], 48, 107[6], 112[6]
48,1	49[106], 126[6], 149[1]
49	5[18], 51[1]
49,2	23[25]
50	5[18], 99[1]
51	107[6]
51,2	23[25]
52	107[6]
52,1	72[10]
52,2	121[20], 150[11]
53	6[26], 72[9]
55	21[10], 104[2], 107[6]
55,2 f.	7[32], 90[16]
55,5	4[14], 28[34], 49[109], 72[8], 90[14.17],

Epistula

	91, 101[5.8], 133[2], 138[12], 145[9], 149[3], 152[21]
55,8	154[29]
55,12	154[30]
55,24	23[25], 154[28]
55,24 ff.	90[19]
57	73[20], 104[2], 107[6], 128[1]
59	107[6]
59,2	10[49]
59,9	104[2]
59,10	7[33], 15, 104, 105[5 f.]
60	107[6]
61	107[6]
61,1	7[31]
62	104[2], 107[6]
63	107[6]
64	107[6]
65	107[6]
67	73[20], 107[6], 128[1]
68	107[6]
68,2	10[49]
70	73[20], 104[2]
71	4[14], 107[6]
72	107[6]
73	3, 4[14], 107[6]
73,1	104[2]
74	4[14], 107[6]
75,5	147[1]
76	11[50]
77	11[50], 51[1]
78	11[50], 51[1]
79	51[1], 96, 98

Acesius 155
Aelafius 24
Alexius 54
Antoninianus 93
Ariston 57
Aurelius 71, 73, 77, 99, 128, 156
Bassianus 27, 29, 33, 41, 45, 72, 112 f.
Caldonius 4 f., 11, 14, 77, 112, 151
Calpurnius 56
Candida 53 f., 58, 72, 74 f., 99, 129, 130 f., 133
Celerinus 4 f., 12 f., 23, 27, 33, 47, 52 ff., 56 ff., 72, 75, 78, 108 f., 125, 129, 130 f., 133 f., 147 f., 150
Cornelia 56
Cornelius 5, 23, 90, 99 f., 105, 112, 134, 149, 154
Credula 57
Crementius 8, 10 f., 20 f., 25, 28 ff., 37 f., 45 f., 49, 96, 111 ff., 117
Dativa 56
Decius 11, 28, 53, 110, 152
Didymus 61
Dionysius v. Alexandrien 60, 62 f., 111, 120
Dometius 61
Donata 56
Donatus 7, 57, 105
Emerita 56
Eutychianus 96
Fabianus 7, 9, 12, 20 f., 23, 29, 33, 35, 44, 105, 112, 116
Fabius v. Antiochien 23
Felicissimus 121, 150 f.
Felix 96
Firmilianus 147
Firmus 57
Fortunata 57
Fortunatus 8, 30, 82, 112
Fructus 57
Futurus 105
Germanus 60
Getulicus 54

Herculanus 151
Hereda 57
Herennianus 30
Herennius 57
Hippolyt 152
Jader 96
Januaria 56 f.
Julia 57
Kallist 155
Liberalis 48
Lucianus 4 f., 12 f., 29, 33, 47, 52 ff., 56 ff., 72, 75, 77 f., 99, 124 f., 128 f., 130 f., 134, 147
Macarius 56
Mappalicus 12, 57 f., 77, 119
Maria 56
Martialis 57
Maximus 27 f., 71 f., 79, 99, 101, 103, 108, 134
Mettius 30
Montanus 57
Moyses 27 f., 71 f., 79, 91 f., 94, 97 ff., 101 ff., 108, 134, 154
Naricus 121
Nicostratus 27 f., 71 f., 79, 99 f., 101 ff., 134
Novatus 120 f., 150
Numeria 53 f., 58, 72, 74 f., 99, 129 ff., 133
Numicidius 150 f.
Optatus 8, 30, 76, 150
Paulus 57 f., 77, 85, 87, 99, 124, 130
Philumenus 30
Polianus 96, 98
Pontius 110, 120
Privatus 15, 44 f., 105
Rogatianus 24, 118, 121, 151
Rufinus 27 f., 99, 101 ff., 134
Sabina 56
Saturnius 29, 56, 71 ff., 77, 79, 128
Saturus 8, 29, 76, 150
Severianus 56
Sophia 57

166

Spesima 56
Statius 56
Tertullian 62 ff., 83
Tertullus 118

Venustus 57
Victor 57, 119
Victorinus 57
Xystus II 154

Sachverzeichnis

Abschriften 45, 47, 82, 93, 146
Absender 41, 96
Adresse 37 f., 43, 74
Allographie 92
Anschreiben 82
Armenpflege 65, 120 f.
Beilage 77, 83, 89
Bekenner 24, 53, 71 f., 81, 100 f., 122, 139
Bischofsamt 36, 61, 67, 83 f., 107, 121, 125, 141, 143, 151
Bischofswahl 36, 105, 111, 135, 154
Bischofsweihe 9, 35
Bote 8 f., 31, 37, 45, 118
Botenvermerk 50
Briefanfang 41
Briefbeförderung 8, 95, 147
Briefformular 39, 91, 94 f.
Briefkopf 43, 46
Briefschluß 41 ff., 57
Buße 55, 65, 102, 116, 122, 153
Bußvollmacht 83 f., 122, 125, 145
Diakon 5, 8, 27, 72, 83, 119, 121, 133, 150
ecclesia 41, 44, 83, 108, 143, 153
Echtheit 38, 51
Flucht 35, 60, 110, 124
Folter 74, 80
Friedensbriefe 5, 54, 58, 65, 74, 77, 102, 123, 128
Gebet 139, 148
Gefängnis 24, 41, 56 f., 65, 103, 118, 138
Gefallene 5, 42, 56, 70, 83, 85, 107, 121, 128, 139
Gemeindebriefe 7, 51, 67, 89, 95, 99, 147

Gemeindekasse 120 f., 150 f.
Grußliste 27 f., 41, 43
Hirtenbriefe 7, 89, 152
Katechumenen 42, 116
Ketzertaufstreit 4, 108
Kirchenzucht 65 f., 76, 81, 116, 124, 138, 153
Kollegium 116, 133 f.
Konfessoren 45, 70, 79, 123, 128, 132
Lektor 54, 73, 76, 148, 150
Martyrium 8, 40, 111
Märtyrerkrone 53, 80, 114, 138
Märtyrertheologie 108, 119
minister floridiorum 55 f., 58, 99
Ökumene 22, 44, 49, 145, 149
Patenamt 53, 110
Praescript 41
Presbyter 5, 83
Rundschreiben 51, 145
Schlußgruß 92, 97, 139
Subdiakon 8, 10, 20 f., 28 ff., 45, 76, 82, 111, 117, 150
subscriptio 37, 52, 90 f., 98
superscriptio 41, 96, 102
Synode 93, 104 f., 133, 152, 154
Überbringer 8, 28, 57, 76
Unterschrift 51, 90 f.
Verbannte 42, 116, 134
Verbannung 55, 58, 111, 118 f.
Verbreitung 41, 45, 149
Verbreitungsvermerk 50
Verfolgung 36, 65, 110, 118, 149, 152
Versiegelung 95
Witwen 42, 116, 121
Zirkularschreiben 7, 41 f., 50

Beiträge zur historischen Theologie

50

Jürgen Hübner
Die Theologie Johannes Keplers zwischen Orthodoxie
und Naturwissenschaft
1975. VIII, 334 Seiten. Ln. DM 84.—

49

Ulrich Köpf
Die Anfänge der theologischen Wissenschaftstheorie
im 13. Jahrhundert
1974. XII, 310 Seiten. Ln. DM 79.—

47

Eric Francis Osborn
Justin Martyr
1973. XI, 228 Seiten. Kt. DM 48.—, Ln. DM 56.—

46

Karl-Heinz zur Mühlen
Nos extra nos
Luthers Theologie zwischen Mystik und Scholastik
1972. IX, 298 Seiten. Kt. DM 49.—, Ln. DM 56.—

45

Hans Dieter Betz
Der Apostel Paulus und die sokratische Tradition
Eine exegetische Untersuchung zu seiner „Apologie"
2 Korinther 10—13
1972. IV, 157 Seiten. Kt. DM 34.—

J. C. B. Mohr (Paul Siebeck) Tübingen

94